GOD IN A CUP
The Obsessive Quest for the Perfect Coffee

신의 커피

마이클 와이즈먼 지음 | 유필문 · 이정기 옮김

God in a Cup : The Obsessive Quest for the Perfect Coffee
Copyright ⓒ2008 by Michaele Weissman
Authorized translation from the English language edition published
John Wiley & Sons, Inc. company. All rights reserved.

Korean Translation Copyright ⓒ2010 by KwangMoonKag Publishing Co Ltd
Korean edition is published by arrangement with John Wiley & Sons
International Rights, Inc. through Imprima Korea Agency

이 책의 한국어판 저작권은 Imprima Korea Agency를 통해
John Wiley & Sons International Rights, Inc.와의 독점계약으로 광문각에
있습니다. 저작권법에 의해 한국 내에서 보호를 받는 저작물이므로
무단전재와 무단복제를 금합니다.

목차

1 커피를 사랑하는 사람들 21

제1의 물결 25
제2의 물결 25
제3의 물결 27
카운터 컬처의 피터 줄리아노 32
인텔리젠시아의 제프 와츠 43
스텀프 타운의 듀안 소렌슨 53

2 신의 커피 61

3 니카라과 그라나다 71

4 르완다, 부룬디, 에티으피아 117

5 파나마 185

6 포트랜드, 오리건 ·································· 225

7 로스앤젤레스 ································· 261
　　barista 전문용어 ······················· 264

8 노스캐롤라이나, 더햄 ······················· 289

9 Epilouge ································· 317

부록 - 세계의 커피 생산국 ····················· 327
　　집에서 맛있는 커피 만드는 법 ··········· 329

감사의 글

이 책은 한 편의 사랑 이야기이다. 나는 어느 날 기사 자료를 찾아 나섰다가 스페셜티 커피와, 활기가 넘치고 있는 그 분야의 주역인 사람들과 사랑에 빠졌다.

많은 커피 가이들은 함께 일하기가 정말 편안했다. 몇몇 사람들은 기자가 기대했던 것 이상이었다. 카운터 컬처 커피의 피터 줄리아노와 인텔리젠시아 커피의 제프 와츠는 내가 아무것도 모를 때 열심히 쫓아다녔던 사람들이다. 내가 아파서 아프리카에서 입원해 있을 때 그들은 나를 걱정했다. 그들은 나의 선생님이었고, 지금은 나의 친구들이며, 그들의 회사에서 일하는 많은 사람들도 똑같이 여겨진다. 포틀랜드의 스텀프타운에 있는 커피인들, 몇 명만 이름을 대자면 듀안 소렌슨, 알레코 치고우니스, 맷 라운스베리, 그리고 스티븐 빅은 마음의 문을 활짝 열어 놓고 나를 환영해 주었다. 그들 모두에게 마음 깊이 감사하고 있다.

미국스페셜티커피협회의 이사인 릭 레인하트도 매우 고마운 분이다. 그는 내가 커피 세계를 모험하고 다니는 동안 현실 증증가, 상담가, 쾌활한 동료로서 많은 도움을 주었다.

스페셜티 커피는 특출한 사람들을 사로잡는 마력이 있나 보다. 내가 만난 그들은 특별히 영리하고, 특별히 모험적이며, 특별히 선한 사람들이었다. 지금부터 말하려 하는 사람들은 영리함, 모험심, 사교성 3가지를 모두 가지고 있었다. 나는 그들로부터 너무 많은 것을 배웠고, 그들과 함께 한 시간이 참 재미 있었다. 사라 알렌, 앤드류 바넷, 린드시 볼져, 윌렘 부트, 팀 캐슬, 닉 조, 쟈니와 조라이다 콜린스, 킴 쿡, E.J 도슨, 웬디 드 쟝, 리비 에반스, 브렌트 포춘, 밥 펄머, 샤나 저메인, 다니엘 지오반누치, 카일 글랜빌, 데이브 그리스월드, 단 할리, 조지 호웰, 마크 인맨, 닉 커비, 토니 코네크니, 리카르도 코이너, 월포드 라마스터스, 테드 링글, 시린 다니엘, 프리이스와 수잔 피터슨, 릭 페이서, 조엘 폴락, 데이비드 로슈, 스티븐 로저스, 마리아 루이즈, 팀 실링, 메노 시몬, 트리시 스케이, 브렛 스미스, 폴 송어, 수지 스핀들러, 스티븐 빅, 란 윌버, 그리고 더그 젤 등인데 깊이깊이 감사드린다.

이 책은 제대로 된 책이 될 수 있도록 뛰어난 분들이 헌신해주신 결과물이라고 여긴다.

마알리 루저프 대행사의 마알리 루저프는 나를 자기 고객으로 만들었다. 내가 스스로 음식 전문 작가로 전환했을 때 마알리는, 그녀의 친구인, 동료 대행사 퀸 리터러리의 리사 퀸에게 보냈다. 리사는 너무나 사고가 명쾌하여 함께 일하기가 편했는데, 혹시 내가 흥분해서 이성을 잃기라도 하면, 항상 제 자리를 찾아주는 그런 사람이었다. 내가 앞으로 나아가지 못하고 빙빙 맴돌기만 할라치면, 리사의 동료이자 대리인이며 편집자인 엘리노 잭슨이 나를 앞으로 나아가게 해주었다.

윌리의 편집자 린다 인고리아는 이 책의 제목을 정했고, 이 책을 알차게 해주었으며, 완벽하게 되도록 밀어붙였다. 나는 이 책의 편집자보다 책의 질, 정확성, 그리고 문체에 더 많이 신경을 쓰는 사람이 있으리라고는 상상도 할 수 없다. 그녀가 엄격한 기준을 적용함으로써 나는 출판 편집인 에미 자코스, 표지 디자이너 수잔느 선우, 타이 블랑시, 내부

디자이너 리 골드스타인, 그리고 출판 매니저인 데이비드 그린버그와 마카엘 프라이드 버그 등 윌리팀 전체와 교류하게 되었다. 그들 모두와 도티 제프리스에게 내가 알아들을 수 있게 도와준 점에 대해 마음 깊이 감사한다.

그리고 몇 안 되는 친구들도 있다. 나의 대학 신입생 때부터 친구이면서, 자료 조사를 맡아 주었던 동료 캐롤 하이모위츠가 있는가 하면, 시링크빌의 개그우먼이었으면서도 비밀은 꼭꼭 지켜주었던 친구 마샤 앨더가 있다. 다이애나 알트만은 그녀의 가족들까지도 나의 생활과 밀접했던 수녀 작가였고, 작품을 만드는 일에 관해서는 타의 추종을 불허하는 어마어마한 상상력의 리즈 러맨도 있었다. 진심으로 고맙다, 사랑하는 친구들이여! 모든 것을 이해해 주어서.

나의 고향 친구들로는 로다 바에르, 신시아 페이든와시, 리차드 와시, 캐이시 크레트맨, 앨리슨 팬, 게이브 스키너, 브리지트 빅스닌스가 있다. 내가 최악일 때와 최상일 때를 모두 보았던 그들은, 내가 어려움을 헤쳐나갈 수 있게 도와주었다. 그리고 사회과학자의 눈과 예술가의 감각을 가진 에단 와시에게도 감사의 말을 전한다.

제프 베일리와 패치 심스에게는 특별히 작가로서 고마움을 느낀다. 베일리는 내가 커피 일을 쫓아다니도록 채찍질해 주었고, 심스는 나의 말을 귀담아듣고 말해주었다. "마이클 저건 너의 책이야."라고. 그리고 존 카프카에게도 고마움을 전한다. 나는 운 좋게도 그의 사무실에 자리를 잡았다. 그가 없었다면 나는 이 책을 탄생시키지 못했을 것이다.

아! 그리고 나의 가족들. 지혜롭고 사랑이 넘치며 작가로서 내가 배워야 할 가장 중요한 것을-비밀은 들으려고 하는 사람들에게 은밀히 나타난다-가르쳐 주신 나의 어머니 플로렌스 와이즈만에게도 감사한다. 그리고 내 아이들-일즈 멜른가일리스, 사르마 멜른가일리스, 그리고 노아 멜른가일리스-아! 너희 모두가 나의 삶을 이해해주었고, 그리고 지금 너희들 스스로의 길을 가고 있지. 이 모험의 순간에 내 품에 너희들이 있었다는 것이 너무너무 자랑스럽고 고맙구나. 스티브 로젠타인도 똑같다. 그는 완전히 우리 가족이나 진배없었다. 내 파트너이자 친구인 존, 당신에게는 어떻게 고맙다는 표현을 할지. 영원히 잊지 못할 것이다.

또 한 분, 이미 중년이 되었으면서도 폭발적인 힘으로 한몫을 해준 사람이 있다. 나의 사촌 데일 티코이안이다. 그는 축복받은 기억력으로 내 여정의 동반자가 되었다.

2005년 10월 어느 화창한 날 아침, 나는 커피와 사랑에 빠졌다. 그날 나는 머키 커피Murky Coffee 전문점의 옥외 테이블에 앉아서 혀끝에 사르르 녹는 카푸치노를 음미하고 있었다. 그곳은 나의 고향 워싱턴 D.C.에 있는 커피 애호가들의 중심지이다. 그때 나는 〈뉴욕 타임즈〉에 젊은 커피 사업가들에 대한 기사를 연재하고 있었는데, 그날 아침 머키 커피점을 운영하고 있는 31세의 닉 조*를 인터뷰하고자 차를 몰고 중심가를 지나 국회의사당이 있는 곳으로 갔다. 나는 20대 초반부터 커피 원두를 사서 집에서 충실하게 갈아마셔온 경력이 있다. 하지만, 그 모든 노력에도 불구하고 차라리 뜨거운 물에 리탈린**을 먹는 것이 더 나을 정도로 커피 타는 솜씨가 없었다. 닉을 만나기 전까지는 커피를 정성들여 맛본다는 생각조차 해보지 못했었다. 그리고 닉을 만난 후에 비로소, 커피라는 것이 장인정신을 가진 농부가 재배하고 가공해서, 준비한 상품이라는 것을 알게 되었다. 그때까지는 커피 뒷맛이 뭔가 부족하다는 생각은 가지고 있었다. 단지 커피가 쓰지만 않으면 그냥 좋은 것으로 여겼었다.

나는 기사를 쓰면서 최고 등급의 커피를 로스팅하여 가장 높은 평가를 받고 있는 작은 회사 몇 곳을 조사했다. 소위 말하는 커피 사업의 부

---

*매우 애국적 의식을 가진 한국계 미국인.. 애석하기도 머키커피전문점은 문을 닫았다.
**어린이들이 집중력 향상 등에 쓰이는 정신 자극지의 하나.

티크였는데, 대부분이 30대인 그 회사의 소유주들과 많은 대화를 나누었다. 나는 이 젊은 친구들에 반해 버렸다. 그들은 매력적이었다. 권위적이지 않았으며, 광적으로 커피를 사랑했다. 그들은 내가 그동안 기사를 썼던 첨단 기술을 보유한 기업가들보다 훨씬 더 사람의 마음을 끌어당기는 무엇을 가지고 있었다. 그들은 커피가 요리로 치면 세계에서 가장 유혹적인 바닷가, 즉 무한한 잠재성이 개척되지 않은 광대한 바닷가와 같다는 것을 나에게 확신시키기 위해 자신들이 몸담고 있는 세계와 사업을 열정적으로 설명했다.

커피 가이guy들은 그들이 이름을 지은 스페셜티 커피specialty coffee를 구매하고, 로스팅하고 판매한다. 스페셜티 커피는 라틴아메리카, 아프리카, 그리고 아시아에 위치한 농장에서 전통적인 농업 기술을 사용하는 농부들이 특별히 관리하여 재배한 최고 '장인'의 커피이다. 커피는 일반적으로 위도를 따라 적도 근처의 지구를 띠 모양으로 둘러싸고 있는 지역*의 산악지대에 위치하고 있는 50여 개의 나라에서 자란다.

커피 가이들은 최고 품질의 어떤 커피에 대해 흥분을 감추지 못했다. 아시엔다 라 에스메랄다 스페셜Hacienda La Esmeralda Special. 어느 날 갑자기 커피 세계에 큰 화제를 몰고 온 이 커피는 파나마의 작은 커피 농장에서 튀어나와 많은 사람들의 사랑을 받았고, 많은 돈을 벌어들였다. 오,이런! 그런데 그 커피는 너무 비쌌다.

수많은 사람들이 최고의 커피를 얻기 위해 노력하는 에스메랄다 스페셜은 최고 중의 최고였다. 스페셜티 커피 구매자들은 이 귀중한 커피 열매를 세상에서 가장 매혹적이고 가장 비싼 커피라고 설명했다.

---

* 커피 벨트 : 커피가 상업적으로 생산되는 지역. 적도를 중심으로 남북위 25° 안쪽을 말함.

● 바루화산이 멀리 보인다. 바루화산 너머에 보케테가 있다. ⓒ 사진 '유필문

    에스메랄다 스페셜에 관한 모든 것들은 전혀 예상하지 못한 것이었다. 원산지, 맛 등이 그랬다. 심지어 그 커피콩이 자라는 나무의 모습도 일상적이지 않았다. 파나마에서 재배되는 이 커피가 유명해질 때까지 대부분 커피 애호가들은 지구상에서 가장 가격이 비싼 이 커피가 케냐의 산지나 하와이의 화산 지대에서 자란다고 생각했던 것이다. 하지만, 그렇게 생각했던 그들의 짐작은 모두 틀려버렸다. 아시엔다 라 에스메랄다 스페셜은 세계에서 가장 규모가 작은 커피 재배 산지 가운데 한 곳의 중심지인 파나마의 보케테Boquete에서 재배된다. 게다가 이 귀한 커피는 대부분의 농부들이 별로 재배하려고 하지도 않는 몇 에이커도 되지 않는 땅에서 자란다. 그 땅은 너무 가파르고 바람이 심하게 분다. 이러한 조건들이 에스메랄다 스페셜의 가격을 내려달라는 요구가 나오기 시작할 때까지 농부들이 했던 말이다. 2005년 이 커피는 파운드당 20달러에 팔렸는데, 이것은 그 당시 기록으로 로스팅 커피의 거의 2배

되는 가격이었다. 2006년에는 파운드당 50달러가 되었다. 이것은 그 당시 일반 커피 시세의 50배였다. 이것은 미국의 구매자들이 커피 1파운드를 100달러에 주고 샀다는 것을 의미했다. 2007년 에스메랄다는 파운드당 130달러에 팔렸다. 이것은 소매상들이 파운드당 200달러 이상을 지불하고 있었다는 것을 의미했다. 이런 커피콩을 사려고 하는 사람은 어떤 커피 로스터일까? 그리고 그 로스터는 그 커피콩을 누구에게 팔 수 있을까?

에스메랄다 이야기는 미운 오리새끼에서 눈부신 백조로 성장한 커피에 관한 이야기이다. 이것은 부족하기 때문에 다른 사람들이 절대로 가질 수 없는 것을 소유할 마음을 불러일으키는 희소성에 의해 시작된 이야기이다. 이것은 희귀하고 귀중한 것을 팔면 큰 돈을 벌 수 있는 가능성이 있을 때 불가피하게 나타나는 탐욕에 관한 이야기이다. 이것은 커피 사업의 선배들에게 약간 터무니없이 보이는 방식으로, 미친 듯이 거칠고 마음 깊이 커피와 사랑에 빠지는 새로운 젊은 커피 세대들에 관한 이야기이다.

이 이야기는 에스메랄다의 황홀함에 도취된 스페셜티 사업에 종사하는 30대 친구들이 주인공이다. 그들은 풍부한 과일 향*의 풍미가 감도는 최고의 맛에 매료되어 있었다. 그들은 신비한 기원에 사로잡혀 있다. 그들의 사랑은 이성적이 아니며, 사업적인 것은 더욱 아니다. 하지만, 사업적인 이익은 이면에 숨어 있다. 물론 젊은 커피 가이들은 에스메랄다가 받는 가격에 의해 기분이 고조되어 있다. 최고의 커피 사업을

---

* 커피의 과일 향 : 커피에서는 일반적인 과일 향은, 과일이 지나치게 숙성되어 상하기 직전에 나타나는 약간 무거운 느낌의 달콤함을 띤다. 그러나 에스메랄다 농원의 게이샤는 밝고 꽃향기에 가까운 과일 향을 가져서 최고로 꼽힌다.

운영하는 기업가들처럼 그들은 에스메랄다로 인해 희귀하고 전설적인 커피에 빠져들 새로운 커피 애호가들이 나타날 것으로 확신하고 있다.

그들은 커피 가격이 오르게 될 것이라는 믿음을 가지고 있다. 그들은 가격을 더 많이 받는 것이 스페셜티 산업의 미래로 가는 관문이라고 믿는다. 그들은 낮은 가격에 사서 비싸게 파는 전통적인 사업 모델을 거부한다. 그런 사업 방식은 커피 농부들과 스페셜티 세계에 있는 모든 사람들의 노력과 정성을 쥐어짜는 것이다. 그들의 목표는 커피 체인을 따라서 모든 사람들이 돈을 버는 것이다. 이러한 에스메랄다식의 새로운 모델은 높은 가격에 사서 더 높은 가격으로 파는 것이다.

에스메랄다의 입찰가를 올리는 유능한 젊은이들은 그들 스스로 제3의 커피 물결이라고 부르고, 그리고 커피 혁명가들이라고 생각한다. 이 책은 완벽한 커피를 추구하여 이러한 제3 물결의 반역자들과 함께 여행한 이야기를 담고 있다.

우리는 함께 파나마에서 아시엔다 라 에스메랄다 스페셜을 맛보았고,

샌프란시스코의 카페 블루버들. 사이펀으로 커피를 내리고 있다. ⓒ사진/유필문

브룬디에서 새로운 스페셜티 산업의 탄생을 목격했으며, 커피의 전설적인 모국母國 에티오피아를 탐사했다. 또한, 12곳의 커피 농장을 방문했고, 천 년 전의 조상처럼 살고 있는 농부들과 할리우드 스타일의 화려함을 즐기는 사람들을 만났다. 니카라과에서는 전문가들로부터 어떻게 커핑하고, 맛을 보고, 등급을 매기는지를 배웠으며, 그리고 유명한 국제 커피 경진대회를 참관하였다.

집으로 돌아온 후 나는 노스캐롤라이나주의 더햄, 시카고, 로스앤젤레스, 오리건주의 포틀랜드, 그리고 뉴욕에서 최고의 커피 현장을 알게 되었다. 나는 국내외 많은 지역에서 개최된 바리스타 대회에 참가한 젊은 바리스타들이 보여준 기술과 열정에 경외심과 즐거움을 느꼈다. 이러한 대회는 큰 거래였다. 수천 명의 사람들이 2007년 8월 도쿄에서 열린 월드 바리스타 챔피언십 대회를 직접 또는 온라인으로 지켜보았다. 나는 한 대에 11,000달러 나가는 클로버라고 부르는 고성능 기계로 커피를 우려내고, 척 테일러 신발을 신은 날씬한 힙스터들이 에스프레소 위에 라떼 아트를 만들어 서빙하는 멋진 카페를 내 집처럼 편안하게 방문하였다.

그것은 정말로 좋은 여행이었다.

나는 커피에 대한 관심과 더불어 커피 가이들에 대해 호기심이 생겼다. 이 젊은 기업가들은 대단히 큰 무대에서 활동하고 있었다. 커피는 지구상에서 석유에 이어 두 번째로 왕성하게 거래되는 상품이며, 국제 커피 거래는 매년 전 세계적으로 수천억 달러에 이르고 있다. 이들 젊은 가이들은 커피 산업에서 혁명을 일으킬 수 있을까? 그들은 커피 원두 1파운드에 12달러, 15달러, 20달러 또는 40달러를 지불하는 진정한 이유를 시민들이 납득하도록 할 수 있을까? 그들은 커피의 품질을 향상시키고 지구상의 가장 가난한 농부들의 삶을 개선하는데 성공할 수 있을까?

내가 중요한 질문들에 대해 설명할 준비를 하려면 음료로서 커피에 대해 더 많은 것을 알아야 했다. 그래서 나는 닉 조가 만들어 준 잊혀지지 않는 카푸치노를 떠올렸다. 내가 기사記事를 쓰기 의해 인터뷰를 했던 다른 커피 가이들과 달리, 닉 조는 완벽한 커피콩을 찾기 위해 지구 끝 목적지까지 여행을 하지 않았다. 그는 커피 구매자나 로스터가 아니라 카페 소유주이며, 고객에게 서빙하기를 좋아하는 바리스타였다. 그의 목표는 커피가 무엇인지를 고객들이 다시 정의할 수 있는 위대한 커피를 만드는 것이라고 말했다. 훌륭한 요리사처럼 닉이 일을 하는 방식은 힘들어 보이지 않았다.

닉이 처음 나에게 커피를 만들어 주려고 했을 때, 나는 카페인을 제거한 커피를 부탁했다.

"이봐요, 커피다운 커피를 한 번 마셔보세요."

닉이 알 수 없는 미소를 지으며 말했다. 그는 재빨리 나를 위해 자연상태의 우유와 카운터 컬처의 토스카노 에스프레소 블렌드 커피로 12온스의 더블 샷 카푸치노를 만들기 시작했다.

지역 바리스타 챔피언인 닉은 라마르조코 커피 기계 앞에 서서, 스테인리스 밀크 피처에 1회분의 우유*를 부은 다음, 집중해서 정확하게 커

---

* 여기서 1회분은 일반적인 커피 두 잔분에 행당하는 양이다. 우유 460~500㎖에 해당한다.

Prologue

피를 갈아서 에스프레소를 뽑아냈다. 매일 아침 사용되는 에스프레소 기계는 가열되어 가동할 준비가 되어 있었다. 닉은 금속 부속품에 커피를 다져 넣은 포타필터를 끼우면서 순간적으로 버튼을 눌렀다. 정확하게 화씨 200도까지 가열된 물은 8.5바의 압력으로 다져 넣은 커피 케이크를 통과하였다. 짙은 갈색의 에스프레소가 가랑이처럼 벌어져 있는 스파웃*을 통해 미리 가열된 하얀 도자기 컵에 뚝뚝 떨어졌다.

　에스프레소 샷이 컵에 흘러내리기 시작했을 때, 닉은 스팀 막대 끝을 조심스럽게 우유 쪽으로 기울였다. 만약 막대가 너무 깊게 우유에 들어가면 거품이 만들어지지 않고 너무 낮게 들어가면 부드러운 거품보다는 거친 공기 거품이 많이 만들어지게 된다. 그는 손으로 우유 주전자를 잡고 있었다. 주전자가 따뜻해진 것이 촉감으로 느껴지자, 그는 공기를 주입하는 일을 중지하고 피처 속의 우유를 빙글빙글 돌리기 시작했다.

　25초가 되었을 때 에스프레소가 완성되었고 우유는 카푸치노를 만들 준비가 되었다. 닉은 밸브를 잠그고 스팀 막대를 깨끗이 닦았다.

　그는 왼손에 컵을 들고 오른손에는 주전자를 들고서 나를 향해 몸을 돌렸다. 에스프레소 표면에는 크레마라고 불리는 달콤한 적갈색 거품이 덮여 있었다. 닉은 주전자를 빙빙 돌리더니, 5인치 떨어져서 쥐고서는 왼손에 든 컵을 기울여서 거품이 섞인 우유를 컵에 따랐다. 그러더니 주전자를 컵에 바짝 붙여대고 흔들면서 커피 표면에 부드러운 거품 리본을 만들었다. 거품은 물결치듯 저절로 가라앉았고, 컵의 가운데에 무늬가 나타났다.

　증기를 이용해 끈적하게 된 거품 우유로 만들어진 하얀 무늬와 적갈색

---

* 커피가 흘러나오는 포타필터 아래쪽의 꼭지.

에스프레소의 크레마가 완벽한 모양을 이루더니 컵 가운데에 상록수의 갈색 윤곽이 나타났다. 로제타라고 불리는 디자인은 커피를 천천히 다 마실 때까지 남아 있었다.

우유와 커피는 설탕처럼 달콤하고 크림처럼 진했다. 그는 이런 성질의 어떤 성분도 사용하지 않았는데도 마술 같은 결과를 이루어냈다. 우유와 커피는 함께 캐시미어처럼 화려했고, 입에는 캐러멜, 초콜릿, 그리고 헤이즐넛의 기억이 오래도록 남았다.

"나는 이와 같은 커피는 마셔본 적이 없어요." 나는 닉에게 말했다.

"대부분의 커피는 단숨에 마셔버리죠." 그는 즐겁게 대답했다.

그 후에 나는 바리스타들이 그런 종류의 경험을 자신들의 완벽한 솜씨를 보여주는 '신의 샷God shot'을 느끼는 순간이라고 말한다는 것을 알았다. 나는 닉 옆에 앉아서 지극히 환상적인 이 작은 컵 속의 커피를 한 모금씩 마셨다. 그는 최고의 커피 사업에 관해 빠르게 이야기를 했다. 그의 꿈은 워싱턴 D.C.에 화려한 커피 바를 개점하여 고객들이 완벽하게 우려낸 커피 한 잔에 10달러 또는 그 이상의 금액을 지불할 가치가 있는 멋진 초대 장소인 랜드마크로 만드는 것이었다

머키 커피의 첫 번째 잔과 함께 문이 열렸다. 그리고 나는 커피 랜드의 토끼굴로 미끄러져 내려갔다. 나는 스페셜티 커피 이야기에 빠져들었다. 그리고 사람들은 내가 그 후로 집에 있지 않았다고 말을 했다.

GOD IN A CUP

커피를 사랑하는 사람들
The Coffee Guys

　피터 줄리아노는 커피 구매자이며, 노스캐롤라이나주 더햄에 본사를 둔 카운터 컬처 커피Counter Culture Coffee의 소액 주주이다. 그는 급성장하고 있는 스페셜티 커피 산업을 이끌어 가는 자신과 제3 물결의 커피 가이들을 현실 세계에서 강한 집념에 사로잡혀 살아가는 '괴짜들의 무리'라고 부른다.

　그가 말했다.

　"내가 대학에서 음악을 공부할 때는 북부 멕시코 아코디온 음악을 가장 정확하게 표현할 수 있는 방법을 알아내려그 여러 해 등안 노력했어요. 그 다음에는 칵테일에 열중하였지요. 그리고 집에 틀어박혀 세상에 알려지지 않은 여러 종류의 알코올에 수천 달러를 투자했어요. 친구들이 집에 오면 1934년에 만들었던 방법으로 마티니를 만들어 주었습니다."

　피터는 눈썹을 추켜올리며 물었다.

　"시카고에 있는 인텔리젠시아 커피Intelligentsia Coffee의 제프 와츠나 오리건주의 포틀랜드에 있는 스텀프타운 커피Stumptown Coffee의 듀안 소렌슨, 그들이 모두 정상적인 사람들이라고 생각하세요?"

피터는 핵심을 꿰뚫고 있었다. 스페셜티 세계의 최고층은 세심한 기술에 집착하는 사람들로 가득 차 있다. 이들은 정확한 이치의 핵심을 알아내는 것을 넘어서, 에스프레소 기계의 온도계를 조절하기 위한 완벽한 프로토콜을 알아내는데 5년을 보낼 사람들이다. 그레이트 커피great coffee를 그레이트 와인great wine에 비교하는 이들은, 우수한 와인 전문가가 오래된 버건디*에서 많은 미세한 차이들을 구별해 내듯이 과테말라의 어느 작은 농장에서 온 커피 안에서 수백 가지의 향과 맛을 감지할 수 있다.

열 가지 또는 스무 가지의 커피를 맛보는 것-커피 산업에서는 커핑cupping이라는 용어를 사용한다-도 이 사람들에게는 충분하지 않다. 스페셜티 커피를 선도하는 로스터이며 소매업자인 인텔리젠시아의 제프 와츠는 그가 받은 교육에 대해 설명했다.

"나는 200잔의 커피, 아니 2,000잔의 커피도 커핑하고 싶었어요. 향과 맛의 미묘한 차이에 대해, 알 수 있는 모든 것을 알고, 그러고서도 더 많은 것을 알고 싶었어요."

제프와 스페셜티 가이guy들은 그들의 헌신에 대해 적절한 보상을 받아 왔다고 말할 것이다. 스페셜티 산업 리더들의 경력을 생각하면서 피터가 논평했다.

"스페셜티 커피의 아름답고 매혹적인 맛이 우리의 강한 집념을 보상해 주었지요. 우리의 모든 재능을 끌어내도록 해서, 나와 같이 길 잃은 사람들의 발전을 이끌어 주고 있습니다."

대다수의 제 3물결의 커피인들은 그들이 스페셜티 커피를 발명했다는 것을 확신시키려고 할 것이지만, 그들은 잘못 알고 있다. 커피 산업이라는 커

---

*버건디(Burgundy) : 프랑스 브르고뉴 지방에서 나는 포도주.

다란 덩어리 속에 최고급 분야로 자리잡은 스페셜티 커피는 1960년대 초반부터 곳곳에 있었으며, 그 이후로 계속 발전해 오고 있다.

커피는 미국에서 오랜 역사를 가지고 있다. 1773년 분노에 찬 애국자들이 값비싼 차茶 9만 파운드를 보스턴 항구에다 던져버린 이후*, 커피는 미국인들이 술을 마신 후에 일상적으로 마시는 음료가 되었다

초기 미국인들은 연회 장소에서 커피를 마셨다. 일부는 집에서 커피콩을 볶기도 하고, 다른 이들은 신선하게 볶아서 파는 상인과 식료 잡화상에서 사기도 했다. 커피는 원래 고품질의 아라비카 원두에서 나왔다. 아라비카 종種은 에티오피아가 원산지인데 예멘에서 처음으로 판매를 목적으로 재배되었으며, 15~16세기에 이슬람 세계 전역으로 퍼졌다. 17세기에 커피는 유럽으로 몰래 들어왔다. 그 이후 짧은 기간에 유럽의 탐험가들이 커피를 신대륙으로 전파시켰다.

19세기에는 대다수의 미국 주부들이 신선하게 볶은 커피를 구입했다. 식료품 상인들은 가끔 자신들의 커피를 볶았으며, 대부분의 도시에는 한 곳 이상의 커피 볶는 공장이 있었다. 하지만, 20세기에 와서 반세기 동안 커피는 다른 음식 재료처럼 식량 공급의 산업화에 따른 희생물로 전락하고 말았다. 합병, 기술적인 혁신, 표준화, 과다 광고를 통해 국민 브랜드로 만들어진 커피들은 진공포장으로 캔에 담아 수퍼에서 판매되었다. 그리고 제2차 세계대전 후, 가장 값싼 음료인, 물에 타 먹을 수 있는 인스턴트 커피가 나왔다. 인스턴트가 새로운 커피가 될 무렵 미국 소비자들은 질이 나쁜 커피에 너무 빨리 익숙해져서, 대량 판매자들이 로쿠스타Robusta라고

---

*보스턴 티 파티라고 불리는 이 사건은 영국으로부터 수입되는 Tea의 가격이 지나친 세금 등으로 너무 비싼 가격에 거래되자 이에 반발하여 영국 선박에 실려있던 Tea를 바다에 처넣어 버린 사건으로, 후에 미국 독립전쟁의 시발점이 된다.

부르는 아주 저렴한 품종의 질이 낮은 원두를 매입하여 자기들의 제품에 첨가한다는 것을 알아차리지 못했다.

경제사학자 마크 펜더그래스트는 커피산업의 역사를 기록한 《진귀한 땅 Uncommon Grounds》에서 최근 수십 년간 미국 커피 산업의 '발전'에 대해 1959년 미국 커피협회 연차 총회에서 이름이 알려지지 않은 참가자가 논평한 말로써 다음과 같이 요약하였다.

커피에 진저리가 난 이 사람은 "조금 더 나쁘게 만들어서 조금 더 싸게 판다면, 무엇이든 모두 팔 수 없는 것은 없습니다."

통조림에 담긴 깍지째 먹는 콩과 버섯 스프의 대용 크림으로 만든 캐서롤 요리가 1960년대에 줄리아 차일드*라는 유명한 요리사를 만들어 내고 식도락가 혁명을 이끌었듯이, 네스카페가 도처가 널려 있고 카페인이 함유된 식품이 너무 많아서 스페셜티 커피 산업이 탄생하게 된 것이다.

---

*줄리아 차일드(Julia Child) : 미국의 유명한 요리사, 방송인, 저자로 프랑스 요리와 요리법을 자신의 저서와 텔레비전 프로를 통해 미국에 유행시켰다. 가장 유명한 저서로는《Mastering the Art of French Cooking》과 《The French Chef》 시리즈가 있다.

제1의 물결

커피 가이들이 언제나 가장 위대한 역사가들은 아니다. 무엇이, 그리고 누가 스페셜티 커피 산업의 제1, 제2, 제3의 물결을 구성하는지는 많은 논쟁이 있다. 그렇지만 모든 젊은 커피족들은 의심하지 않고 제3 물결의 사람들을 영화 스타들이라고 믿는 것 같다.

커피 컨설턴트인 트리시 스키에는 물결이라는 개념을 대중화시켰는데, 제1의 물결은 제2차 세계대전 전후의 사람들이라고 설명하였다.

"제1의 물결 사람들은 질이 나쁜 커피를 대중화시켰고, 저질의 즉석 용해 커피를 만들었고, 커피의 미묘한 맛과 향을 섞어서 사라지게 하고, 항상 가격을 낮추도록 했다."

제2의 물결

트리시는, 제2의 물결은 1960년대 후반에 시작되어서 1990년대 중반까지 확장되었다고 적고 있다. 제2의 물결의 중심에는 제2차 세계대전 이후에 캘리포니아에 정착했던 북유럽 이민자들이 있었다. 이들 이민자들은 커피가 생활의 중요한 부분을 차지하였는데 커피를 볶고, 음미하고, 원료를 추출하는데 상당한 지식을 지니고 있었다.

이 그룹에는 1966년 샌프란시스코에 첫 가게를 오픈한 피츠 커피Pete's Coffee의 알프레드 피트가 있고, 북 캘리포니아에 본사를 둔 너첸 커피 Knutsen Coffee의 설립자이며 회장인 에르나 너첸이 있다. 너첸은 특정한 '원산지'에서 나온 커피 원두를 설명하기 위하여 '스페셜티 커피'라는 새로운 표현을 만들었다. 아펠라시옹 와인appellation wines처럼 스페셜티 커피는 특정한 지리학적 소기후 지대에서 재배되어 독특한 향의 프로파일을 간직하고 있다고 에르나는 말하고 있다.

뉴욕 길레스Gillies 커피의 돈 숀홀트, 캘리포니아 롱 비치의 링글 브라더스 커피의 테드 링글, 스타벅스의 케빈 녹스, 보스톤 커피 연합의 조지 호웰를 비롯하여 피트와 너첸과 같은 제2 물결 사업가들은 미국에서 스페셜티 커피 산업을 창시하였다. 그들은 미국의 커피 애호가들을 세계 여러 곳의 커피와 뚜렷한 차이를 보이는 고급 품질의 커피 세계로 끌어들였다. 1982년 제2의 물결 커피 가이들이 모여서 미국스페셜티커피협회SCAA를 창립했다. 그들의 관점에서 보면, 스페셜티 커피는 2007년에 120억 달러 이상의 매출을 기록하며, 미국 커피 산업에서 가장 빨리 성장하는 부문이 되었다.

스타벅스는 그 시기에 제2 물결의 커피인들에 의해 출현하였다. 1971년 알프레드 피트가 시애틀에 첫 번째 스타벅스 커피숍이 개점되었고, 알프레드 피트가 진하게 로스팅한 고급 품질의 커피를 판매했다. 곧이어 스타벅스는 자체적으로 로스팅하는 6개의 커피숍을 개점했다. 스타벅스의 체인망은 1987년까지 느리게 성장하였는데, 그해 하워드 슐츠Howard Schultz가 매입했다. 2006년에는 전 세계에 개설된 12,500개의 커피숍에서 모두 78억 달러를 판매하여 15년 연속 5% 이상 매출 성장을 기록했다. 하지만, 2007년에는 과속 성장으로(수백 개의 신설 점포를 포함하는) 인해 손실이 발생하였다.―연말에 스타벅스 주식 가격은 급격하게 하락하였으며, 회사는 여러 곳의 커피숍을 폐점하고 사업 전략을 다시 구상하고 있다.

제3의 물결

트리시는 제3의 물결이, 스타벅스가 미식가의 커피를 지나치게 산업화한 것에 대한 반작용으로, 1990년대 중반에 출현했다고 믿고 있다. 제3 물결 커피족들은 카페 문화의 자동화를 유감스럽게 생각한다. 그들 중 대부분이 기업 경영자의 정장보다는 스케이트보드를 타는 젊은이들의 옷을 즐겨 입는 반항아들이지만, 그들을 한가로운 사람들로 생각하면 핵심을 놓치는 것이다. 그들은 다른 카페들, 특히 스타벅스를 능가하는 작업 능력을 토대로 자신들을 일으켜 온 맹렬한 경쟁자들이다. 사실 소매 사업에서 젊은 커피 가이들은 모두 스타벅스 커피점 부근에 자신들의 카페를 가지고 있다. 사업을 유지하기 위해 그들은 스타벅스보다 더 좋은 커피를 팔아야 했고, 더 좋은 커피를 만들어야 했다.

제3 물결의 사람들은 소위 첫 번째 지구촌 세대라 불리는 구성원들이다. 그들이 찾아 들어갔던 현장은 과학기술과 저렴한 비용의 외국여행에 의해 변화되었다. 제3 물결의 젊은 커피쟁이들은 더 많은 곳을 찾아다니고, 그들의 선배들과는 색다르게 여행을 한다. 그들은 배낭을 짊어지고, 샌들을 신고, 텐트에서 잠자는 것을 편안해 한다. 그들은 트럭을 타고 여섯 시간씩 여행하다가 녹초가 되는 것도 개의치 않는다.

이들 젊은 사업가들이 '원산지'에서 얻는 지식은 커피 구매자이자 사업을 하는 사람으로서 그들의 사고방식을 형성하는데 영향을 주었다. 그들은 미국에서 스페셜티 커피 사업의 잠재력을 발전시키기 위해서는 커피 농부들의 생산에 초점을 맞추어야 하며, 생산자와 소비자를 주의 깊게 살펴보아야만 한다고 주장한다. 그들은 커피 농사꾼들의 문제는 전혀 인식하지 못했지만, 끊임없이 여행을 하며 먼 지역에 있는 농부들과 서슴없이 소통하는 사람들이다. 커피가 재배되는 곳이라면 어디든지 가서, 농부들이 스페셜티 커피 기준을 충족시킬 수 있도록 생산품을 개선하는데 도움을 주어야 한다고 제3 물결의 커피 가이들은 말한다. 이것이 그들이 하는 일이다.

제3 물결의 커피쟁이들은 1990년대 후반에 커피 산업에 진입하였는데, 그때는 커피 농부들이 극심한 재정 위기에 처했던 때였다.

전 세계에서 약 2,000만~2,500만 명의 농부들은 대부분 2~3에이커 또는 그보다도 작은 농지를 소유한 소작농으로서 커피를 재배해서 자신과 가족들의 생계를 유지하고 있다. 과거 30년 동안 이들 농부들은 일련의 경제적 공황 속에서 살아왔고 수천만 달러의 재산을 잃었다. 세계은행의 조사에 의하면, 커피 가격은 1970년대 이래로 매년 실질적으로 평균 3%씩 하락하였다. 예전에 자녀들을 학교에 보낼 수 있었던 농부들도 지금은 겨우 가족들이 먹고 살 정도이다. 극단적으로 상황이 좋지 않은 농부들은 기아의 위기에 직면해 있다.

별것 아닌 사건들이 반복되면서 격변을 불러오기도 한다. 커피 시장도 다른 일상용품 시장과 같이 호경기와 불경기를 반복적으로 겪는다. 커피 시장에서 연속되는 경기 사이클은 커피나무가 성장하기까지 여러 해가 걸리기 때문에 악화된다. 커피 가격이 올라가면 커피 농부들은 더 많은 나무를 심는다. 이 나무들이 성장할 시기가 되면 커피 가격은 떨어지고, 그래서 가격이 떨어지는 시장에는 물량이 넘치게 된다. 그리고 가격은 하락하는 것이 아니라 폭락하게 된다.

20세기 들어 오랜 기간 동안 생산국과 소비국이 함께 경기 악순환의 부메랑을 피하기 위해 협력해 왔다. 국제커피협회ICA의 협정에 의해 커피 가격과 커피 생산량은 국제적으로 합의된 할당량과 가격 제한, 그리고 협의 조항에 따르도록 했다. ICA는 1980년 전 세계의 커피 가격이 급등하면서 해체되었다. 그때 브라질 커피 농부들은 커피 1파운드에 1.4달러~1.5달러를 받았다. 전 세계의 많은 커피 농부들은 당시에 좋은 시절이 계속될 것이라고 확신하고 있었지만, 그들의 생각은 틀렸다. 1990년대 초반 무렵에 ICA가 더는 역할을 못하게 되자 가격은 1파운드에 1달러 아래로 뚝 떨어졌다.

1990년대 후반~2000년대 초반, 브라질과 베트남은 저질 커피를 국제 시장에 과잉 공급하여 또 한 번의 기념비적인 커피 가격 파괴를 일으켰다. 좋은 품질의 커피는 1파운드에 50센트까지 떨어졌고, 이는 농부가 생산하는데 들어가는 원가에 훨씬 밑도는 금액이었다. 소비 국가들에서 커피 애호가들은 재빨리 낮은 가격에 적응하기 시작했다.

수백만 커피 농부들과 그의 가족들이 상상하기조차 어려울 정도로 가혹한 상황에 떨어졌다. 아프리카와 아시아 지역에서 커피 농부들은 세계에서 가장 가난한 사람들에 속한다. 다만, 라틴아메리카 일부 지역은 조건이 조금 더 나을 뿐이다.

전 세계에서 수백만의 소작농들이 완전히 커피를 포기해 버렸다. 중앙아메리카에서 수만 명의 소규모 농부들이 커피나무 대신에 미국과 유럽 시장을 겨냥한 화훼나무로 바꾸었다. 케냐에는 세계에서 가장 많은 상을 받은 커피가 몇 가지 재배되고 있었는데, 커피 농부들이 자신들의 커피나무를 뽑아버리고 대신 차나무로 바꾸었다.

농부들이 더는 커피를 재배하지 않게 되자, 몇 세대에 걸쳐 가족의 생계를 유지해 오던 길이 사라져 버렸고, 커피 생산 국가에서는 급진전되는 도시화를 포함하여 비참한 사건들이 폭포수처럼 생겨나기 시작했다. 커피 애호가들도 큰 손해를 보았다. 왜냐하면 세계에서 최고의 커피의 대부분을 생산하는 사람들은 큰 농장이나 플랜테이션Plantation의 소유자가 아니라 이들 소작농들이기 때문이다.

 커피 농부들에게 스페셜티 시장의 급속한 성장은 이렇게 절망적인 상황에서 아주 작은 희망 하나를 보여준다. 자신들의 커피를 스페셜티로 파는 농부들은 수확량에 비해 더 많은 돈을 벌게 된다. 농부들이 스페셜티 시장 접근에 성공할 때, 더 높은 품질의 커피를 재배하여 벌어들이는 잉여금으로 그들은 채무의 바다에서 벗어날 수 있게 되는 것이다. 니카라과, 과테말라, 르완다와 같은 나라의 커피 재배자들을 위해 스페셜티 라벨이 생산량에 맞추어 정확하게 배분된다.

 자신들의 커피를 스페셜티 커피로 팔기 위해서 커피 재배자들은 매우 분명한 기준을 충족시켜야 할 필요가 있다. 훈련된 커피 제품 검사원은 정해진 규정에 따라 결정을 내리게 되는데, 스페셜티 커피로 인정되려면 100점 만점에 최소 80점을 받아야 한다. 이는 그 커피가 무언가 즐거움을 주는 특징이 있으며 중대한 결함이 없음을 보증한다.

 과거 20년 동안 북아메리카, 유럽, 아시아의 몇 곳에서 스페셜티 커피 수요는 극적으로 성장하였다. 미국에서 소비되는 커피의 약 30%가 스페셜티 커피로 분류되고 있다. 미국 스페셜티커피협회SCAA에 따르면, 2006년에 스페셜티 커피는 15,000개의 카페와 3,600개의 노점, 그리고 2,900개의 이동 매점에서 1,900명의 로스터와 소매 상인에 의해 팔렸다. 소매 상인에는 스타벅스, 피트 커피, 카리보 커피, 그린마운틴 커피, 알레그로 커피, 그리고 많은 작은 회사들이 포함된다. (사실 스타벅스의 미국 내 사업 규모는 연간 매출 120억 달러의 반 이상을 차지한다.)

내가 이 책에서 적고 있는 스페셜티 커피 회사는 스페셜티 커피의 질적 피라미드 구조에서 최상위에 있는 회사들이다. 이런 회사들은 전문 커피 감정가와 소비자들이 스타벅스보다 더 좋다고 인정받는 커피를 파는 것에 자긍심을 가지고 있다. 최고급 품질을 판매하는 스페셜티 커피 회사들의 연간 매출액은 10억 달러에서 조금 모자라는데, 이는 미국 스페셜티 커피 시장의 약 8%를 차지하는 금액이다.

던킨 도너츠와 다른 도너츠 가게들은 SCAA 판매량 집계에 포함되지 않는다. 맥도널드도 포함되지 않는다. 2008년 초, 맥도널드는 몇 곳의 가게에 에스프레소 기계와 스페셜티 커피 음료 라인을 설치하여 스타벅스에 도전하겠다고 발표했다. 맥도널드는 연간 10억 달러의 매출을 기대하고 있다.

고급을 추구하는 작은 회사들은 커피 산업에 있어서 새 유행을 정착시켜 가는 사람들이다. 스페셜티 산업에 종사하는 사람들은 이런 농담을 한다. "가장 필요한 스페셜티 회사는 규칙에 얽매이지 않는 서민층에 의해 경영된다."

최고의 로스팅 회사를 운영하는 젊은 멋쟁이들은 선배들이 놓친 점이 무엇인지 알고 있다. 스페셜티 커피가 요리적인 면과 경제적인 가치 면에서 훨씬 더 많은 것을 제공한다는 것이다. 제3 물결의 리더들은 하늘이 한계라고 믿는다.-그들의 관점에서는 스페셜티 커피가 얼마나 성장할 수 있는지 알 수 없다. 커피 사업의 이해 관계자, 특히 농부들의 이익을 위하여 스페셜티 커피의 확장되고 있는 가치를 이용하는 것이 이들 젊은 거인들의 사명이다.

커피 컨설턴트 앤 오터웨이는 르완다를 기대되는 스페셜티 커피 생산국으로 바꾸는데 중요한 역할을 했다. 그녀는 이 책에서 소개되고 있는 최상의 스페셜티 커피 회사를 운영하는 젊은이들-피터 줄리아노, 제프 와츠, 듀안 소렌슨을 스페셜티 커피계의 빌 게이츠, 폴 알렌, 스티브 잡스라고 묘사하고 있다.

미래에 어떤 일이 발생하더라도, 이들 세 사람이 오늘날 스페셜티 커피 산업을 이끌어 가는데 주된 역할을 하고 있다는 것에 대해서는 아무런 의심이 없다. 이 산업계에서 다른 사람들은 그들에게 방향 설정과 리더십에 대한 조언을 구한다. 그들의 커피는 모든 최상품 커피 목록에서도 최고의 자리를 차지하고 있다. 커피 블로그 세계에 흠뻑 빠져있는 커피광, 팬, 힙스터hipster들은 마치 이 세 사람을 록스타로 받들고, 그들의 모든 행동을 따라한다. 커피 세계에서는 그들 자체가 바로 스타이다.

카운터 컬처Counter Culture의 피터 줄리아노Peter Giuliano

"나는 커피를 알고 나서 비로소 나를 위한 장소를 찾아야겠다는 생각을 하였지요. 그래서 나에게 적합한 장소를 찾아 시실리로 갔습니다. 내가 스페셜티 커피에 정착한 것은 행운이라고 여기고 있습니다."

37세의 피터는 현재 스페셜티 커피 세계의 리더이며, 노스캐롤라이나주 더햄에 근거지를 두고 있는 로스팅 회사인 카운터 컬처의 지분을 일부 소유하고 있다. 학자풍모를 지닌 올곧은 성격의 피터는 2004년, 그 당시까지 가장 젊은 나이로 SCAA의 13인 위원회에 선출되었다.

천연색 상상력을 불러일으키는 숙련된 이야기꾼인 피터는 스페셜티 세계에서 달변으로 유명하다. 듀안, 제프, 그리고 많은 사람들이 커피에 관하여 아름답게 말하고 글을 쓰는 피터의 능력에 경의를 표한다. 피터는 커피에 얽힌 이야기로도 유명하다. 멕시코 치아파스에서 그는 잔뜩 화가 나서 총을 어깨에 둘러메고 달려드는 농부에게 쫓겨나기도 했고, 니카라과에서는 파티가 끝나고 아침에 파티오에서 깨어 보니 커다란 독사가 자기 머리를 향해 기어오고 있었으며, 마추픽추*의 그늘 아래에 있는 멀리 떨어진 커피 재배 마  을까지 15시간이나 터벅터벅 걸어간 적도 있다고 한다.

피터는 캘리포니아의 롱비치에서 다양한 세대가 사는 시실리아의 대가족 형태-매주 일요일 함께 모여 저녁식사를 하면서 이야기하고, 떠들고, 가족마다 보물로 간직해온 요리법에 대해 누구의 설명이 가장 신뢰할 만한 것인지에 대해 논쟁하는-속에서 자랐다.

그는 조부와 이탈리아어로 대화를 하고, 대중 식당의 주랑에서 스페인어를 익혔다. 그리고 비록 커피 세계에서는 별로 쓸 일이 없지만 자신의 일본어 실력도 나쁘지 않다고 말했다.

피터의 아버지는 아들과 야외 활동에서 사랑을 나누었다. 바이킹, 하이킹, 서핑, 골프, 테니스 운동이 가족과 함께 하는 활동이었다. 민요와 토착문화에 애정을 갖고 있는 그의 어머니는 그에게 노래하고 음악을 연주하는 법을 가르쳐 주었다. 그는 아코디언을 포함하여 6가지 악기를 완벽하게 배웠다.

피터가 12살 때, 그의 부모는 부유층이 사는 남부 캘리포니아의 엘도라도 힐스로 이사했다. 처음에 피터는 자신이 부유한 아이들과 같은 철부지가 되지 않을까 생각했는데, 그의 어머니는 라코스테 상표의 값비싼 핑크빛 셔츠를 사주는 허세를 부리지 않았다. 그때 자신의 사촌 비니가 그에

※마추픽추 : 페루 중남부의 고대 잉카 요새 도시 유적.

게 서클 저크Circle Jerks, 블랙 플랙Black Flag, 그리고 X를 보여주기 위해 로스앤젤레스 콘서트에 데리고 갔다.

피터는 "그들은 극단적인 펑크 밴드였는데, 바로 그것 때문에 펑크족이 되겠다고 결심했었지요."라며 기억을 더듬었다.

"물론, 나는 너무나 어려서 그렇게 하지 못했어요. 그렇지만 내가 갈 곳은 어디에도 없었습니다. 뉴저지에서는 이탈리아 사람들이 하는 일을 할 수 없었고, 캘리포니아에는 아예 이탈리아 사람들이 없었지요. 펑크가 나를 상실감에서 구해 주었어요. 마치 동족을 얻은 기분이었습니다."

피터는 고등학교를 졸업한 여름, 어느 커피숍의 일자리를 얻었다.

"친구와 함께 거기에 자주 놀러 다녔는데, 어느 날 한 사람이 교대 근무를 하러 나타나지 않아서 누군가 나에게 앞치마를 두르게 했어요. 카페에서 일하는 여자가 있었는데, 유행이 지난 옷을 입고 군화 같은 부츠를 신고 있었지요. 나는 그녀가 멋진 여성이라고 생각했습니다. 그녀가 나에게 다가 왔는데, 나와 교제하려는 것으로 생각했어요. 그녀는 자바 농장 커피*를 좋아한다고 말했어요. 그래서 조사를 해봤더니 자바에는 품질 좋은 아라비카 품종을 재배하는 4개의 농장이 있다는 것을 알아냈지요. 나는 그녀와 대화를 하기 위해 바로 이 커피에 대해 공부를 했습니다." 피터는 계속해서 말했다.

"나는 순진한 청년이어서 커피에 관한 세세한 것들이 모두 마음에 와 닿았고, 에스프레소는 나와 같은 이탈리아계 사람의 정서에 맞는 기분이 들었어요. 그리고 바리스타로 일하게 되자, 무엇인가를 보여주려는 마음이 생겼어요. 사람들이 마실 커피를 만드는 동안 커피에 관한 이야기로 그들을 즐겁게 해 주었지요. 사람들이 커피와 함께 이야기도 원한다는 것을 알

※자바커피 : 다른 커피에 비해 신맛이 더 나고, 바디가 약한 수세 건조식 커피.

게 되었습니다."

피터는 샌디에이고에서 음악을 공부했고, 카페 겸 커피 로스팅 회사인 페니칸에서 일했다. 그는 성장 과정에서 몇 번의 어려움을 겪었다.-두뇌가 뛰어나고, 배우는 것을 좋아하고, 부모님이 모두 교사였지만 피터는 학위를 받지 못했다. 하지만, 그는 자신을 언제나 교육자로 보았다. 커피 업종에서 일하면서 그는 가르치는 것을 간절히 원했다. 그의 처음 희망은 바리스타와 커피를 파는 사람들을 훈련시키는 것이었다. 24세가 되었을 때 그는 커피에 관해 가르치는 대신에 8개의 점포를 가진 커피 회사의 총지배인으로 일하고 있었다.

"오너는 내가 사업체를 하나 경영하기를 원했어요. 하지만, 내가 정말로 하고 싶은 것은 오직 커피 가이가 되는 것이었지요. 나는 저녁에 몰래 커핑을 해보곤 했어요. 오너는 내가 커피 공부하는데 시간을 보내기를 바라지 않았기 때문에 저녁에 몰래 사무실에 들어가서 8, 9잔의 커피를 만들어 보곤 했지요. 그렇게 해서 나는 우리가 팔고 있는 다양한 커피에 대해 더 많은 것을 배울 수 있었지요. 그러던 어느 날 밤에 오너가 나를 발견하고, 너무나 화가 나서 나에게 클립보드를 던지기도 했습니다."

2000년, 피터가 30세가 되었다. 13년 동안 커피 세계에서 일해 왔지만 그가 정말로 좋아하는 일은 한 번도 할 수 없었다. 그때 그는 앨리스라는 여성과 데이트를 하는 중이었는데, 그녀는 그의 두 번째 부인이 되었다. 그녀는 학교에 다니기 위해 노스캐롤라이나주로 이사를 가려고 했으며, 피터는 그녀를 따라 동부로 가기를 희망했다. 피터는 카페 모토Cafe Moto라는 커피 로스팅 회사를 운영하면서 SCAA에서 커피 트레이너로 자원봉사를 하게 되었다. 가르치고자 했던 자기의 꿈을 실현했다. 그는 협회에서 적극적으로 활동했다. 그리고 그곳에서 직장을 찾아보았는데, 어떤 사람이 카운터 컬처의 프레드 호크를 소개했다. 피터가 그를 방문하자, 사업에서 손을 떼고 싶었던 그는 이렇게 물었다.

"피터, 당신은 운명의 힘을 믿나요?"

호크와 그의 동료인 브렛 스미스는 MBA 학위를 가진 사업가인데, 피터를 카운터 컬처의 로스터 겸 바이어로 채용했다. 그때 카운터 컬처는 소규모 지역 도매업을 하고 있었는데, 매년 100만 달러에 달하는 매출 실적을 올리고 있었다. 현재 카운터 컬처는 2007년에 700만 달러에 가까운 매출을 올리는 커피 로스터 회사로 성장했다. 그리고 최고급 커피 로스터의 지배적 지역인 뉴욕에서 애틀랜타 남쪽을 거쳐 더햄에 이르는 중부 대서양 지역에서 명성을 높이고 있다. 지금 피터는 그 회사의 소유주 중의 한 사람이다.

그가 카운터 컬처에 자리를 잡게 되자 바로, 여러 해 동안 자신에게 정열의 대상이었던 커피가 실제로 어떻게 자라는지 알아보고자 '원산지 여행'을 할 기회를 찾기 시작했다.

"나는 몇 년 동안 간절히 커피 농장을 한 번 방문하고 싶었어요. 커피 농장이 어떻게 생겼는지, 어떤 냄새가 나는지, 상상으로 그려보려고 노력하던 일이 생각납니다."

피터는 그때를 회상하는 듯한 표정으로 말을 이었다.

"커피에 대해 관심을 갖다 보니 나 자신이 농부가 되어 있었어요. 캘리포니아의 한 곳에서 나는 앞마당을 일부 떼어내어 가로 10피트, 세로 30피트가 되는 채소밭을 만들었어요. 나는 손수 만든 닭장에서 닭을 키웠고, 맥주와 식초를 만들었고, 부엌에서 토마토 통조림을 만들었지요. 채소 가꾸기는 나에게 하나의 계시였어요. 내 밭에서 상추를 재배해 보고 양상추가 어떤 것인지 새롭게 이해하게 되었고, 바로 그 방법으로 시험해 보았지요. 그 밭에서는 한층 더 강한 '상추다운' 상추가 재배되었어요. 오래된 품종을 재배했고 실제로 토마토, 당근, 달걀이 어떤 맛인지를 알아보려고 노력했어요. 나는 야생에서 커피의 맛과 향을 맡아 보면 커피에 대한 큰 통찰력을 얻을 수 있을 거란 생각을 하게 되었지요. 그 열매의 액과 잎들이 커피와 같은 맛을 낼 수 있는지 의문을 가졌던 기억이 납니다. 그 후 커피 생산과 농사 기술에 관한 몇 권의 책을 읽었습니다."

그리고 어떻게 커피콩이 열매로부터 벗겨져 나오는지(depulping이라고 함), 여전히 점액粘液이라고 불리는 끈적끈적한 물질에 싸여 있는 상태인지, 또 공정을 거치기 전 발효시키기 위해 어떻게 커피콩을 보관해 두는지 이해하기까지는 많은 시간이 걸렸다고 덧붙여 말했다.

"무엇이 안에 있는지 정말로 이해하지 못했어요. 아마도 그것은 내가 읽은 책이 독일어의 번역본이고 좀 난해하기 때문이었던 같아요. 1990년대에는 정확한 정보가 많지 않았습니다."

피터의 커피에 관련된 첫 번째 여행은 니카라과에 있는 협동조합이었다. 그의 부부는 미국의 환경 운동가들과 함께 여행했다. 당시 아내는 커피를 재배하는 산 라몬 마을에 있는 농부들을 돕기 위해 니카라과에 갔다. 산 라몬의 농부들은 농업적인 면과 환경적인 면에서 건전한 농작법으로 커피를 재배하고 있었다. 비록 그들의 커피 맛이 그렇게 훌륭하지는 않았지만, 예전부터 카운터 컬쳐는 그들로부터 커피를 구매하고 있었다.

피터는 농부들에게 커피의 질을 향상시키는데 도움을 주고자 했는데, 결국 이 목표를 이루어 냈다. 산 라몬은 2007년 COE*에서 수상자 10명 중의 하나로 선정되었다−비록 자신이 예상한 것보다 더 닳은 시간을 시험하

---

*COE(Cup of Excellence) : 중남미 커피생산 국가에서 열리는 커피 품질 평가대회.

◐ 커피나무의 꽃. 재스민 향기가 난다 ⓒ사진/유필문

◐ 게이샤 커피 체리. 게이샤는 다른 품종에 비해 처리가 적게 열린다. 줄기를 따라 소량으로 몇 개씩 뭉쳐서 올리는 것이 특징이다. ⓒ사진/유필문

고 실패의 경험을 했지만.

이 첫 번째 여행에서 그는 처음으로 커피나무를 발견하자 바로 운전사에게 차를 세우도록 했다.

"나는 밖으로 나가서 커피 열매를 맛보고 나뭇잎을 씹은 다음 오랫동안 들판을 돌아 다녔는데, 커피 체리에서 커피 같은 맛은 나지 않았어요. 재스민 꽃잎을 띄워 곁들인 워터멜론 주스와 같았습니다. 그것은 넋을 잃게 할 정도로 달콤하고, 꽃향내를 풍기며, 분명히 멜론 같은 특징을 갖고 있었어요."라고 피터는 회상했다.

"커피 체리 내부에는 대략 1mm 정도의 달콤한 과육果肉이 커피콩 외피와 표피 사이에 있어요. 그것은 약간 끈적끈적하며, 자두의 씨에 달라붙어 있는 과육과 같았는데, 커피 씨앗을 둘러싸고 있는 외피에서 과육을 분리하는데 꽤나 힘이 들었어요. 1주일 내내 농부들과 함께 커피를 따고, 그들이 커피 열매에서 과육을 제거하여 커피콩을 분리하고, 발효시키는 것을 도우면서 보냈지요. 그때까지 나는 발효 방법에는 다양한 종류의 많은 방

법이 있으며, 그것이 커피를 각 지방에 따라 맛을 다르게 하는 요인 중의 하나라는 사실을 모르고 있었어요. 어느 날 아침 길을 따라 걸어가다가, 자신의 커피를 가지고 일하는 다른 농장의 농부를 1시간 동안 유심히 지켜보았어요. 나는 책에서 읽은 것에서 자세한 부분들이 기억나기 시작하여 농부들에게 질문을 하였지요. 커피가 물속에서 발효가 된다고 읽었는데, 니카라과에서 만난 사람들은 아무도 그렇게 하지 않았어요. 그래서 그들이 실수를 하고 있는지, 그 지방의 고유한 기술을 사용하고 있는지를 알아내려고 하였지요."

그때까지 그는 실제로 모든 커피 재배 지역에서 그들만의 특이한 처리 기술법이 있다는 것을 모르고 있었다. 피터는 회상하면서 말했다.

"내가 너무 성급했어요. 그때는 내 자신이 많이 알지도 못하면서 컵핑과 농사 기술에 대해 사람들에게 도전적인 말을 많이 했지요."

피터가 니카라과에 여행을 했던 그 무렵, 그와 제3 물결의 많은 사람들에게 큰 영향을 주었던 두 가지의 발전이 있었다. 첫 번째, SCAA의 영향력 있는 회원 몇 사람이 로스터를 위한 조직의 필요성을 인식하고 로스터 조합을 만들고자 했다. 거의 동시에 보스톤 커피연합의 조지 호웰과 경험이 많은 스페셜티 커피 노동자들이 라틴아메리카에서 스페셜티 커피 경진대회를 개최하자는 아이디어를 냈다.-경진대회에서 우승한 커피는 케냐의 유명한 커피 경매시장을 모방한 일련의 경매시장에서 온라인으로 판매될 것이다. COE라고 알려진 경진대회는 니카라과, 과테말라, 온두라스, 엘살바도르, 그리고 콜롬비아의 커피 재배 농부들에게 스페셜티 커피라는 개념을 소개했고, 피터와 같은 제3 물결의 사람들에게 커피의 질을 개선시키는데 관심을 가지고 있는 이 나라의 농부들을 만나게 했다.

만약 로스터 조합이 없었다면 커피 산업이 성공적으로 출발하였을지 의

문이다. 조합은 제3 물결 세대를 자극했다. 로스터 조합은 2001년에 설립되었다. 그들의 목표는 커피 로스터 중에서 인원을 선별하여 제2차 세계대전 이후에 사라진, 손으로 하는 로스팅 기술을 다시 찾아내려는 것이었다. 그때까지 미국의 젊은 로스터들은 견습공 제도가 없었기 때문에 불모지에서 작업을 했다.

"우리들의 로스팅 지식은 모두 추측이었어요. 로스팅 공정에 대한 과학적인 지식이 많지 않았죠."라고 피터는 회상했다.

"이제 피터는 40대 후반인데, 빠른 시간에 로스터 조합의 리더로 성장했습니다."라고 SACC의 최고 감독관인 릭 라인하트는 말했다.

피터는 조합 결성을 주도한 단 할리를 대신해서 고군분투했다. 그러나 그는 넘칠듯한 에너지를 이용하여 사람들의 도움을 받으며 로스터 조합을 잘 운영해 나갔다.

"첫 번째 비공식 회합에서, 어떤 사람이 축구 운동복을 입고 나에게 다가와서 자신을 소개했어요."라고 피터는 회상했다. 그는 인텔리젠시아 커피의 제프 와츠였다.

"그는 겨우 27세였지만 커피에 푹 빠져 있었어요. 그와 나는 우리들의 회사에 대해서 이야기를 나누었고, 서로 많은 질문을 했어요. 나는 편안하게 느껴지는 누군가를 만났을 때 얻는 느낌을 그에게서 얻은 것이 기억이 납니다."

커피 101

커피콩은―커피나무가 생산하는 체리, 즉 붉은 열매에서 나온 건조된 씨기다. 커피나무는 농장이나 숲에서 자란다. 일반적으로 고도가 높은 곳에서 생산된 것일수록 커피의 품질은 더 좋다. 커피나무는 비료―유기물이든 공업용이든―를 필요로 하고, 가지치기를 해야 한다. 커피는 성장주기 속에서 적당한 때에 알맞은 양의 햇볕과 비를 필요로 한다. 커피 처리는 동시에 숙성되지는 않는다. 잘 익은 붉은 체리를 따기 위해 채취자들은 커피 농장을 몇 번이고 반복해서 왔다갔다해야 한다.

일단 열매를 따면, 라틴아메리카에서 커피 체리들은 대개 기계적으로 껍질과 과일의 대부분을 제거하기 위하여 디펄프depulp 된다. 그리고 워싱washing이라 부르는 과정에 들어가는 동안 발효된다. 발효 또는 워싱―이 용어들은 서로 호환할 수 있는데―숨겨진 한 쌍의 커피콩을 덮고 있는 점액이라고 불리는 끈적끈적한 껍질막을 제거하는 것이다. 이것은 커피의 맛과 향을 바꾼다. 워싱 기술은 농부에 따라, 지역에 따라 매우 다양해서 하나의 공정이 하루에서 삼일 또는 그 이상도 걸린다. 워싱 설비를 갖추는 데는 비용이 그렇게 많이 들지 않아서 마을과 조합, 그리고 다른 소규모 집단들이 자체적으로 워싱 설비를 갖고 있다.

커피를 사랑하는 사람들

워싱 후에 커피는 건조 과정에 들어간다. 세계의 농부들은 다양한 건조 기술을 사용한다. 원두는 선반이나 시멘트 포장된 파티오에서 건조되기도 하고 나무, 가스, 커피 파치먼트(사과 씨방 같은 속 껍질)를 연료로 하는 기계적인 장치에서 건조되기도 한다. 이 중 몇 기계들은 가지치기한 커피나무를 연료로 사용한다. 이런 과정은 수일이 걸린다. 만약 비가 내리면, 곰팡이가 커피를 망치기도 하고 질을 떨어뜨릴 수도 있다.

건조한 이후에 커피는 제분소에서 껍질을 벗겨내야 한다. 이 과정에서 커피를 덮고 있는 딱딱한 종이 같은 양피질 피부가 알맹이에서 벗겨진다. 다음에 커피콩은 크기와 품질별로 저장된다. 이는 손으로 할 수도 있고 기계로 할 수도 있다. 커피콩이 일단 저장되면, 깨끗한 주머니에 포장되어 건조한 장소에 보관된다. 1~2개월 보관한 후에 커피콩은 샘플링으로 준비된다. 생산 공정을 거쳐가는 매 단계에서 커피는 무게가 줄어들고 그래서 최종적으로 완성된 생산품은 대략 처음 나무에서 땄을 때의 20% 정도가 된다. 로스팅 공정 동안 커피는 또다시 15% 또는 그 이상 줄어든다.

인텔리젠시아 커피 Intelligentsia Coffee 의 제프 와츠 Geoff Watts

인텔리젠시아는 2007년에 약 1,200만 달러를 판매하였는데, 현재 엘리트 스페셜티 로스팅 회사 중에서 가장 크고, 논쟁의 여지가 있지만 가장 영향력이 있는 회사이다. 시카고와 로스앤젤레스에 있는 로스팅 공장과 소매점들, 그리고 중서부 지역과 미대륙을 가로질러 로스앤젤레스에 집중되어 있는 활발한 도매 사업을 자랑한다.

발그레한 볼에 짙은 눈썹과 제멋대로 뻗친 검은 곱슬머리를 한 34세의 제프 와츠는 스페셜티 커피 세계에서 정말로 좋은 커피에 대한 요구에 부응하기 위해서, 자신의 편안함이나 안정을 희생하면서 어느 누구보다도 더 많은 날들을 길 위에서 보낸 것으로 유명하다. 그의 인테리젠시아는 어떤 엘리트 로스터들보다 더 높은 등급의 커피를 구매한다. 그러나 그런 특권에 대한 대가는 지불한다. 제프는 커피를 위한 여행에 많은 비용을 쓰는 것으로도 유명하다. 어느 해에 그는 9개월을 외국에서 보냈다. 여행 경비와 휴대폰의 로밍요금 등으로 회사는 많은 비용을 부담해야 했다.

제프는 어떤 특정한 커피가 보이기만 하면, 회사가 모든 손실 비용을 메우든 그렇지 못하든, 그는 경쟁자를 물리치기 위해 필요한 것이라면 무엇이든지 하였다. 스페셜티 커피 사업의 많은 사람들은 나중에 이것이 완전히 무모한 것이 되리라고 생각했다. 그렇지만, 제프가 돈은 좀 낭비하더라도, 그의 지칠 줄 모르는 활동과 커피에 대한 심오한 지식이 인테리젠시아의 성장에 주요한 요인이라는 것을 부인하는 사람은 거의 없다. 이런 이유로, 인테리젠시아의 설립자이며 CEO인 더그 젤은 제프를 무조건 지원해주고 있다. 세계에서 가장 유명한 스페셜티 커피 바이어인 제프는 그 산업의 다른 동업자들이 존경하고, 이야기하고, 부러워하며, 때로는 너무나 사랑하여 미워지기까지 하는 사람이 되었다.

더그 젤은 일본의 신간센처럼 급속한 추진력이 있는 사람이다. 더그의 화법은 강하게 미는 힘이 있다. 그가 말할 때는 완벽한 문장으로 말하고, 모든 화제에 최고로 빠르게 대처한다. 한 예로, 스타벅스가 무대에 등장한 1990년 초반에 커피 사업에서 밀려난 작은 카페들에 대해 말할 때 "이런 작은 업체들은 시원치 않은 기술 때문에 망할 수밖에 없었다고 본다."라고 말했다.

더그는 자기 가게의 커피 제조 기법이 모든 면에서 왜 스타벅스보다 뛰어난지 계속해서 설명했다.

"우리 바리스타들은 3개월간의 검증된 프로그램에 의해 훈련받으며, 모든 에스프레소 음료를 손으로 만들고, 그리고 아름다운 라떼 예술을 만들어 내지요. 어느 한 가지도 비교할 수 없어요."

제프는 독특한 방식으로 의문에 접근한다. 자신의 생각을 천천히, 다소 우회적으로 발전시키는데, 마치 관련된 아이디어를 함께 연결시키다가 마지막으로 자신의 요점을 강조하는 방식이다. 구매 목적으로 라틴아메리카나 아프리카 동부 지방에 다녀온 여행에 대하여 그와 전화로 통화하면서, 나는 빠르고도 느슨하게 타자치는 법을 배웠다.

한 예로, 유기농 커피에 대해 증가하고 있는 소비자의 관심에 대해 견해를 물어 보았는데, 제프는 질문할 기회를 주지도 않고 20분 동안 말하였다. 아프리카의 커피나무 생산량이 라틴아메리카의 3분의 1에 불과하다고 말을 하면서, 왜 그런지를 분석하였다.

"빈곤이 커피에서 가장 큰 문제입니다."라고 말하면서 커피가 자라는 지역에서 빈곤으로 인해 어떻게 질이 떨어지게 되는지를 설명했다.

"좋은 난로를 갖고 있지 못한 사람은 대신 열 배의 나무를 태워야 하고,

트럭의 가스 배출관을 수리할 여유가 없으면 대기 중에 오염된 가스를 배출하게 되지요."

커피 성장 과정에 대한 제프 혼자만의 긴 이야기가 계속되었다. 쓸만한 화학비료와 그렇지 않은 것에 대해 이야기했다. 지속 가능하지만 유기농이 아닌 방법으로 농사짓는 농부에 대한 이야기를 했고, 이론적으로는 유기농이지만 실제로는 환경을 훼손시키는 농장에 대해 이야기했다.

제프는 계속해서 커피농업 경제학, 커피의 계속적인 공급 능력, 커피 화학, 커피 경제학에 대한 설명을 했다. 제프와의 인터뷰에서 얻은 메모들은 커피 산업에 관한 꽉 찬 도서관과도 같다. 제프와 피터는 나의 커피 대학이었다. 하지만, 그는 말을 조리 있게 하는 사람은 아니었다.

그가 사용하는 언어처럼, 제프에 대한 많은 것들이 쉽지 다가오는 것은 아니었다. 사람들과 쉽게 친해지기가 힘들다는 것을 스스로 인정하는 복잡한 성격의 제프에 대해 알기는 쉽지 않다. 사람들이 그의 푸르고 푸른 석영 같은 눈을 볼 수 있는 유일한 때는 야구 모자 밑으로 제멋대로 삐져 나온 머리를 쑤셔 넣을 때다. 그때 사람들은 그의 눈에 무엇이 있는지를 헤아려 볼 것이다. 아마도 슬픔, 총명, 그리고 의지를 엿보게 될 것이다.

슬픔은 아마 선천적이거나 아니면 제프가 11세 때 아버지가 뇌종양으로 사망한 것에서 온 것일 수도 있다. 그의 아버지는 부자는 아니었지만 보험을 잘 들어놓은 사업가였다. 아버지가 사망한 후에 발상한 문제는 재정적인 것이 아니었다. 제프의 어머니는 남편이 사망하였을 때 떨어져 있었고, 제프와 그의 어린 동생은 스스로 살아가도록 놓아두고 오랫동안 홀로 살았다. 제프는 학교에서 우수한 학생이었다. 사실 그는 학교 일을 완벽하게 하려고 했다. 하지만, 그의 거친 면이 일찍 겉으로 나타났다. 운전면허증을 소지할 나이가 되지 않았는데도 어머니의 차를 몰고 시카고로 갔다. 그리고 클럽에 가서 음악을 듣고 위험스러운 물질을 가지고 놀았다.

그의 아버지는 제프와 동생의 교육비를 치르도록 신탁 재산을 남겨놓았다. 캘리포니아에 내려와서 제프는 버클리에서 철학과 언어학, 독일어를 공부했고, 1992년에는 6개월 정도 오스트리아의 빈에서 독일 문학을 공부했다. 그 도시의 대다수 지성인들은 사교 활동을 하는 어둡고 연기가 가득 찬 빈의 커피 하우스와 사랑에 빠져 있었다.

제프는 에스프레소와 드립 커피를 반씩 섞은 것처럼 향기가 풍부하게 감지되고 농도가 짙은 비엔나커피를 좋아했고, 또 그와 관련된 의식과 형식을 좋아했다. 그가 자주 찾아갔던 카페에서는 웨이터들이 복장을 갖춰 입고 작은 커피잔-에스프레소보다 아주 크지 않은 3온스 정도-을 은쟁반 위의 도자기 받침에 담아서 주었는데, 하얀 리넨으로 된 냅킨, 물 한 잔, 비스킷이 함께 나왔다.

1992년 가을, 제프는 버클리로 돌아왔다. 북 캘리포니아에서 커피 애호가들의 모임이 활기를 띠기 시작했다. 알프레드 피트는 버클리의 대학 근처에서 몇십 년간 스페셜 커피를 로스팅하고 팔았다. 그런데 로스팅 기계를 설치하고, 자신들의 로스팅 방법을 개발한 소규모 로스터들이 카페를 설립하기 시작했다.

"그때까지 커피는 나에게 얼굴을 감추고 있는 것 같았어요. 이러한 모든 작은 로스터들이 개점했을 때, 좋은 커피에는 커피콩의 신선함과 바리스타의 재능 이상의 무엇인가가 있다는 것을 깨달았어요."라고 제프는 회상했다.

1995년 졸업 이후, 제프는 혼다 시빅 자동차에 두 마리의 개를 태우고 대륙을 횡단했다. 그리고 시카고에서 학교에 다니는 여자 친구가 졸업하면 함께 캘리포니아로 가기 위해 시카고로 돌아왔다. 그랬지만 그들은 결국 헤어졌다.

무엇을 해야 할지 모르는 상태에서 그는 개들을 산보시키는 직업을 얻었다. 밤에는 두 개의 다른 밴드에서 드럼을 연주했다. 한 곳에서는 재즈 록 즉흥 연주를 하고, 다른 곳에서는 서부 아프리카의 격동적인 음향을 연주했다.

어느 날 아침, 개들과 함께 산보를 가다가 스페셜티 커피 회사의 신장 개업을 알리는 광고를 보았다. 그때 그는 '창업주와 동일한 자격으로' 주식을 구할 수 있겠다는 생각을 하였다. 더그 젤과 그의 아내, 그리고 사업 파트너인 에밀리 맨지가 처음 인텔리젠시아의 직원으로 제드와 인터뷰를 했는데, 그들은 제프가 회사에 적합한지 확실히 알 수 없었다. 그는 맨 마지막으로 고용되었다. 제프는 멋진 것들을 좋아하지만, 옷을 잘 입는 사람은 절대 아니었다.

"그들은 캘리포니아 히피족 같은 나의 모습에 대해 걱정을 했어요. 나는 등 뒤로 머리를 흘러내리고, 명상과 위스키 같은 종류에 빠져 있었지요. 2년이 지나 나는 더그와 함께 처음으로 농구 코트에 갔는데, 우리들은 승부에 집착한 나머지 우리들의 잘못은 생각하지 않고 서로 밀치면서 다투게 되었어요. 에밀리는 충격을 받았지요. 그녀는 나를 그다지 쓸모있는 인간으로 여기지 않게 되었지요."라고 제프는 회상했다.

인텔리젠시아는 1995년 빠르게 고급 주거 지역으로 도어가는 레이크 뷰 부근의 브로드웨이에 첫 카페 겸 로스터리를 열었다. 그리고 카페 내에 로스팅 기계를 설치했다. 제프는 처음에는 바리스타로 일했는데, 짧은 기간이었지만 제프의 열정을 지켜 본 더그가 제프에게 커피를 로스트 하는 법을 가르쳐 주었다. 그런데 고객들은 로스터의 시큼한 향에 대해 불평하기 시작했다(커피는 커피콩이 충분히 로스트되기 전에는 닷있는 냄새가 나지 않는다). 한 동안 제프는 밤에는 커피를 로스트하고 낮에는 커피 바에서 일했다.

"나는 커피 가마니 위에서 잠들었다가 일어나서 가게 문을 열곤 했어요."라고 회상한다. 그 이후 그는 도매 영업을 하였다.

1998년 제프는 갈림길에 이르렀다. 그는 결정해야 했다. 인텔리젠시아에 머물러야 하는지, 캘리포니아로 돌아가서 학교에 복학하여 철학이나 미생물학을 배워야하는지? 그는 더그와 에밀리와 함께 자리를 같이 했다.

"나는 그들이 나에게 회사의 지분을 기꺼이 줄 수 있는지, 만약 그들이 나를 필요하다고 생각한다면, 고용되어 일하는 것보다는 오너로 계속 일하기를 원한다고 말했어요. 그들은 생각을 해보더니 나에게 '땀의 균형*'을 주기로 결정했어요."라고 제프는 말했다.

그는 아버지의 신탁재산으로 약간의 자금을 가지고 있어서, 그것으로 인텔리젠시아에 2만 달러를 투자할 수 있었다. 그 대가로 그는 15%의 소유주가 되었고, 나중에 부사장이 되었다. 그가 소액 주주가 될 무렵 집중적으로 커피를 커핑하기 시작했다.

"우리는 테스팅을 계속했어요. 그때 나는 8대의 크룹스* 가정용 커피 추출기를 설치하고 각각의 단지에 동일한 양의 커피를 사용했다는 것을 확인하기 위해 조그만 디지털 저울로 샘플의 무게를 재가면서 다양하게 커피를 뽑아본다는 생각을 하게 되었어요. 우리들이 커피를 서로 비교하는 이런 방법은 완전히 웃기는 짓이었어요. 왜냐하면 가정용 커피 추출기는 추출 안정성이 없었기 때문이지요. 그렇지만 우리들은 고객이 커피에서 느끼는 맛을 우리도 똑같이 느껴야 한다고 생각했어요."

---

* 땀의 균형(sweat equity) : 황폐한 건물에 노동력을 부가하여 일정 기간 임대 후 최종적으로 소유권을 부여하는 제도.
* 크룹스(Krups) : 독일의 커피기기 제조회사.

그들은 4~5명의 수입업자들로부터 커피를 구입한다. 그 중 수입업자 인팀 캐슬은 많은 지식을 가진 무역업자인데, 인텔리젠시아를 방문하여 어떻게 정식으로 커핑을 하는지를 파트너들에게 가르쳐 주었다.

"커피원두가 필요할 때 팀 캐슬, 로얄, 볼카페 또는 우리에게 커피를 공급하는 수입업자에게 전화를 해서 품질이 아주 좋은 과테말라산, 코스타리카산 또는 케냐산이 필요하다고 하면, 그들은 샘플을 모아서 우리에게 보내줍니다. 수입업자들은 우리와 함께 일하는 것을 좋아하지요. 우리는 그들이 보내준 커피에 대해 깊이 파고 들어가서 피드백을 하였지만, 여전히 제비뽑기 식의 운에 의존하고 있었어요. 수입업자들이 우리에게 보낸 샘플은 4만 파운드 묶음으로 혼합된 것들이지요. 이것은 한 개의 컨테이너 안에 일정하지 않은 커피가 들어 있다는 것을 뜻합니다. 하나의 큰 농장에서 생산되는 것들일 수도 있고, 또 여러 개의 작은 농장에서 한 달 동안 수확한 것들일 수 있어요. 우리는 특별한 농장에서 온 샘플이나 특별한 하루 또는 한 주 동안 생산된 커피의 샘플은 맛볼 수 없었어요. 모든 샘플은 대량으로 포장되니까요." 그의 말은 계속 되었다.

"우리가 계산을 잘못하고 있다는 것을 깨닫기 시작했어요. 밖에는 수백, 수천 가지의 커피가 있는데, 우리가 그것들을 결코 보지 못한다는 사실을 깨닫기 시작했어요. 그 장막 뒤를 보는 유일한 방법은 커피가 자란 원산지에 직접 가보는 것이란 생각을 하였지요."

더그와 에밀리 맨지는 2000년에 원산지로 첫 여행을 떠났다. 그들은 이야기와 사진을 가지고 돌아왔다. 몇 달 뒤 제프에게도 기회가 왔다. 커피에 관한 3권의 책을 쓴 켄 데이비드가 과테말라의 커피 농장 여행을 계획했고, 거기에 제프가 참가했다. 그는 커피를 사려고 가는 것이 아니라 배우러 가는 것이었다.

"나는 무엇이 일어나고 있는지를 알려고 그곳에 갔었어요. 원산지에 결코 가본 적이 없었던 로스터에게 첫 여행은 성지 순례와 같은 것이었지요. 커피와 관련된 일을 하다 보면 커피에 매료됩니다. 그래서 첫 번째 여행을 한다는 것은 마치 자기 아내가 어떻게 지금과 같은 모습으로 성장하였는지 이해하기 위해 아내의 어린 시절의 집을 방문하는 것과 같습니다. 마침내 나무 곁에 다가서서 커피 체리를 딴다는 것, 그것은 로맨틱하고 전율이 느껴지는 것입니다."

그는 커피가 어떻게 자라는지를 살펴본 경험을 말했다.

"커피들의 차이점에 대해 생각하기 시작했어요. 과테말라를 며칠 동안 돌아보면, 기후와 토양이 극심하게 다른 지역이 있음을 알 수 있을 거예요. 서쪽으로 산 마르코스로 가면 기후는 안개로 덮여 있고, 붉은 점토 토양에 아주 높은 고지이며, 숲이 우거지고 습하지요. 다른 방향으로 가면 우에우에테낭고가 나오는데 돌출된 벼랑이 있고, 기후는 더 건조하고 더 쌀쌀하지요. 하나의 작은 나라에서 너무도 다양합니다. 그때 나는 점점 속았다는 느낌이 들었어요. 시카고에서는 접해보지도 못했던 커피에 대하여 알아야 할 것이 너무 많았습니다."

제프의 커피 수업은 미국에 돌아가서도 계속되었다. 첫 번째 로스터 조합 수련대회가 2001년 오리건주의 포리스트 그로브의 한 숙소에서 열렸다. 제프를 포함하여 거의 100명의 사람들이 참가하였다. 참가자들은 경험이 많은 사람들과 이 사업에 처음 들어온 젊은 사람들로 나누어졌다.

"그 첫 모임에서 많은 커핑을 했지요."

제프가 그때를 회상했다.

"나는 커핑을 이끌어가는 레인하트를 기억하고 있어요. 그 당시에 나는 2년 동안 커핑을 해 왔으나 언제나 혼자서 했죠. 많은 사람들과 커핑에 참가했던 그것이 큰 계기가 되었어요. 나만의 공간에서 생각하는 것과 각자 자기의 견해를 가지고 있는 많은 커퍼들과 함께 커피를 맛보고 토의하는 것은 큰 차이가 있습니다. 그 사람은 왜 이 커피에 88점을 주었는지, 그리고 나는 왜 83점을 주었는지 그 이유를 알아내야 합니다. 함께 커핑한다는 것은 감각기관의 경험에 대해 더욱 넓게 생각하도록 합니다. 어떻게 감각적인 경험을 갖게 되며, 값을 측정하고, 어떻게 환상적인 경험을 하게 되며, 그것을 말로써 표현하는 방법을 찾을 것인가? 어떤 사람에게 '캐러멜'은 다른 사람에게는 '단풍'이거나 '달콤한 호두'가 됩니다. 이것을 생각한다는 것은 흥미로운 일이지요. 나는 맛의 경험을 멋진 언어로 전달하는 방법에 대한 전반적인 아이디어에 관심을 갖게 되었어요."

제프는 피터와 그의 친구가 된 많은 커피인들과의 만남을 기억했다.

"되돌아 보면 그 만남이 얼마나 큰 영향을 주었는지 몰라요. 다양한 기계들을 다루는 수많은 로스터들은 모든 아이디어와 훌륭한 정신을 서로 함께 나누는데, 이런 경우보다 더 나은 방법이 뭐가 있는지 모르겠어요."

피터와 제프는 2002년, 2003년, 2004년에 생산지를 찾아 때로는 따로 떨어져서, 때로는 함께 여행을 했다. 그 둘은 커피 생산 국가에서 스페셜티 시장이 어떤 영향을 미쳤는지 파악하려고 노력했다. 또한 그들이 기획한 방법을 제시하여 농부들로 하여금 그들의 커피를 처리하는 방식에 영향을 주도록 했으며, 로스터 조합에서 배우고 가르치는데 몰두했다. COE에서는 심사위원을 맡았고, U.S.AID의 지원을 받은 커피 단체의 자원봉사자 역할을 맡아 커피 농부들에게 그들 자신의 커피를 어떻게 커핑하는지 가르쳤다. 그들의 자원봉사는 그들이 보수를 받고 하는 일과 똑같았다. 그것은 호된 삶의 방법이었으나 젊기에 견뎌낼 수 있었던 것이었다. 힘든 노동과 끝없는 여행으로 휴식은 거의 없었고 가끔 파티나 술 마시는 것이 고작이었다.

피터와 제프는 성격이 매우 달랐다. 그러나 그들은 비슷한 관점을 갖고 있다. 그들은 미국 현지와 외국에서 스페셜티 커피 산업을 건설하고 자신들의 회사을 이끌어가고 있다. 두 사람은 자신들만의 방법으로 인정받으려는 야망이 있고, 그것에 대한 지적 욕구가 강했다. 그러나 두 사람은 또한 매년 무료 자선행사에 수많은 시간을 바치는 이타주의적인 사람들이기도 하다. 그들이 각자 가고 있는 길은 자주 교차되었고, 함께한 시간들은 그들의 우정을 깊게 했다. 두 사람이 만나게 되면 서로 어깨를 껴안고 반갑게 인사를 나누는 것을 나는 보았다. 르완다에서 "나의 형제여!"라고 제프가 말하자 "나의 형제여!"라고 피터가 대답하던 모습이 생생하다.

형제들처럼 그들은 서로 경쟁적이다. 각각은 먼저 상대의 기선을 제압하길 바라며, 최상의 커피를 자신의 손으로 뽑으려고 한다. 제프는 극단적인 자연주의자이다. 피터는 제프에 대해 이렇게 말했다.

"그는 두려움이 없어요. 그는 본능보다는 이성적인 판단에 더 많이 의존하는 경향이 있으며, 어느 누구라도 만날 것입니다."

이 두 사람은 각각 자신의 사업 방식이 더 뛰어나다고 생각한다. 그러나 몇 해가 지나는 동안, 스페셜티 커피 사업에 대한 제프와 피터의 견해는 서로 협력해서 이루어져 왔으며, 어느 정도는 아직도 그러하다.

스텀프 타운 Stumptown 의 듀안 소렌슨 Duane Sorenson

듀안 소렌슨은 스텀프타운 커피의 설립자이며 CEO이다. 스페셜티 커피 세계에서 듀안을 협력적인 사람이라고 부르는 사람은 없을 것이다. 담배 골초이며 일 중독자인 장난꾸러기들에 의해 움직이는 사업에서 듀안은 그들 중에서도 가장 장난꾸러기이다. 그리고 그는 다른 사람들이 자신을 '새롭고 신선하며, 정도에서 벗어난' 사업을 운영한다고 알기를 바란다. 이는, 5월의 밝은 어느 날 오후 2시에 그를 인터뷰하기 위해 기진맥진해서 그의 사무실을 방문했을 때, 그가 의심할 여지없이 40대 후반인 방문 기자(저자)에게 불법적인 물질을 준 이유다. 그의 사무실은 스텀프타운 디비전 거리의 까페에서 모퉁이를 돌아서 포트랜드시 구역 내에 자리잡고 있다.

35살의 살진 체격, 둥근 얼굴, 길게 늘어진 검은 머리 그리고 푸른 눈동자의 듀안이 "커피를 드릴까요?"라고 물었다.

"이미 카페인을 너무 많이 마셨어요."라고 대답했다.

"그러면 나의 골동품 주전자로 무얼 끓여 드릴까요?"

"허브차 될까요?"

누군가가 나에게 허브차를 가져다 주었다. 차가 도착했을 때 컵에서 티백tea bag을 꺼냈다. 나는 듀안의 책상이 더럽혀지기를 원치 않아서 내가 보기에 안전한 곳에 종이냅킨을 놓고 그 위에 티백을 올려놓았다. 듀안은 아무 말도 하지 않고서 나를 골똘히 쳐다보았다. 그는 나에게 재떨이나 컵을 주지 않았고, 나는 티백을 종이냅킨으로 된 작은 둥지에 내려놓았다. 그는 더러워진 전체를 들어서 더 적당한 장소에 그것을 내려놓았다. 나는 듀안이 마약 중독자이며, 광적으로 노력해온 기업가일 뿐 아니라, 독일인 가정주부의 정서를 갖고 있기도 하다는 느낌을 갖게 되었다. 나중의 인터뷰에서 그는 아내인 제레미는 아주 멋진 엄마이나, 가정을 꾸려가는 방식은 그의 기준에 맞지 않아서 가끔 자신이 집안일을 한다고 말했다.

듀안은 맨손으로 시작하여 8년 만에 연간 700만 달러를 판매하는 로스팅, 도매, 소매 스페셜티 사업을 완벽하게 일구어 냈다. 그는 포틀랜드에 5곳의 카페와 시애틀에 2곳의 카페를 열었다. 많은 사람들이 미국뿐만 아니라 세계에서 가장 독창적인 방식으로 앞서 나가는 스페셜티 커피 회사라고 인정하고 있다. 순수주의자 스텀프타운은 자체적으로 마케팅을 하지 않는다는 것에 긍지를 갖고 있다. 이 회사에 대해 알고 싶으면 독자 여러분은 최신 소식에 밝아야 한다.

듀안은 자신의 회사가 세계에서 최고이며, 가장 비싼 커피를 구매하며, 세계에서 가장 비싼 커피 주식을 갖고 있다고 서슴없이 말할 것이다. 그에게는 커피만 훌륭하다면 가격이 높은 것은 문제가 되지 않는다. 구매 방식은 인텔리젠시아와 비슷하지만, 인텔리젠시아의 규모가 거의 두 배 정도 크다. 듀안은 인텔리젠시아를 존경하며 특별히 제프를 존경한다. 몇 사람을 제외하고 듀안은 그 업계의 모든 다른 사람들을 낮추어 본다. 듀안은 처음 원산지 여행을 시작했을 때 친구인 피터와 제프로부터 많은 것을 배웠다.

듀안은 스텀프타운이 커피를 아주 완벽하게 볶기 때문에 모든 사람들이 다 커피를 사거나 팔 자격이 되는 것은 아니라고 말한다. 그의 회사는 도매업자에게 비행기로 자신들의 커피를 실어 보내려 하지 않는다. 왜냐하면 듀안은 원거리에서 커피의 질을 유지할 수 있다고 생각하지 않기 때문이다.

스텀프타운 팀은 "당신의 카페에서 우리 커피를 판매하고 싶다고요?"라고 질문한 다음, 잠재적인 고객들의 커피 조리와 세척 과정에 대해 꼼꼼히 따져본 후에 결정한다.

듀안의 커피에 대한 속물근성은 부모로부터 받지 않았다. 그는 타코마 외곽의 워싱턴 퓨얄랍에서 자랐다. 그의 가정생활은 '기묘하다'고 말했다. 아버지는 두 번이나 파산을 겪은 소시지 제조업자였다.

"우리 집은 찢어지게 가난했고 집과 모든 것을 잃었어요. 나는 아버지가 실성하는 것을 보았지요. 아버지는 의자에 앉아서 밤새도록 몸을 앞뒤로 흔들면서 자신의 머리카락을 쥐어 뜯고 있었어요. 부모님은 매우 종교적인 오순절파인데, 깡충깡충 뛰고 고함을 지르면서 방언을 하고, 다 죽어가는 그런 종파의 사람들이었어요."

그에겐 토냐라는 일곱 살 많은 누나가 있는데, 그녀는 스텀프타운에서 CFO로 일하는 아주 훌륭한 사람이다. 듀안의 부모는 그와 누나를 복음주의 학교에 보냈다. 그는 유치원에서 처음으로 체벌을 받았다.

"누나 남자친구를 연못에 밀어 넣었는데, 보호 본능이었는지 질투심 때문이었는지 모르겠어요. 교장은 나를 책상 위에 세워두고 몽둥이로 엉덩이에 매질을 했어요."

그 후 듀안은 반에서 가장 반항적인 아이로 여겨졌다.

"비행으로 인해 나는 이 학교에서 저 학교로 쫓겨 다녔고, 점점 골치 투성이가 되어갔지요. 친구들에게 로큰롤에 대해서 이야기를 하였는데, 그들은 그런 재능을 인정하지 않았어요."

로큰롤은 여전히 듀안이 애착을 느끼는 것 중의 하나였다. 그는 악기를 하나도 다룰 줄 모르지만 포틀랜드의 라이브 음악 공연 무대의 큰 후원자이며, 대단한 음반 수집가이기도 하다. 한 번은 그가 쫓겨나자 종교적인 학교 중 어느 한 곳도 그를 받아들이려 하지 않았다.

"결국 내가 다니게 된 학교는 시애틀에 있었기 때문에 타코마에서 매일 차로 실려다녔어요. 가는데 한 시간 반이나 걸렸지요."

거기에는 종교적인 학교가 없었고, 더는 쫓겨나지 않게 되자 듀안은 공립학교로 갔는데, 그곳을 더 좋아하게 되었다. 학습면에서는 매우 저조했지만 스포츠에서는, 특히 레슬링에서 매우 뛰어났다. 8학년 때 그는 예쁘고 깔끔하며 그렇게 반항적이지 않은 그의 아내 제레미를 만났다. 듀안의 나쁜 행동으로 몇 차례 떨어져 있었는데-지난해에는 몇 달 동안 헤어져 있었다 - 이후로는 듀안과 제레미는 늘 함께 지냈다. 이제 두 명의 아이들이 있고, 자기는 아이들에 대해 매우 보호적이라고 말했다.

듀안은 언제나 반항아였지만, 결코 게으르지는 않았다.

"나는 예닐곱 살 때 일을 시작했어요. 여름에 나와 누이는 학교 교복비를 마련하기 위해 커피콩과 베리를 따야 했어요."

그 경험을 이야기하면서 듀안과 토냐는 귀와 목이 햇볕에 탄 그때의 불행에 대해 웃어버렸다. 하지만 듀안은 소위 그가 '기묘한 노동윤리'라고 부르는 것에 자부심을 가졌다.

그는 11세 때 아버지의 소시지 제조장 부엌에서 일하기 시작했다. 그는 요리사 분야의 직업을 좋아했다.

"아버지는 나와 누이로 하여금 모든 것들, 소금에 절인 양배추, 양고추냉이, 마리화나, 허브와 여러 향료를 맛보게 하였어요. 그렇지만 소시지 제조자가 되기를 바라는 마음은 결코 없었어요. 왜냐하면 그것은 춥고 땀에 젖는 힘든 노동이었거든요."

그는 사업의 오너가 되기를 원했고, 환상 속에서만큼은 카우보이나 인디언이 아니었다.

"나는 내 자신의 이상한 성장 과정 때문에 멀리 내던져진 바위가 되었지요. 언제나 한 사람의 사업가가 되고자 생각하고 있었어요. 내가 사업가나 점포 주인이 되기로 마음먹게 된 확실한 이야기가 있어요."

또 하나의 다른 꿈은 디자인에 대한 사랑이었다.

"6학년 무렵에 누군가 나에게 커서 무엇을 하려는지 질문했을 때, 나는 인테리어 디자이너가 되고 싶다고 말했지요. 나는 언제나 디자인에 대해 매우 열광했어요. 어디에서 비롯되었는지 몰라요. 가족도 아니에요. 내가 스텀프타운에서 벗어나면 디자인 잡지로 탈출할 겁니다."

디자인에 대한 그의 관심은 스텀프타운에 스며들어 있다. 미적인 면에서 볼 때 포틀랜드 소매점 6곳은 모두 매우 다르다. 소매점의 스타일은 자리 잡고 있는 지역의 특징을 반영하고 있다.

고등학생 때 듀안은 타코마의 쇼카브라는 커피 바에서 일하기 시작했다. 그는 《바리스타 매거진》에서 '음악을 연주하고, 함께 있으면 좋은 사람들에 둘러싸여 있고 싶어서' 그 직업을 택했다고 말했다. 그들은 그가 지금 스텀프타운에서 고용하는 있는 그런 종류의 사람이다. 그가 말하는 사람은 젊고 히피적이며 제도 밖의 사람들이었다.

빚을 진 아버지의 극적인 경험을 항상 생각하면서, 듀안은 자신의 소매점 운영에서 얻은 이득을 사용해서 스텀프타운을 키워왔다. 그가 사업을 확장시킬 곳으로 시애틀을 선택한 것은 시애틀이 포틀랜드와 유사성을 갖고 있기 때문이었다. 그는 에스프레소 중심의 스타벅스 본고장인 시애틀에서의 커피 문화를 이해했다. 거기에서는 커피숍의 흥망이 다른 지역에서 스포츠 팀의 흥망 과정과 비슷하다.

스페셜티 커피에 듀안이 매력을 느끼는 것은, 그것이 자신들만의 멋쟁이 취향이라는 것이다. "품질 다음으로 나에게 가장 중요한 것은 회사의 문화를 유지하는 것이다."라고 《바리스타 매거진》에서 말했다.

"나는 언제나 독립적이며 최첨단을 달리는 기인들에게 매력을 느꼈습니다. 이들은 내가 고등학교 때 함께 어울려 다니던 녀석들로 예술 나부랭이고, 기계공이고, 지하실에서 밴드를 결성해서 음반 작업을 하던 녀석들입니다."

듀안은 사람에 대한 호불호가 분명하다. 자기의 마음에 드는 사람과 마음에 들지 않는 사람을 구분했다. 히피적이면서 그가 요구하는 직업 윤리에 따르는 직원들은 가족과 같은 존재였다. 그들에게 건강보험, 무료 급식, 단체 여행, 심지어 음악인들을 위해서는 매년 레코딩 기회를 주는 등 많은 혜택을 주고 있다. 다른 사람들은-고지식한 사람들, 따분한 사람들은 환경(포틀랜드는 이 나라에서 가장 환경적으로 의식이 뛰어난 도시) 또는 커피의 질과 로큰롤에 관심을 갖지 않는 사람들은 그의 패거리 바깥에 있고, 그가 시간을 할애할 가치가 없다고 생각한다.

2004년 정도까지만 해도 듀안은 높은 품질만을 수입하는 몇 명의 업자로부터 대부분의 커피를 구매했고, 여행에는 그렇게 많은 시간을 쓰지 않았다. 하지만, 스텀프타운이 번창해감에 따라 회사의 구매 전략을 개편했다. 이러한 변화에 따라 그는 커피를 구매하기 위해 매월 일주일 동안 원산지를 찾아가는 여행을 하기 시작했다. 여행을 하고 가정을 꾸리면서 성장 일로에 있는 회사를 경영하는 것은 듀안에게는 너무나 버거운 것이었다. 2007년 그는 스텀프타운의 첫 외국 구매 담당자로 알레코 시고우니스를 고용했지만 약간의 여행은 계속하고 있다.

듀안은 커피 시음가로서는 능숙한 사람이며 좋은 커피가 그냥 사라지게 두지 않는 사람이다. 최고급 커피 세계의 사랑을 받는 아시엔다 라 에스메랄다 스페셜이 2004년 처음으로 출시되었을 때 듀안이 흥분했던 것은 놀라운 것이 아니다. 2004년에, 그리고 그 이후로 매년 경매 로트*의 일부를 구매하여 커피 가격을 최고로 끌어 올리면서 높은 가격에 경매를 따내는 입찰자에 합류했다.

듀안은 에스메랄다에서 달콤한 과일 껌 같은 맛이 난다고 자신 있게 설명했다. 그는 파나마에서 자신의 손으로 살 수 있는 만큼 많은 양의 커피를 샀다. 진짜 감정가가 되겠다는 열망으로 그는 더 많은 것을 원했고, 실제로 더 좋은 것을 발견했다.

스페셜티 커피에 종사하는 많은 사람들이 아시엔다 라 에스메랄다의 새로운 공급처를 찾아 전 세계로 여행한다. 이러한 전설적인 원두의 신비로운 탄생지를 찾아서 영화 〈인디아나 존스〉 같은 스타일의 탐험이 에티오피아의 야생 삼림에서 진행되었다. 그렇지만 적당한 시간에 적당한 장소에 가 있는데 불가사의한 재능을 지닌 듀안은 본인이 찾으려고 노력한 것은 아니지만, 우연히 보물과 같은 커피 원두를 만나게 된 지구상에서 유일한 사람일지도 모른다.

이 행운의 발견은 코스타리카의 고지대에서 일어났다. 듀안은 잘 알려진 코스타리카 커피가이인 프란시스코 메나와 함께 커피 농장을 찾아가기 위해 교외로 차를 달리고 있었다.

"우리는 소변을 보기 위해 길가에 차를 멈췄어요. 그리고 위를 쳐다보니 거기에 나무들이 있었는데 티피카처럼 보이지 않았어요. 나는 체리를 맛보았지요. '이봐, 이것은 달콤한 과일 맛이 나는군!' 하고 말했더니 프란시

＊50파운드를 한 묶음으로 하는 단위.

스코가 '그럴리 없지. 그건 절대 불가능한 일이야.' 라고 말했어요."

프란시스코는 체리를 맛보고 믿을 수 없다는 표정을 지었다.

"우리들은 주위를 둘러보았고, 게이샤에스메랄다의 별칭처럼 대단해 보이는 나무들이 숲 주위에 여기저기 흩어져 있는 것을 알게 되었습니다."

그 나무들은 파나마에서처럼 1960년대에 심어졌다. 프란시스코는 농장 주인과 연락해서 스텀프타운이 그 커피를 살 수 있도록 협상을 시작했다. 듀안은 커피 채집자에게 돈을 주어 그 커피를 따로 보관하도록 교육시켰고, 제조 공정 중에 섞이지 않도록 어떤 특정한 방앗간에 맡겨야 한다고 주장했다. 이 의문의 커피는 파운드당 일반적인 채집자가 한 달에 버는 것보다 더 높은 가격을 치르기 때문에 그 공정은 완벽해야만 했다.

듀안은 여기서 자신의 이야기를 멈추었다. 그의 둥근 얼굴은 살진 고양이가 크림을 핥듯이 생긋 웃는 듯 빛나고 있었다.

"사람들은 이런 커피를 찾기 위해 온 지구를 헤매고 다니겠지만, 우리는 코스타리카에서 소변을 보려고 멈췄다가 우연히 찾아냈지요."

신의 커피
God in a Cup

　당신은 당신의 마음만으로는 사랑을 이해할 수 없다. 마음과 감각을 함께 사용해야 한다. 보통 사람들이 커피계의 보물인 파나마의 아시엔다 라 에스메랄다 스페셜 커피의 맛을 보면 "음, 좋은 커피군!" 정도로 말하겠지만, 4온스짜리 커피 한 잔에서 나오는 향기를 구성하는 천여 개의 휘발성 복합물을 감상하느라 하루에 몇 시간씩 보내는 커피 구매자나 재배자에게 그 경험은 아주 다른 것이다. 이 사람들은 피아니스트가 손을 단련시키듯이-그들은 연습하고, 연습하고, 또 연습한다-그들의 감각을 훈련시킨다. 커피 한 잔에서 향기와 풍미를 더 민감하게 느끼기 위해 그들은 공식적인 훈련 프로토콜을 따른다. 훈련받는 동안 그들은 여러 가지 에센스로 가득 찬 작은 유리병을 냄새 맡고 그 내용물이 무엇인지 알아맞히려고 노력한다. 이러한 커피 시음가들에게는 '달콤하고 포근하다'는 맛과 향에 대한 설명은 너무 도호하다. 그들은 박달나무 껍질인지 특별한 풀인지를 구별해낼 수 있기를 바란다. 그들은 젖은 땅에서 재배된 커피와 마른 땅에서 재배된 커피에서 향의 차이를 알아낼 수 있기를 원한다.

인텔리젠시아의 생두 구매 담당인 제프 와츠는 에스메랄다를 맛보고는, 그 커피가 너무나 상큼해서 마치 한 줄기의 빛이 커피에서 쏟아져 나오는 것 같았다고 말했다. 그러나 제프의 이 말은 커피 세계의 모든 사람들이 기억해 두는 말은 아니다. 스페셜티 업계를 사로잡은 표현은 버몬트에 있는 그린 마운틴 커피에서 품질관리 매니저로 일하고 있는 단 할리가 한 말

○ World's Best coffee로 인정받고 있는 에스메랄다 커피

이다. 그가 2006년 파나마 커피대회에서 처음으로 에스메랄다를 맛보았는데, 커피 맛이 너무 황홀해서 "마치 컵 안에서 신의 얼굴을 본 것 같았다."라고 말했다. 이 이야기가 로이터 통신의 기사로 채택되어 수많은 인쇄물과 방송, 그리고 온라인을 통해 전 세계로 퍼졌다.

할리가 참석했던 2006년의 대회에서 에스메랄다 스페셜은 100점 만점에 놀랍게도 95.6점을 기록했다. 할리와 다른 심사위원들은 그 작고 하얀 '커핑' 잔들을 기울여서 향을 맡아보고, 이 커피에 특별한 관심을 가졌다. 국제대회에서 심사위원들은 한 번에 여섯 잔 이상을 맛본다. 비슷한 토양에서 재배된 비슷한 품종의 국제적인 커피들은 거의 서로 닮은 데가 있다. 그러나 에스메랄다는 달랐다.

에스메랄다 스페셜은 꽃과 감귤의 향이 절묘하게 배합되어 심사위원

들의 머리를 도취시켰다. 이렇게 도취시키는 커피에서 그들은 파나마 커피에서는 아직까지 아무도 냄새를 맡아보지 못하던 향들 : 생강, 블랙베리, 잘 익은 망고, 감귤꽃, 그리고 이국적인 베르가모트, 얼 그레이 Earl Grey차에 향을 나타내기 위해 사용된 감귤 오일을 감지해 냈다. 많은 사람들이 평하기를, 에스메랄다는 온갖 종류의 훌륭한 달콤함으로 가득 차 있는데, 커피 구매자들은 이것을 브라이트니스산뜻함의 강하고 약한 정도로 평가한다. 이 맛은 라틴아메리카산産에는 희귀하지만 동아프리카산産 최고의 커피에는 공통적으로 들어 있다. 사실 어떤 사람들은 에스메랄다는 파나마산産 커피보다 훌륭한 에티오피아산産 커피와 맛이 더 비슷하다고 했다.

통찰력 있는 심사위원들은 에스메랄다가 아직 익숙하지 않은-제멋대로이며 못생긴 아이 같은 무엇이라는 것을 감각적으로 알아냈다. 그들은 지질과 기후, 그리고 와인 제조자들이 '떼루아'라고 부르는 모든 요소들이 그 원인이 아닐까 하고 생각했다. 에스메랄다의 독특한 맛은 고지대의 춥고, 바람이 많이 불고, 일조량이 많은 산비탈에서 재배되었기 때문에 나온 맛일까? 경작자의 기술도 이 뛰어난 커피에 한몫을 하지 않았을까?

확실히 이러한 모든 것들이 작용했다. 에스메랄다 스페셜은 파나마 보케테의 고지대에서 경험 많은 부자父子 농사팀에 의해 재배되었다. 프라이스 피터슨은 미국에서 태어난 신경화학 교수였는데, 1970년대에 가족과 함께 보케테에 정착하여 낙농업과 커피 재배를 해오고 있다. 1996년에 프라이스의 아들 다니엘은 대학을 졸업하고 커피 재배에 흥미를 느껴 하라미요 농장을 구입했다.

프라이스와 다니엘이 이 새로운 소유지를 샅샅이 돌아보다가 이상하

○ 에스메랄다 농장에서. 왼쪽 줄 앞쪽에서 시계 방향으로 유필문 박사(세 번째), 농장주 프라이스 피터슨, 딸 레이첼, 윌렘 부트, 아들 다니엘(오른쪽 맨 앞). 유필문 박사와 함께 광화문 '나무사이로', '배준선, 포항에서 카페 '아뜰리에'를 운영하는 건축가 이병규, 부산 '엘리스 2046'의 추재호, 수원 커피마니아들에 유명한 '커피랩'을 만들어 활동하고 있는 사진전문가 서동진이 에스메랄다 농장을 방문했다.
ⓒ 사진제공/유필문

게 생긴 나무들을 발견하게 되는데, 그 나무들이 그곳 여기저기에서 자란다는 사실을 거의 몰랐었다. 크리스마스 트리를 살 때 오동통한 나무가 모두 팔린 경우에는 키가 껑충하게 큰 나무라도 사게 된다. 게이샤가 바로 그렇게 생겼다. 그렇지만 생명력이 더 강한 것으로 나타났다. 하지만, 다른 품종들보다 열매가 덜 열렸다. 그 당시 다니엘은 자기의 땅에 있는 모든 나무들을 연구했고, 어떤 커피 품종을 어디에다 심어야 할지를 생각하고 있었다. 그는 다른 여러 가지 경우를 따져 보고 나서 이 크고 날씬한 나무를 특별히 바람이 많이 부는 산비탈에 심기로 결정했다. 그런데 다른 나무들은 이 산비탈에서 멸종했었다.

커피는 다 자라기까지 적어도 5년이 걸린다. 2004년 피터슨 가족은 이 산비탈에서 처음으로 게이샤를 수확했다. 여러 곳의 유망한 지역에서 단지 3,000파운드의 커피만 생산되었다. 다니엘은 이들을 작은 로트(lot)로 나누었다. 그리고 커피나무로 만든 아름다운 조각품들로 장식이 된 커핑룸에서 원두를 커핑했다. 그는 에스데랄다의 과일 향에 강한 인상을 받았는데, 한편으로는 심사위원들이 그 향이 파나마에서 자란 커피와는 너무나 다르기 때문에 잘못 재배된 품질이 낮은 커피로 평가할까 봐 걱정되었다. 그러나 그의 가족들과 커피 업계의 다른 사람들과 상의한 후에 다니엘은 기회를 잡기로 결정했다. 그는 자기가 생각하기에 가장 향기가 가득한 로트라고 생각되는 것을 선택하여 커피 대회에 출품하였다. 그는 이 샘플에서 나온 원두를 에스메랄다 스페셜이라 이름 지었다.

이제 그 이후의 역사를 이야기하겠다. 에스메랄다 스페셜은 스페셜티 계의 최고품을 선발할 때 발생한 가장 큰 사건이 되었다. 어떤 사람들은 그 커피가 차처럼 진한 맛이 부족하다고 비평했지만, 아주 잘 훈련된 미각을 가진 스페셜티 커피 구매자들은 이 커피에 빠져들었다. 그 커피는 별난 품질 때문에 커피 애호가들의 꿈이 되었다. 명품족들이 자신의 웹 사이트와 블로그에 에스메랄다 스페셜을 칭찬하기 시작했다. 2006년에는 미국, 캐나다, 그리고 일본의 상류층 소매 고객들이 엄청난 돈을 이 희귀한 작은 원두를 사는데 소비했다.

볶지 않은 생두 구매자들, 즉 커피 로스터들, 카페 주인들, 커피광들, 커피 블로거들, 그리고 전 세계의 식품계 사람들이 에스메랄다 스페셜에 손대기를 열망했다. 소유하고 싶어도 소유할만한 수량이 거의 없다는 사실이 이 열풍을 더욱 불붙게 했다. 몇몇의 다른 보케테 농부들이 이 특별해 보이는 나무가 자기 땅에서 자라는 것을 발견했지만, 그 나무의 수는 너무 적었다. 보케테 농장 밖에서는 어디서 그 나무를 찾아야 할지를 아무도 몰랐다. 이 품종의 기원은 알려지지 않았다.

프라이스 피터슨과 스페셜티 커피계의 사람들이 그 대답을 구하기 위해 즉시 커피에 관한 기록물들을 뒤지기 시작했다. 결국 이 커피에 관한 그럴듯한 기원을 설명해 주는 믿을만한 기록물이 나타났다. 1930년대에 영국의 한 외교관이 커피가 처음 출현했던 에티오피아의 숲에서 야생으로 자라는 커피의 샘플을 수집했었다. 그가 채집한 커피 중에 산지가 분명히 게샤 지역인 것이 하나 있었는데, 거기에 '게이샤' 라고 꼬리표를 붙였다. 이 커피는 질병에 강하다고 여겨졌다. 그 외교관의 수집품 속에 있던 원두들은 케냐, 탄자니아, 코스타리카에 있는 커피 실험 연구실로 보내져서 1953년에 심어졌다.

1960년대에 파나마의 농림부 직원인 프란시스코 세라신은 수확량을 떨어뜨리는 질병인 잎마름병에 강한 커피나무를 찾았다. 커피 경작자이기도한 세라신은 코스타리카의 농업 관리들에게 질병에 강한 나무 샘플을 보내달라고 부탁했다. 코스타리카 농업 연구실의 농업 연구원들은 게이샤를 비롯해 여러 종류의 커피나무를 파나마의 재배자들에게 보냈다.

일반적으로 커피의 품질은 고도에 따라 높아진다. 원래 게이샤는 꽤 낮은 높이인 1,400미터의 지역에서 재배되었다. 그 높이에서 게이샤 나무는 비교적 작은 열매를 생산했고, 원두의 향은 특별할 것이 별로 없었다. 마치 잔디에서 더 높은 점수를 낼 수 있는 테니스 선수가 흙으로 된 테니스 코트만 만나는 것처럼, 게이샤는 더 높은 고지대인 약 2,000미터에서 재배되기까지는 그것이 얼마나 대단한지를 보여줄 수 있는 기회를 갖지 못했다.

게이샤가 에티오피아산産 커피를 포함했던 교환품의 하나였다는 사실이 커피 감정가를 애먹였다. 생물학적으로 말해서 모든 커피는 에티오피아산産이다. 사실 우리가 마시는 커피의 대부분은 약 500년 전에 에티오피아에서 훔쳐서 예멘으로 가져간 두 가지 커피의 먼 후예들이다. 이들 두 조상으로부터 내려오는 두 종류 버본Bourbon과 티피카Typica로부터 농업 경제학자들은 많은 변종을 만들어 냈는데, 그중 어떤 것은 다른 것보다 성공적이었다. 신세계나 아시아에는 토종의 커피 품종이 없다. 그러나 에티오피아에는 수천 가지의-어떤 에티오피아 사람들은 수만 가지라고 말한다.-독특한 커피 품종들이 수만 년 전에 숲에 나타난 이래로 발전해 왔을 것이다. 수백 가지, 어쩌면 수천 가지의 품종들이 에티오피아 숲 속에서 아직도 자라고 있다. 비록 에티오피아 커피의 다양성에 최근 빠르게 진행되고 있는 산림 벌채가 어떤 영향을 미칠지 아무도 모르지만, 어떤 농업인은 커피를 재배하는 고지대에 있는 모든 에티오피아 마을은 고유의 독특한 품종을 가지고 있을 것이라고 주장한다. 하지만, 아무도 확실히 모른다. 이 재배지에 사는 대부분의 농부들은 전기, 자동차, 포장도로, 핸드폰, 수돗물, 혹은 현대적인 농사법에 대한 정보도 가지고 있지 않다. 그리고 커피 연구가들은 이 지역을 여행하는데 많은 시간을 낭비하지 않는다. 그 당시에 확고한 증거가 부족했음에도 불구하고 몇몇의 커피인들이 꽤 확신에 찬 이론을 들고 나왔다. 만약 모든 에티오피아 마을마다 독특한 커피 품종을 가지고 있다면, 게이샤는 아마도 게샤, 즉 남부 에티오피아의 산간 지대에 있는 커피 재배 도시를 잘못 표기해서 생긴 말일 것이라고 말한다.

  게이샤/게샤 이론의 낭만적 매력에는 지리적인 우연성도 조금 관련되어 있다. 게샤는 커피가 그 이름을 따온 도시-전설에 따르면 여기에서 한 젊은 염소 지기가 천 년 전에 커피를 발견했다는 도시-인 케파 가까이에 위치하고 있다. 전해지는 이야기에 따르면, 설탕에 미친 다섯 살 난 아이처럼 염소가 춤추고 점프하는 것을 본 젊은 염소 지기는 염

◐ 하트만 농장을 방문한 한국의 탐방객 일행. 윌렘 부트(좌에서 4번째), 유필문 박사(좌에서 3번째) ⓒ 사진 제공/유필문

소의 활기찬 이유를 그 염소들이 썩어가는 체리 안에 있는 작은 생두를 먹는 습관과 관련이 있을 것이란 생각을 했다. 낭만적인 경향이 있는 사람들은 게이샤/게샤 관련 속에 무언가 정해진 운명 같은 것이 있다고 느끼지 않을 수가 없다.

아직 개발되지 않았지만 잠재적으로 부富의 가능성이 있는 에티오피아의 전망은 젊은 커피인들을 유혹했다. 아시엔다 라 스페셜–별칭은 게이샤–이 나타났을 때 기회는 그 이상 좋을 수가 없었다. 30년간의 공산주의 통치와 시민 혁명 후에 에티오피아는 새로운 정부를 수립하고 천천히 외부 세계에 문호를 개방하고 있었다. 스페셜티 족들은 커피의 모국 방문을 더 기다릴 수가 없어서 게이샤를 찾아갔다.

2006년 11월 커피 컨설턴트로 잘 알려진 윌렘 부트는 게이샤를 찾을 목적으로 탐험대를 조직해서 에티오피아로 보냈다. 윌렘은 네덜란드 사람으로 캘리포니아에 거주하고 있는데 게이샤에 홀딱 반해서 스스로 커피 농부가 되어 파나마에 사 놓은 땅에 게이샤 나무를 심었다. 월렘은 케파 또는 카파라고 알려진 도시 근처에 게샤라는 이름의 도시가 적어도 3개가 있다는 것을 알았다. 그는 게이샤 나무를 찾아 그 도시들을 모두 방문하기로 하였다.

그의 인솔하에 에티오피아인과 유럽 사람들이 3대의 차로 원정대를 구성하여 황금알을 낳는 스페셜티 커피의 거위를 찾아 게샤에 대한 맹공격을 시작했다. 그 탐험대는 방송 프로그램 〈생존자〉에 방영되어도 될 정도로 인간 생활이 불편한 곳을 침범한 무자비한 침입자로 밝혀졌다. 참가자들은 남서부 에티오피아의 멀리 떨어진 고지대로 여행갔다. 거기에 있는 길들은 움푹 패였고, 바위가 많아 아주 다니기가 어려웠는데, 집중 호우가 내리기 시작하여 걷기가 더욱 어려웠다. 어느 날 그 모험가들은 여섯 시간 동안 비를 맞으며 진흙 속을 걸었는데, 진흙이 너무 깊어 신발이 벗겨져 진흙 속에 처박혔다. 나이가 좀 더 많은 에티오피아 사람이 다리를 다쳤다. 후에 그들은, 한 지방 공무원이 화가 나서 에티오피아의 귀중한 커피 자원을 훔치려고 한다고 고소하는 바람에 그 마을에서 도망쳐 나왔다. 그 일행은 아프리카에서 가장 허름한 호텔에서 하룻밤을 보냈다. 그곳은 욕실도 없었고, 단지 악취가 풍기는 뚜껑 없는 구덩이만 있었다.

이 불쌍한 탐험에 관한 이야기는 커피계에 널리 전해지면서 점점 더 엉뚱하게 빗나갔다. 제프 와츠가 보고하기를, 어느 날 그는 게이샤 여행단의 일원이 미쳐서 진정제를 복용하여 그 나라에서 쫓겨났다는 이야기를 들었다고 했다. 제프가 들려준 또 다른 이야기에 따르면, 파나마에서 온 월렘의 친구들 중 그라시아노 크루즈라는 농업 경제학자는 혼자 게샤의 숲으로 몰래 들어가서 파나마로 가져오려고 게이샤 나무를 훔쳤을 수도 있다고 한다. 이 이야기의 또 다른 각색본에 따르면, 당국은 그라시아노를 감옥에 집어넣고 다시는 돌아오지 말라는 명령을 내리고 나라에서 쫓아냈다. 그러나 그 어느 것도 진실이 아니다. 그라시아노는 어떤 게샤 탐험대에도 끼지 않았다. 비자 문제로 그는 아디스아바바에 갇혔고, 거기에서 그는 에티오피아의 관료적인 절차를 통과하느라 1주일을 보냈다. 아무도 미치지 않았다. 아무도 식물을 훔치지 않았다. 가장 중요한 사실은 아무도 전설의 게이샤 나무를 게샤나 그 밖의 어느 곳에서도 발견하지 못했다.

그 탐험은 완전한 실패였지만 커피인들은 아직도 에티오피아 어딘가에 전설의 나무가 자란다는 매혹적인 생각을 하고 있다. 아무튼 에티오피아는 커피의 요새이다. 그것은 예루살렘의 황금의 문과 같다.

커피의 에티오피아 기원설을 이해하기 위해, 나는 곧 피터 줄리아노와 제프 와츠를 따라 아프리카로 갈 것이다. 그러나 그 중요한 여행은 나의 첫 '원산지 여행'인 니카라과에 이어 다음에 가게 될 것이다. 이곳은 내가 COE에 참가하여, 피터와 제프를 처음으로 직접 만나서 나의 진짜 커피 교육이 시작되었던 곳이다.

니카라과 그라나다

Nicaragua, Granada

　니카라과의 그라나다는 산산조각난 식민 도시로 마나구아에서 남쪽으로 한 시간 거리에 있다. 밤이 오면 너무나 어두워서 16세기 스페인식 궁궐과 커다란 빌딩의 윤곽이 잘 보이지 않는다. 그중 몇몇은 산산이 부서졌고, 몇몇은 열대지방의 토지에 대한 '외세'의 갈망으로 다시 재건되었다.

　2006년 5월, 나는 니카라과의 COE를 위해 그라나다로 날아갔다. COE는 그 나라의 스페셜티 커피 산업의 수익에 큰 기여를 해온 것으로 널리 인식되고 있다.

　나를 태운 택시기사는 그 도시 광장으로 질주해 가더니 아람브라호텔의 넓은 베란다 바로 앞에 멈추어 섰다. 그 베란다에는 호텔 손님들이 등나무로 된 안락의자에 앉아서 어두운 밖을 내다보고 있었다. 두꺼운 치장 벽토로 된 벽에다, 머리 위에는 선풍기들이 달려 있었다. 잎이 무성한 안뜰, 그리고 넓은 파티오가 있는 아람브라 궁전은 내가 여러 영화에서 봐왔던 곳과 비슷하게 생겼다.

다음날 아침 대부분이 COE와 관련 있는 40~50명의 호텔 손님들이 안뜰의 테이블로 몰려들었다. 수출품에서 제외되어 커피 생산국에서나 마시는, 너무 볶아져서 고무가 탄 듯한 맛을 내는 커피와 달걀프라이와 토스트를 먹기 위해서이다. 내가 그라나다에 있는 것은 단순히 구경만 하려는 것이 아니라, 젊은 커피가이들에 관한 이야기를 〈뉴욕 타임스〉에 쓰기 위해서이다. 그러기 위해 나는 커피가이 둘과 함께 테이블에 앉았다. 한 명은 오리건주 포틀랜드에 있는 스텀프타운 커피의 에스프레소 연습생인 스티븐 빅인데, 그는 키가 크고 예의바르며 자신감이 넘쳤다. 다른 한 사람은 더운 날씨에도 굴하지 않고 챙이 없는 모자를 덮어쓰고, 스케이트보드와 화려한 촬영 장비를 들고 있는 인텔리젠시아의 커피 뽑는 사람인 E. J. 도슨이었다. 도슨은 아침식사 전 광장에 사는 노숙자들을 사진 찍기 위해 스케이트보드를 타고 나갔었다고 내게 말했다. 스티븐과 도슨은 주스를 주문했다.

"나는 커핑을 너무 많이 해서 카페인에 중독될 거야."라면서 스티븐이 말을 계속했다.

"우리들이 한 모금 맛만 보고 삼키지 않고 뱉어도 미량의 카페인이 시나브로 우리들 몸에 축적되지요."

그가 인텔리젠시아에서 일한다는 것을 알고서, 나는 도슨에게 제프 와츠가 언제 돌아올지를 물었다.

"저는 그가 나타나기를 바라고 있어요. 저는 뉴욕 타임스의 편집인인데, 그에 관해 뭔가 쓰고 싶거든요."

오전 9시, 영어와 스페인어를 활기차게 말하고 있는 한 무리의 사람들이 호텔의 그늘진 안뜰에 모여서 대회가 시작되기를 기다렸다. COE 프로그램은 라틴아메리카 커피의 프로파일을 올리려는 희망으로, 품질

개선에 자신을 헌신하고 있는 커피 농부들에게 필요한 현금을 지원하기 위해 만들어졌다. 매년 국제적인 경진대회가 중남미 8개 국가에서 열린다. (2007년에 르완다는 COE를 본떠 만든 골든 컵 경진대회 Golden Cup Competition를 성공적으로 개최했는데 앞으로 그러한 행사들이 아프리카에서 더 많이 열릴 것으로 기대하고 있다).

COE 전날 갖는 사전 모임은 오스카 수상식이 열리는 밤에 버금갈 정도로 열기가 대단하다. 커피가 대단한 상품-니카라과에 상당한 액수의 현금을 조달하는 수출품이기 때문이다. 니카라과, 미대사관, 미국의 국제 개발처, 그리고 다른 개발 기구와 단체들을 포함하여 커피 산업의 많은 출자자와 후원자 대표들은 COE를 '반드시 보아야 할 쇼' 이벤트로 본다.

니카라과는 라틴아메리카에서 가장 가난한 나라 중 하나다. U.S. AID를 포함하여 많은 구조 단체들이 그 나라의 커피 수출의 가치를 높이고, 커피 농가의 삶을 개선하기 위해 고안된 프로젝트에 자금을 지원하고 있다. 중앙아메리카와 그 밖의 지역을 발전시키기 위한 프로그램들은 종종 돈이 상당히 많이 들고, 결과를 수치로 따져볼 때 거의 성과가 없다. 다만, COE는 예외이다. 정기적으로 충분히 자금 조달을 받지 못했는데도 불구하고 그 프로그램은 목표를 충분히 달성하고 있다. COE의 의뢰에 따라 컨설팅 회사인 매킨지 연구원들이 보고서를 냈는데, 거기에서 그들은 니카라과의 COE는 다음과 같은 역할을 해왔다고 결론 내렸다.

- 농부들에게 자신들이 재배하는 커피의 품질을 향상시키도록 동기 부여를 했다.

- 니카라과 스페셜티 커피의 명성을 높이는데 도움이 되었다.
- 니카라과에서 스페셜티 커피 시장을 튼튼히 하고 뿌리내리게 했다.

매킨지가 보고하기를, 2006년 COE에서 많은 니카라과의 생산자들과 협동조합들, 그리고 수출업자들이 추가로 110만 달러의 이익을 낼 수 있게 도왔는데, 이는 그 대회로 인해 생긴 홍보와 다른 부수적인 이익이 없었다면 불가능했을 것이다. 이 숫자에는 그들의 커피가 온라인으로 경매되었을 때, 그 대회의 최고 우승자들이 상금으로 벌었던 22만 9,000달러는 포함되지 않은 것이다. 이 이익을 1년에 프로그램 비용인 약 14만 달러와 비교해 보면 니카라과 콘테스트가 9배 더 많은 이익을 냈다고 매킨지는 결론을 내렸다.

하지만, 스페셜티계의 모든 사람들이 COE가 커피 농부들을 돕는 올바른 프로그램이라고 동의하는 것은 아니다. 캘리포니아 세바스토폴에 있는 테일러 메이드 팜스Taylor Maid Farms 유기농 커피 로스터리의 설립자이며 사장인 39세의 마크 인맨은 이런 말을 했다.

"커피경진대회는 농부들에게 아무것도 가르쳐 주지 못한다. 그것은 '집 없는 여자들을 위한 꽃수레'와 같은 것으로, 이것은 호도된 필요하지 않은 것을 의미한다."

인맨은 COE가 잘못된 방향으로 품질에 접근한다고 믿고 있다.

"만약 농부에게 동기 부여를 하고 싶으면, 컵의 시상 내용을 따지지 말라. 농사의 실제 경험과 흙을 가지고 시작하라. 아주 엉망인 흙으로부터 훌륭한 와인을 얻을 수 없다. 커피도 마찬가지이다."

그는 농업 경제인에게 주는 기금이 하늘에서 떨어지는 상금보다 결국 훨씬 더 도움이 된다고 덧붙였다. "돈은 유혹적이지만……"라는 말을 앞세워 마크가 말했다.

"대부분의 농부들이 한 해에는 왜 그들이 상금을 탔고, 다음에는 못 탔는지 이해하지 못합니다. 그들은 그것을 운의 작용이라고 봅니다."

마크는 요점을 더 파고들어, COE 심사위원들과 과거의 COE 수상자들을 기리는 축제에서 여러 명의 커피 재배자들을 인터뷰했는데, 그들 중 한 명이 한 해에는 상위 10등 안에 들었지만, 다음 해에는 상위 25등 안에도 들지 못했다며 분노를 표현했다.

상금에 대한 유혹을 거절할 수는 없을 것이다. 농부들에게 COE가 구미가 당기는 주요 이유는 경매에 의해 넉넉한 현금이 보장된다는 것이다. 최고의 COE 수상자들은 6만 달러의 돈을 번다. 이것은 일회성의 현금 노다지이다. 대부분의 농부들이 한 번 상을 받고는 다시는 받지 못하고 있다. 그러나 1등하는 사람들에게 돌아오는 혜택은 세계가 변하는 것과 같을 수 있다. 힘없는 커피 농부들에게 2만, 4만 달러 혹은 6만 달러가 무엇을 의미하는지 상상하기는 어렵지 않다. 어느 해에는 온두라스에서 1등 수상자가 너무나 가난해서 버스표를 살 수도 없었다. 그는 공매장까지 편승해야만 했다. 그런데 그는 COE 상금으로 빚에서 벗어나서 조그마한 땅을 하나 사고, 커피가 땅 위에서 썩는 것을 방지하는 건조대를 살 수 있었다. 2005년에 니카라과의 최고 수상자들 중 작고 용기 있는 한 여성은 상금의 반을 뚝 떼어서 게스트 하우스를 지었다. 지금 그녀의 커피 농장은 환경보호 관광지가 되었고, 그녀는 다양한 수입원을 갖게 되었다. 물론 모든 재배자가 '성공'하는 것은 아니다. 어떤 사람은 허머 자동차를 한 대 사기도 하고 또 어떤 사람은 자기의 모든 상금을 교회에 헌금하기도 했다.

몇몇 운 좋은 사람에게 현금을 뿌리는 것 이상으로 COE 프로그램의 관심은 라틴아메리카의 농부들에게 스페셜티 시장 수준에 맞추어 커피의 품질을 올리도록 혜택을 주는 것이다. 마찬가지로 또 하나 중요한 것은 COE는 뛰어난 커피를 생산하는 소규모 재배자들에게 스페셜티 구매자들을 소개하는 것이다. 피터, 제프, 듀안, 그리고 북아메리카와 유럽뿐만 아니라 일본에 있는 모든 커피 구매자들은 COE를 지켜본다. 그들 중 많은 사람들이 수상하는 농부들과 장기적인 구매 관계를 맺었다.

오전 9시가 지나자 2006년 COE 심사위원들 중 20명의 남자와 7명의 여성이 아람브라의 회의실에서 연단을 바라보며 접이식 의자에 자리 잡았다. 그날 그라나다의 온도와 습도는 100°F(37.8℃)와 100퍼센트로 참을 수가 없었다. 회의실은 하루에 한두 번 전력이 나갔을 때를 제외하고는 시원했다. 심사위원들은 정장을 입도록 요구받았다. 니카라과에서 격식을 차리고 다림질하는 것은 일반적인 일이며, 더운 날씨가 단정하지 않은 차림새의 핑계가 되지 못한다. 미국에서 온 젊은 심사위원들은 그것에 동의하지 않는다. 피터 줄리아노를 제외하고 대부분은 반바지, 로고나 슬랭과 최신 유행하는 플립플랍 티셔츠를 입었다. 피터는 좀 더 의상에 민감하다. 아마도 시실리아의 조부모 슬하에서 성장했기 때문에, 그리고 그가 다른 문화에 관심이 있기 때문일 것 이다.

전 세계-미국, 캐나다, 네덜란드, 독일, 리투아니아, 노르웨이, 러시아, 대만, 그리고 일본에서 온 심사위원들이 대표로 임명되었다. 스티븐 빅은 29세로 가장 젊은 심사위원이다. 대부분의 미국인 바리스타와 젊은 커피 가이들과는 달리 스티븐은 대학 교육을 받았다. 컴퓨터 엔지니어 교육을 받은 그는 9·11사태의 여파로 엔지니어링 직업을 잃었는데, 그 후로 뒤돌아보지 않았다. 82세의 에르나 너첸은 캘리포니아에 본사를 둔 너첸 커피의 설립자인데 제2차 세계대전 후 스페셜티 산업의 개척자 중 가장 나이가 많다. 에르나는 약간 다리를 전다. 그녀의 친구이자 동료 심사위원인 베키 맥킨논은 캐나다에서 세 번째로 큰 커피 로스터 겸 소매업자인 티모시 월드 커피Timothy World Coffee의 회장이다. 심사위원 중에 광채를 더하는 사람은 켄타로 마루야마인데, 그는 35세로 일본 마루야마 커피의 소유주이다. 켄타로는 자신의 사업체를 운영하면서 일본에 있는 소규모의 고급 커피 로스터들을 위해 커피를 구매해 준다. 스페셜티계의 많은 사람들이 켄타로를 세계에서 가장 안목 있는 커피 구매자라고 생각하고 있다. 모방에 탁월한 재능을 가진 켄타로는 매년 성황리에 열리는 COE라면 어느 나라든 가리지 않고 참석한다. 듀안은 켄타로를 '바위 같은 멋쟁이!'라고 표현했다.

커피를 감별하는 것은 감각적인 정확성, 경험, 튼튼한 허리(가슴 높이의 커핑 테이블에 기대어 몇 시간을 보낼 수 있어야 한다.), 그리고 집중력을 필요로 한다. 스페셜티계의 사람들은 끊임없이 커핑이 예술인지 과학인지 토론한다. 이 토론은 이제 규격화의 문제까지 거론된다. 열두 명의 전문적인 커피 감별사cupper들이 똑같은 커피를 냄새 맡고 맛볼 때 그들 모두가 같은 경험을 하는지? 그들이 같은 것을 경험하지 않는다면 그들이 어떻게 품질에 대해 함께 판단을 할 수 있는지? 그리고 점수는……?

COE 운영자 수지 스플린더는 심사위원들의 관심을 얻기 위해 목소리를 높였다. COE는 커피의 명칭을 가리고 진행된다. 커피는 숫자로 암호를 매겨서 어느 커피를 어떤 농부가 재배했는지 아무도 모른다. 부패로 악명 높은 산업체에서 이 투명성은 아주 중요하다. 곱슬머리의 날씬한 수지는 50대 초반인데, 심사위원들의 관심을 끌기 위해 목청을 높였다.

"좋아요, 심사위원님들! 지금부터 시작합시다."

그녀는 커퍼들이 64잔의 커피를 심사하게 될 것이라 말했다.—최고의 커피 500종이 그 대회에 출품되었다.

폴 송어 역시 50대이다. 조용한 말투에 머리는 희고, 대학에서 커피학을 전공하여 감각 분석가와 커피 상담가로 수십 년의 경험을 가지고 있으며, 심사위원장을 맡고 있다.

"여러분이 결점이 있는 커피를 발견하면 즉석에서 나에게 지적해 주세요. 그래야 여러분이 맛보고 있는 커피에 대해 토의할 수 있습니다." 라고 폴은 강조했다.

"페놀이 있는지 잘 살펴보세요."라고 수지가 맞장구를 쳤다.

페놀은 어떤 커피콩에 나타나는지 알 수 없는 화학 물질이다. 정확하게 어떻게 해서 페놀이 생기는지는 수수께끼다. 60~70개의 커피콩을 볶는데, 단 한 개의 콩이 페놀에 오염되어 있어도 그 커피는 즉시 질이 떨어진다.

"어떤 사람들은 페놀은 수영장의 염소 맛이 난다고 생각해요."

폴의 말을 피터 줄리아노가 받았다.

"나는 그런지 잘 모르겠어요. 오히려 일회용 반창고가 커피 안에 떠다니는 것 같죠."

회의실과 커핑룸을 분리하는 문이 확 열렸다. 커핑룸 뒤에는 준비요원들이 일하고 있다. 그들은 커피를 갈아서 부피를 측정하고, 무게를 달고, 똑같이 만들어서 커피 샘플을 만드는 일을 하고 있다.-똑같지 않으면 심사위원들이 공정하게 커피를 서로 비교할 수 없다. 각각의 커핑 테이블 위에서 준비요원들이 10가지 커피 샘플을 네 개의 조그만 하얀 도자기 컵에 각각 담아 첫 번째 심사를 받도록 한다. 모두 40개의 작은 컵들이다. 커핑 프로토콜에 따르면 심사위원들은 각 커머마다 네 개의 샘플을 모두 마시도록 되어 있다. 왜냐하면 한 컵에서는 결점이 나타나지만 나머지 다른 컵에서는 안 나타날 수도 있기 때문이다. 온도 또한 중요한 요소이다. 심사위원들은 골디락처럼 커피가 뜨거울 때, 중간일 때, 차가울 때 모두 맛보도록 되어 있다.

그런데 맛을 보기 전에 향을 맡아보고, 점수를 즉각 점수판에 표시하게 되어 있다. 건조되었을 때 원두의 향과 젖었을 때 풍미를 주목하면서 그들은 기술자들이 200°F의 끓는 물을 샘플 위에 붓기 전에 각 컵에 있는 분쇄된 커피의 향을 맡는다. 그리고서 그들은 젖은 커피의 침전물을 냄새 맡고, 커피 입자들이 표면 위로 떠올라서 층을 만들 때까지 기다린다. 작은 거품들이 커피 미립자 속에 나타나면서 각 테이블의 심사위원들에게 신호를 보낸다. 그러면 심사위원들은 자기의 티스푼을 들고 젖은 커피 뭉치들을 옆으로 밀어내는데, 대부분의 심사위원들은 이것을 특정한 몸짓으로 멋을 부리면서 한다. 표면이 갈라지면서 다양한 향이 나는 보이지 않는 가스들이 방출된다. 이 향을 들이마시기 위해 코를 잠깐 들이대는데, 이때 코가 종종 음료에 닿기도 한다. 커피가 살짝 묻은 코는 커핑룸에서 일반적으로 볼 수 있는 장면이다. 냄새 맡고 쉬었다가 또 냄새를 맡은 후에 어떤 사람은 바닥으로 가라앉지 않은 커피 침전물을 걷어내고 맛을 본다.

나는 커핑룸에 들어간 순간 따뜻하고 습기가 많은 공기벽과 마주쳤다. 모두가 물 끓이고, 코로 킁킁대며 냄새를 맡는 소리로 가득했다. 그 방은 천장이 높고 벽은 소리를 반사하는 치장 벽토로 되어 있는 커다란 방이다. 손에 점수 기록표를 들고 있는 심사위원들은 파란색의 대회 앞치마를 두르고 테이블에 둘러앉아 각 컵 앞에서 구부린다. 그들은 은스푼을 갈색 용액에 담갔다가 소량의 커피를 떠서는 입 안으로 격렬한 소리가 나도록 빨아들인다. 그리고 커피 분자들을 입속을 거쳐 비강으로 보낸다. 그 비강에는 고감도의 후각세포가 있다. 한 모금씩 끊어 마시면서 커피를 입으로 통과시키는 것은 아주 중요하다. 왜냐하면 코가 혀보다 훨씬 예민한 감각기관이기 때문이다. 커피의 향을 맡고, 맛본 후에 심사위원들은 빨간색의 플라스틱 컵에 뱉고는 그들의 점수 기록표에 첫 번째 표시를 한다.

방에는 24명 이상의 커퍼들이 있어서 소음으로 귀가 멍멍해졌다. 나는 감기 시즌에 이비인후과 대기실에서 기다리고 있는 느낌이 들었다.

"이게 시끄럽다고 생각하세요?"

메사추세츠의 떼루아 커피Terroir Coffee 소유주인 조지 호웰은 브라질에서는 시끄럽게 소리내며 먹는 사람이 사내답고 건장한 것이라고 하면서 "커핑룸에서는 귀마개가 필요한가 봐요."라고 씩 웃으며 말했다. 나이가 60세인 조지는 스페셜티 커피 세계에서 아주 존경받는 사람인데, 그의 명성은 개혁가로서의 업적에 기인한다. 그의 첫 회사인 보스턴에 자리잡은 커피 커넥션에서 모든 사람들이 강하게 볶은 커피를 칭찬하고 있을 때, 그는 약하게 볶는 커피를 옹호한 첫 커피인들 중의 하나였다. 그는 커피와 거품 우유, 그리고 얼음으로 만든 프라푸치노 커피를 개발했다. 그리고 그는 이 조리법을 스타벅스에 팔았다. 최근에 조지는 초저온으로 냉동시킨 커피와, 커피의 선적과 저장 자루로 쥬트 대신 무반응 마일라 nonreactive Mylar를 대대적으로 선전하고 있다. 그런데 조지는 까다롭고 화해하지 않는 성격으로 유명하다.-순수주의자들을 우대하는 최고의 순수주의자이기 때문이다.

커퍼들은 커핑 테이블 주위를 돌아다녔다. 갈색 단발머리를 한 켄타로는 조용히 선禪을 하는 듯한 침착한 모습으로 커피를 만들었다. 그는 그 방에서 가장 작은 사람들 중의 하나이다. 그는 또한 가장 시끄러운 사람들 중의 하나이다. 그가 커핑을 할 때는 "호이, 호이"라는 소리가 특이하게 들리는데, 마치 새들의 짝짓기 소리 같았다.

커피는 식어감에 따라 풍미도 잃는다. 그것은 커피가 지닌 아름다움의 소실이다. 심사위원들은 점수 기록표에 마지막으로 끄적거린다. 입을 헹구기 위해서 물병을 들고 심사위원들은 다시 회의장으로 향했다. 손에는 클립보드와 연필을 들었고 물병도 준비되어 있었다.

폴 송어는 가로세로 24-36인치의 스케치 용지가 끼어져 있는 이젤 앞에 검정 매직펜을 들고 서 있었다. 방안에서는 오고가는 대화 속에 긴장감이 맴돌았다. 83점 이하의 점수를 받은 커피는 대회에서 배제되고, 84점 이상을 받은 커피들이 결선에 진출하게 된다.

폴이 그 토론의 진행자였다. 각 커피에 대해 15분 정도 이야기할 시간이 주어졌다. 그는 모든 심사위원들에게, 그들의 점수가 득점표에 기록되지 않은 니카라과의 국가 공인 커핑 심사위원들까지 포함하여, 자신들의 생각을 표현하도록 당부했다.

이 공들인 과정으로 인해 심사위원들은 한 단체로 연합하여 커퍼들의 기술을 연마시키는데 도움을 주었다.

처음 두 커피는 82점과 83점으로 결승전에서 배제되었다. 그 다음 커피는 인기가 있었다. 한 심사위원은 훌륭한 뒷맛이 있고, 미묘한 꽃향기가 있다고 말했다.

"그것은 호밀빵 맛이 나는데." 라고 네덜란드의 커퍼이며 이전에 향기 시험가였던 주스트 네오폴드가 말했다.

"아주 깔끔한데." 피터가 말했다.

"레몬 꽃향기야." 라고 베키 맥킨넌이 말했다.

폴이 점수를 종합하여 평균을 냈는데, 이 커피는 놀랍게도 87점을 받았다.

다섯 번째 커피는 논쟁이 분분했다. 조지 호웰이 말했다.

"이 커피는 정말 좋은데요. 아주 깔끔하고 달콤하며, 균형이 잡혔고 부드러워요."

"파인애플 맛이 좀 나는데요." 라고 누군가가 말하자 피터가 고개를 흔들었다.

"나는 그렇게 생각하지 않아요. 나는 조지가 이 커피를 좋아할 줄 알았어요. 그런데 개성이 부족하다고 생각해요. 내 탁자 위에 있는 한 잔은 맛이 떫어요."

5번 커피는 85점으로 결승에 진출했다.

폴이 6번 커피에 대하여 "이 커피는 향이 좋아요. 하지만, 충분히 성숙 되지 않았어요." 라고 하자 켄타로가 대답했다.

"적어도 사람들은 그렇게 믿어요."

비록 켄타로는 인기가 있고 존경을 받지만, 그의 영어를 항상 이해할 수 있는 것은 아니다.

"훌륭한 꽃향기 여운!" 이라고 누군가가 말했다.

"여운이 길게 남는데, 무한한 신맛이야." 폴은 점수가 86점에 이른다는 것을 주목하며 덧붙였다.

7번 커피는 '건조하고 분필가루 같다.', '죽었다'는 평가를 받고 78점을 받았다.

8번 커피에 대해 어떤 사람들은 그 커피를 좋아하여 '장미 향수, 배, 크림' 같다는 평가를 내렸지만, 싫어하는 사람들이 더 많았다.

"자동차 기름." 스티븐 빅이 말했다.

"여운이 무미건조하고 불쾌하기까지 해." E.J가 말했다

"두 가지 방식의……" 폴은 커피가 높은 점수와 낮은 점수는 갖지만 중간은 거의 없는 것을 주목하며 말했다. 결과는 83.5점으로 탈락했다.

9번 커피는 85.9점을 얻었고, 몇 가지 희귀한 반응을 일으켰다.

"루트비어Root beer", "워터그린Watergreen", "풍선껌"

10번 커피에 대해 폴은 "무뇌인"이라고 말했다. "땅콩같은"-땅콩버섯처럼. "짭짤하다.", "소박하다.", "잘가."라고 폴은 말했다.

커퍼들은 다음 단계를 위해서 커핑룸으로 다시 향했다. 나도 이번에는 커핑을 해보기로 결심했다.

"커핑은 집중하는 것입니다."라고 조지가 나에게 말했다.

"커핑은 지나가는 자동차의 번호판에 있는 숫자를 기억하려고 하는 것과 같습니다."

조지는 나를 커핑 테이블 앞에 서게 했다.

나는 커피에 어떻게 공기를 들이는지 몰랐다.-공기를 들이기 위해 커피를 이 사이로 해서 입안으로 빨아들여야 한다.-그래서 나는 들이마시고 뱉는 대신 조금씩 마시고 삼켰다. 첫 번째 커피는 쉬웠다. 그러나 그 이후의 커피는 점차 분석하기 어려워졌다. 나에게는 모두 같은 맛이 났다.

대부분의 커피에서 나는 초콜릿 맛을 느꼈다. 간혹 감귤 맛에 놀라기도 했다. 한 번은 잔가지의 풀과 숲의 맛을 느꼈다. 10가지 커피를 모두 맛본 후에 나는 테이블을 다시 돌았지만, 길을 잃었다. 나는 이 커피의 맛을 다른 커피와 구별하지 못했다. 나는 커퍼들이 집중해서 점수를 기록하고 서로 토의하는 것을 지켜보았다. 나는 그들이 갈색 용액 4온스에서 그렇게 많은 것을 얻을 수 있다는 것을 믿을 수가 없었다. 나는 오르가즘을 가장하는 40대 여성 같았다. 내가 무엇을 느끼도록 되어 있는지 아는데, 나에게 그것은 일어나지 않았다.

저녁에 호텔에 도착해서 피터 줄리아노를 만났는데, 그는 30대였다. 우리는 파티오에서 맥주를 한잔했다. 그는 대화를 나누기 쉬웠고, 커피에 대해 확실히 아는 것이 많았다. 그래서 점심시간에 커핑을 멈추고 잠시 쉬고 있을 때, 피터와 폴 송어가 앉아 있는 탁자로 곧장 걸어갔다. 나는 그들에게 왜 내가 커핑 테이블의 커피에 들어 있는 여러 가지 우수성을 알아내는데 어려움이 있는지 설명해 달라고 요청했다. 폴은 커퍼를 훈련시키는데 여러 해가 걸리며 커피마다의 미묘한 차이를 잡아내는 능력도 꾸준히 개발시켜야 한다는 점을 분명히 말해주었다. 그 둘은 나에게 빠르게 맛을 알아내는 요령을 가르쳐 주었다. 그들은 인간의 후각기관이 혀에 돌아있는 미뢰보다 성능이 뛰어나다고 설명했다. 단지 5개의 맛만 감지하는데, 그것은 단맛, 신맛, 짠맛, 쓴맛, 그리고 상큼한 맛이다.

■ 단맛 : 포유동물인 인간은 다른 종족들보다 달콤한 것을 더 좋아하도록 구조적으로 만들어졌다. 과일과 몇 가지 채소들이 그렇듯이 우유도 물론 달콤하다. 커피 안에 있는 단맛은 커피 체리를 수확할 때 얼마나

익었느냐와 관계 있다.

■ 신맛 : 커피 체리가 초록으로 덜 익었을 때 수확하거나 건조 단계에서 젖어서 과일 부분이 발효되면, 거기에서 나온 콩은 불쾌한 식초같이 신맛이 나는데, 이는 커피를 만들기에 좋은 것이 아니다. (이 우연한 발효는, 커피 체리의 과육을 제거하고 난 후 종종 하는 원두 가공의 일부인 발효와는 아주 다르다.) 그러나 커피 안에서 느껴지는 약간의 신맛은 오히려 자산이 될 수 있다. 예를 들어 우리가 맛을 느끼는 감각기관은, 커피인들이 '환하다brightness'라고 부르는 훌륭한 신맛을 감지한다.

■ 짠맛 : 커피의 짠맛은 토양에서 나오고, 일반적으로 커피가 땅 위에서 건조될 때 생긴다. 그것은 항상 결점으로 여겨진다.

■ 쓴맛 : 커피 안에 있는 약간 쓴맛은 카페인에서 나오는데, 대부분의 쓴맛은 트리고넬린에서 나온다.―이것은 모두 알칼로이드(식물에 함유된 알칼리성 물질)로 인간에게 약리적인 효과를 가진 유기물 분자 집단이다. 다른 알칼로이드에는 초콜릿, 니코틴, 그리고 코카인이 포함된다. 맛 감정인들은 커피 안에 들어 있는 소량의 알칼로이드로 인해 나는 쓴맛은 도움이 된다고 말한다. 커피의 일부 쓴맛을 추적해 보면 볶는 과정에서 생기는 복합물이거나 혹은 갈색으로 변하는 과정에서 생기기도 한다.

■ 향긋한 맛 : 전문가들은 볶은 커피에서 향기로운 풍미가 나거나 고기

맛이 나는 것은 커피가 가공될 때 발효 과정에서 생기는 이스트 효과와 관련이 있다고 믿고 있다. 커피에서 나는 고기 맛은 긍정적일 수도 부정적일 수도 있다.

풍미flavor란 혀가 감지해낸 맛taste과 비강에서 느껴지는 향기와의 결합이다. 피터는 나에게 말하기를 "이들 둘의 상호작용이 커피를 그렇게 매혹적으로 만드는 요인이다."라고 했다.

커피는 다른 어떤 음식보다도 더 많은 향기를 가지고 있다. 향료 리스트에서 두 번째가 붉은 와인이다.

전문적인 커퍼들이 커피를 맛볼 때는 분쇄 커피에서 나는 방향fragrance을 중시한다. 커퍼들은 커피 안에 들어있는 수천 가지의 다양한 아로마와 향기들을 알아낸다. 하지만, 이들 모두는 커피에서 자연적으로 발생하거나 혹은 커피를 볶을 때 발생하는 세 가지의 화학작용이 빚어내는 부산물이다.

■ Enzyme by-products : 생산 과정에서 만들어진 효소 부산물은 나무의 성장 과정에서 만들어진다. 이들은 우리가 좋아하는 꽃과 밀감과 과일 향과 대부분의 사람들이 커피에서 나면 좋아하지 않는 양파와 채소 향 등으로도 나타난다.

■ Sugar browning by-products : 생산 과정에서 만들어진 갈색으로 착색된 단맛은 커피를 볶을 때 커피에 함유된 설탕이 갈색으로 변하면서 생기는 방향족 화합물이다. 이것들은 대부분의 사람들이 좋아하는 달콤한 캐러멜 같으며, 땅콩 맛의 알맞게 구워진 향기와 조금 덜 유쾌

한 곡물 향을 내뿜는다.

■ Dry-distillation by-products : 생산 과정에서 만들어진 건류^{乾溜} 부산물은 커피를 볶을 때 섬유질이 타는 것과 관련이 있다. 우리는 이 부산물들을 톡 쏘는, 연기 같기도 하고 나무 같기도 한 향기를 경험한다. 어떤 향은 우리가 좋아하고 어떤 향은 우리가 싫어한다.

피터는 커핑을 잘하기 위해서는 훈련해야 한다고 설명했다.
"감각적인 인지는 근육을 단련시키는 것과 같습니다. 나는 누구든지 배울 수 있다고 확신합니다."
폴은 연습만으로는 커퍼가 될 수 없다고 말했다.
"어떤 커퍼들은 죽어 있는 미각을 가지고 있는 것 같아요."라고 말한 후에 이렇게 덧붙였다.
"그들은 아무리 훈련을 해도 대부분의 사람들이 맛을 느끼고 냄새 맡는 것을 느끼지도 냄새 맡지도 못합니다. 그래서 연습과 훈련이 도움이 되지만, 또한 타고난 미각도 문제가 된다고 생각합니다."
"또 다른 하나가 더 있어요."라고 피터가 나를 쳐다보며 덧붙였다.
"나이도 연관이 있습니다. 젊을수록 맛과 냄새를 맡는 감각이 더 예민하죠. 커퍼들은 나이가 들어감에 따라 예민함을 잃어요."
커피 대회가 진행되는 동안 폴과 다른 COE 심사위원들은 그들이 심사하고 있는 커피의 품질에 얼마나 감명을 받았는지 반복해서 말했다. 그들은 니카라과의 커피는 지난 몇 년 동안 눈에 띄게 향상되었다고 말했다. 이는 심사위원들에게는 좋은 정보이기도 하고 나쁜 정보이기도 했다. 한 영화에 대해 개략적인 줄거리와 느낌을 쓰는 것이 더 쉬운 것과 마찬가지로, 보잘 것 없는 커피를 가려내는 것이 많은 고품질의 커피들을 서로 비교하며 판단하는 것보다 훨씬 쉽다.

목요일 아침 심사위원들은 39개의 커피에 84점 이상의 점수를 주었다. 커핑의 결승에서 25명의 공식적인 수상자들을 뽑기 위해 모두 39잔의 커피를 다시 감정해야 할 것이라는 것을 알았다. 심사위원들은 이 소식을 듣고 탄식을 했다. 그러나 그들은 곧 커핑과 토의 작업에 착수했다.

그 주의 가장 시적인 표현은 티모시의 베키 맥코논으로부터 나왔다.
"사랑스럽다", "부드러운 입", "자두", "깔끔하고 달콤한 자두 주스", "당신의 턱 아래로 굴러가는 달콤한 과일의 속살", "과일의 달콤함 속에 숨겨진 견과류의 고소한 맛……"

이런 표현들이 그녀의 논평들이다.

조지는 한 커피에 대하여 이러한 질문으로 논평을 했다.
"시베리아 호랑이가 어떻게 니카라과에 왔을까?"

네덜란드의 주스트는 "나는 눈에 눈물이 나왔다."라고 말하면서, 그가 왜 어떤 커피에 100점을 주었는지 설명했다.

"그건 점점 더 둥글게 되었다."라고 벳시는 또 다른 커피에 대해 말했다. "마치 드뷔시의 월광곡처럼."

"항상 깊은 초콜릿 맛이야."라고 폴은 말했다.

"레몬꽃 시트러스…… 달콤한 원만함…… 끈적거리는 시럽…… 아삭아삭한 빨간 사과…… 벨벳 같은 부드러운 섬유…… 크림같이 부드럽고 버터 맛이 나는……"

오후가 되자 심사위원들은 오랫동안 수그리고 너무나 집중하고 긴장하고 있어서 등과 목에 통증이 왔고, 그들의 모세혈관을 통해 그 모든 카페인을 흡수한 것이 타격을 주기 시작했다.

켄타로는 큰 흔들림이 없는 것 같았다. 요가로 체력이 단련되고 침착한 켄타로는 탁자를 오르락내리락 하면서 빨아들여서 흘려보내고 뱉아냈다. 그의 집중력은 흔들림이 없었다. 그는 일본의 산간 지방에서 몇 세대에 걸쳐 도공과 직공으로 일해 오던 가정에서 태어났다. 그는 어렸을 때 조금 상해서 떨떠름한 새우를 먹고 고생했는데, 그의 가족 중 다른 사람들은 그것이 상했다는 걸 알지 못했다. 그가 운영하는 가게에서는 모든 커피를 프렌치로스트로 볶으며 첨가물은 전혀 쓰지 않는다. 우유도 설탕도 아무것도 넣지 않는다.

페놀이 감지된 후보가 탈락되자 탄식하는 소리가 커핑룸을 휩쓸고 지나갔다.

"빌어먹을……" 스티븐 빅이 말했다.

"빌어먹어도 싸지. 내가 그 커피를 얼마나 좋아했는데."

금요일 정오에 대회는 끝났다. 숫자로만 표시되어 있는 10개의 커피가 높은 점수를 받고 선정되었다. 선정된 커피의 재배자들이 그날 저녁 시상식에서 상을 받을 것이다. 나머지 결승 진출자들은 최종 우승자들처럼 경매에 참가하는데, 경매는 한 달 안에 일어난다. 결승전까지 가지 못한 커피들은 일반적인 명품 판매 채널을 통해 팔릴 것이다.

제프 와츠는 마침내 화요일 늦게 그 대회에 나타났다. 마치 길 위에서 몇 주일을 보낸 사람처럼 추레해 보였다. 그는 몇몇 사람들과 반갑게 인사를 나눈 후에 사라졌다. 그는 금요일 아침 커핑에 합류했는데, 마치 옷을 입고 잠을 잔 것 같았다. 세계에서 가장 명품 커피를 구매하는 사람처럼 보이지 않았다. 그러나 그날 저녁, 그라나다의 500년 된 샌프란시스코 수녀원에서 열리는 시상식에는 말끔한 모습으로 나타났다. 장밋빛 볼에 짙은 눈썹, 인상적인 파란 눈, 그리고 면도를 하고 말끔하게 세탁된 셔츠를 입고 있었다.

　니카라과인, 미국인, 다양한 다른 국적의 사람들과 부유한 자, 가난한 자, 공무원, 커피협동농장 지도자, 커피 재배자, 방앗간 소유자, 그리고 수출업자들이 고온 다습한 오래된 교회에 모여들었다. 대부분의 현지 사람들은 9사이즈의 옷을 입는다. 그곳은 지옥보다 더 더워서 모든 사람들이 프로그램이 적혀 있는 종이로 부채질을 하고 있었다.

　접이식 의자가 교회의 강당에 줄을 맞춰 놓여져 있었다. 시상식은 늦게 시작하여 몇 시간 동안 계속되었다. 수지 스핀들러가 진행을 맡았다. 연설은 두 가지 언어로 진행되었는데, 많은 사람들은 앉아 있기보다 교회를 길게 관통하는 로지아loggia*를 오가는 것을 더 좋아했다.

　어둠이 내리자, 제프는 로지아의 비교적 시원한 곳으로 몰려드는 사람들과 합세하였다. 제프는 커피 재배자인 노먼 카날리스를 만났다. 노먼은 2004년 COE 첫 번째 수상자인 조지 카날리스의 아들이다. 첫 수

＊한쪽 벽이 터진 복도

상자 조지 카날리스는 니카라과에서는 처음으로 유기농 커피를 재배하여 수상했다. 노먼과 그의 형제들인 밀튼과 도날드 또한 COE가 인정한 유기농 커피 재배자들이다.

노먼은 제프를 꼭 껴안으며 반갑게 말했다.

"나의 친구여! 친구여!"

노먼은 나중에 나에게 "우리 가족은 COE에 대해 신에게 감사한다."라고 말했다. 그들은 COE를 통해 제프 와츠와 인텔리젠시아를 알게 되었으며, 자신들의 커피 가격을 극적으로 올릴 수 있었다. 그래서 제프 와츠를 수호천사라고 생각하고 있었다.

나는 하얀색 리넨을 입고 머리가 반지르르한 여성과 이야기를 나누었다. 40대로 보이는 작고 귀족적인 그녀는 1979년 니카라과에서 권력을 잡은 마르크스주의 산디니스타 정권에 대해 말했다. 반마르크스주의자들의 투쟁과 그에 따라 발생한 시민전쟁은 1981년부터 1990년까지 니카라과를 분열시켰다. 그녀의 말에 따르면, 오늘밤 여기에 있는 농부들 중 몇 사람은 산디니스타에게 빼앗겼다가 다시 분배받은 땅을 경작하고 있다고 했다. 니카라과의 커피 무역에서 큰 부분을 차지하고 있는 협동조합은 산디니스타에 의한 집단 농장화의 결과물이다. 그녀가 산디니스타 정권을 지지했다고 말했을 때 나는 놀랐다. 그녀의 가족은 지지하지 않았다고 했다.

"양측이 끔찍히 나쁜 일들을 저질렀습니다."라고 그녀는 덧붙였다.

수지 스핀들러가 상위 10명의 커피 재배자들을 발표하자 수상자들이 한명씩 연단으로 가서 상패를 받았다. 6월이면 그들의 커피는 온라인으로 경매에 붙여질 것이다. 수상자들 중에는 전기도 없는 높은 산간 지대의 조그만 땅에서 최고 품질의 커피를 생산하는 소작농들도 있었다. 커피인들은 이런 결과에 대해 끊임없이 토론했다. 많은 사람들은 비교적 적은 수의 나무를 가진 농부들이 나무에 대해 아낌없는 사랑을 하기 때문이라고 믿었다. 품질은 고도와도 관계가 있다. 전통적으로 부자인 농부들은 낮은 곳에서, 작물 수송 수단이 편리한 곳에 사는 것을 선호했다. 이유가 무엇이든 그런 믿음은 계속 유지되고 있는데, 수상자들 중 니카라과 상류 출신은 단지 한 명이었다.

수지가 1등 수상자를 발표했다. 1등 수상자는 데필토 지역 출신의 호세 노엘 타라베라로 선정됐다. 콧수염을 기른 검은 피부의 날씬한 타라베라가 자홍색 셔츠와 검정색 진을 입고, 벨트에 핸드폰을 달고 수상대로 나갈 때 함석 잡음소리가 나는 사운드 시스템에서 행진곡이 울려 퍼졌다. 수지가 그의 커피에 대한 심사위원의 심사평을 읽었는데, 그는 91.6점을 받았다. 심사위원들은 이 커피 내부의 '탄탄한 구조', '레몬향과 감귤꽃의 정수精髓', '달콤한 부드러움', 그리고 '완숙한 꿀맛'을 감지했다.

타라베라가 대중들에게 스페인어로 연설하며 손을 흔들었다. 피터 줄리아노가 나를 위해 그의 연설을 통역해 주었다.

"나는 우리 협동농장에서 최고의 품질을 자랑하는 커피를 재배한다는 것이 얼마나 중요한지를 소작농들에게 말하고 싶습니다. 우리가 이런 식으로 헌신하여 더 좋은 커피를 재배하려고 노력한다면, 우리와 우리 아이들, 그리고 우리나라가 모두 함께 발전할 수 있습니다."

나는 다음날 아침 식사 전에 내 가방을 아래층으로 옮겼다. 나는 피터와 제프를 따라서 라스 브루마스라 불리는 마타갈파 위의 산간 지대에 자리잡은 작은 커피 협동농장을 방문했다. 라스 브루마스 농부들은 40여 명 정도 되는데, 지난 COE의 우승자들이다. 제프는 그들의 커피를 3년 전부터 구매하고 있었다. 아침은 덥고 습했으며, 전날 밤 그 지역의 레게풍 클럽인 라 누이트에서 축하 파티를 벌였던 사람들은 약간 졸려 보였다.

    제프는 그곳의 농부들에게 최고급품 원두의 단가를 올리는 새로운 가격 정책을 알리기 위해 라스 브루마스로 가는 중이었다. 제프의 브루마스 계획에는 라스 브루마스 농부들의 은행과 대리인 역할을 수행하는 대형 협동조합인 세꼬까펜을 '설득하는 미팅'이 포함되어 있었다. 몇 명의 협동조합 지도자들이 니카라과의 커피 농부들을 대표하고 있는데, 이런 관료적인 층층 구조는 사회주의 산디니스타* 정권의 유산이었다.

    전체적인 협동농장 시스템에 대한 제프의 낭만적인 열정은 몇 년 동안 약해졌다. 그는 협동조합이 가난한 농부들의 이익을 반드시 보호한다고 더는 믿지 않았다. 그의 견해에 따르면, 대부분의 커피 협동조합들의 운영이 미숙했던 모양이다. 협동조합 안에서 다수결로 뽑힌 관리들이 많은 양의 돈을 관리할 자질이나 섬세함 등을 갖지 않았다. 어떤

---

* 산디니스타 : 1979년 소모사 정권을 무너뜨린 니카라과의 민족 해방 전선의 일원

관리들은 완전히 부패했다고 그는 믿었다. 제프는 자신이 라틴아메리카와 동아프리카에서 마주치는 가장 어려운 문제들의 많은 부분이, 협동조합 관리들이 효과적이고 투명하게 일을 하려는 의지도 없고 능력도 없기 때문이라고 생각했다.

　제프는 농부들의 개인적인 동기를 보상하기 위한 그의 노력을 세꼬까펜이 방해하고 있다고 확신했다. 금년 COE에 가기로 되어 있었던 라스 브루마스의 샘플들을 세꼬까펜이 분실했다고 한다. 그래서 제프는 상을 받을 만한 충분한 가치가 있음에도, 농부들은 겨뤄보지도 못하고, 인정받을 기회를 놓쳐버렸다고 생각하고 있었다. 그래서 제프가 세꼬까펜의 리더십에 화가 났고, 극단적인 조치를 취하기 위해 라스 브루마스로 가는 중이었다. 그들이 빨리 어떤 조치를 취하지 않으면 라스 브루마스 농부들이 다른 대안을 찾아낼 것이기 때문이다.

　우리들이 탄 차가 마타갈파까지 대부분 포장이 안 된 길을 덜컹거리며 달리고 있을 때, 더운 공기가 트럭의 열린 창문으로 휙하고 들어왔다. 피터, 제프, 인텔리젠시아에서 일하는 상담가인 K.C. 오키프, 그리고 커피 협동조합의 개발 실무자 겸 전문가인 닉 호스킨스는 여행하는 4시간 내내 열심히 이야기를 나누었다. 그들은 스페셜티 커피에 대한 이해와 곧 갖게 될 미팅에 대한 제프의 전략을 빈틈없이 실행하기 위해 논의를 했다.

　피터와 제프는 서로 경쟁자이다. 그런데 인텔리젠시아의 제프가 겪고 있는 라스 브루마스와 세꼬까펜의 어려움에 대해 피터가 관심을 가진다는 것이 의아했다. 그러나 내가 그들을 좀 더 알게 됨에 따라 그 둘은 업계에서 함께 성장했고, 많은 문제들을 같이 풀어나가고 있다는 것을 알았다. 그들이 스페셜티 커피에 대해 획득한 지식은, 함께 여행하고,

함께 커피를 구매하고, 문제에 대한 끊임없는 대화를 한 결과였다. 그들 회사의 차이와 성격의 차이가 경쟁자이며 친구인 두 사람의 곤란한 입장을 부드럽게 극복하는데 도움이 되었다.

그날 차 안에서 스페셜티 커피에 대한 그들의 사랑이 어떻게 그들의 우정을 깊게 만들었는지 설명했다.

"우리는 어느 누구도, 세프조차도 이해하지 못한 비밀을 발견한 것 같았어요."라고 제프는 회상했다.

두 사람에게 2001년에 열린 COE는 인생을 변화시키는 전환점이 되었다. 그 대회를 통해 피터와 제프는 라틴아메리카 최고의 커피 농장과 성장 지역을 소개받았고, 커피 샘플이 나온 그 현지의 시음가들과 함께 커핑할 수 있었다. 이러한 출연으로 인해 이전에는 로스터들의 지식 범위 밖에 있었던 의문점들, 즉 커피 품종들 사이의 차이점 가공 방법의 영향, 고도와 기후의 중요성 등 맛에 많은 영향을 미치는 모든 종류의 쟁점에 대해 해답을 얻을 길이 열렸다. 제프가 말했다.

"우리는 그들에게 왜 이 커피는 이런 맛이 나고, 저 커피는 다른 맛이 나는지 물어볼 수가 있었습니다. 그것은 놀라운 일이었죠"

니카라과와 그 외 나라에 커핑 연구소를 건설하고 있는 미국 정부 개발 단체인 U.S.AID 미국 국제개발기구의 도움으로 그들은 국가 공인 커퍼들과의 접촉도 쉬워졌다. U.S.AID는 이 계획을 SCAA의 창설자 중의 한 명인 폴 켓제프로부터 얻었다. U.S.AID가 연구실 건축비를 지원하고, SCAA의 비영리 기구인 커피품질연구소가 교사를 제공하는 것이다. 많은-그러나 전부는 아닌-젊은 커피인들은 미국의 정치에서 좌파에 속하며, 세계에 대해 더 많은 것을 보고 있다. 또한 거대한 U.S.AID의 관료주의나 라틴아메리카, 아시아 혹은 아프리카에 대한 미국의 대외 정책의 영향력에 대해 좋게 말하는 사람은 거의 없다. 그럼에도 불구하고 U.S.AID 커핑 연구소를 비난하는 커피인들은 쉽게 찾을 수가 없을 것이다. 대부분의 스페셜티인들은 이 프로그램이 대부분 −적은 비용으로− 성공적이었다고 말하고 있다. 2001년부터 계속해서 피터와 제프, 그리고 다른 커피 소비국 출신의 많은 솜씨 좋은 커퍼들은 커피 생산국의 젊은이들에게 커피를 우려내는 방법을 가르쳐 주기 위해 U.S.AID 연구소에서 1,2주일을 보냈다. 이 프로그램을 이수한 일부 사람들은 니카라과 커핑 패널의 대표인 카르메 벨레조스처럼 놀랄 만한 재능을 가지고 그들 나라에서 떠오르는 스페셜티 산업의 산파 역할을 톡톡히 했다. 현재 중남미에서 수백 명의 훈련받은 커퍼들이 보수가 높은 커피 전문가로 일하고 있다.

연구소가 문을 열면서, 커핑을 가르치는 것이 피터와 제프에게 경제적으로도 이익이 되는 일이 되었다. 왜냐하면 U.S.AID가 그들의 여행 비용을 부담했기 때문이다.

"우리 회사는 부자가 아닙니다. 그 당시 700달러라는 금액은 우리에게 상당한 것이었죠."

피터가 회상하면서 덧붙였다.

"초기에는 비용을 절약하기 위해 U.S.AID의 강의 일정에 맞추어 커피 구매 여행 계획을 짜곤 했습니다."

그러한 국가 커핑 연구소들은 스페셜티 커피계에서 가장 다채로운 사람들 중 한 사람인 폴 캣제프의 창작품이다. 그는 68세의 커피 로스터인데 젊은 시절에는 히피 생활을 한 적이 있었으며, 오랫동안 사회 활동가로 활약하고 있다. 미국의 스페셜티 커피 산업을 창시한 '제2 물결' 인들 중 한 명인 폴은 1980년대 SCAA를 조직하는데 기여하였으며,

미국에서 공정 무역 증명서를 만들어낸 운동가 중 한 명이다. 폴과 그의 아내는 캘리포니아의 멘도치노에 본사를 둔 땡스기빙 커피 Thanksgiving Coffee를 소유하고 있다. 산디니스타의 초대를 받은 폴은 혁명이 절정에 이른 1985년에 니카라과를 방문했다. 그것이 그의 첫 번째 원산지 여행이었는데, 그곳에서 농부들의 가난과 고통을 보고 충격을 받았다. 사업가로서의 삶에 싫증이 난 그는, 그의 커피 사업을 커피 농부들에게 정의를 찾아주는 사회운동으로 다시 시작하기로 결심했다.

"폴 캣제프는 정말 열정적인 사람입니다."라고 피터가 존경과 감탄으로 가득찬 웃음을 지으며 말했다.

"그는 변덕스러워요. 커피업계에 놀랄 만한 공헌을 했지만, 괴짜라고 할 수 있어요."

피터는 덧붙여 말했다.

"제프와 나는 폴과 함께 니카라과와 아프리카를 여행했는데, 우리는 그에게서 많은 것을 배웠어요."

이것은 폴이 피터와 제프를 악마의 화신으로 결론을 내리기 전이었다고 피터는 강조했다.

내가 그 후에 캘리포니아에서 폴을 만나 피터와 제프와 함께 여행했다고 말하자, 폴은 나를 보고 다음과 같이 소리쳤다.

"나는 그 사람들을 싫어해요. 그들은 커피계의 나치 일당들이죠."

폴은 작은 체구에 얼굴이 햇볕에 탄 것처럼 새까맣다. 마르지만 않았으면 잘생긴 얼굴이다. 폴은 자기가 스페셜티 산업에 공헌했던 모든 것을 나에게 들려주려고 했다. 그는 젊은 커피인들에 의해 밀려난 것을 개의치 않는다는 점을 분명히 했고, 젊은이들의 이해력에는 한계가 있으며, 그들이 펼치는 정책도 답답하며, 자기보다 재주도 못하다는 점을

○ 수확한 커피 체리. 잘 익은 체리는 짙은 붉은색을 띠고 있다. ⓒ사진/유필문

분명히 말했다.

　아이러니컬하게도 폴의 주요한 공헌들 중의 하나는 스페셜티 산업을 그가 멸시해 왔던 방향으로 몰고가고 있다는 것이다. 폴은 커피를 농장별로 포장하여, 특별히 훌륭한 커피를 재배하는 농부의 업적을 인정해 주어야 한다는 생각을 도입한 사람들 중 하나다. 폴은 이 생각을 발전시켜서 니카라과의 커피 농부들이 품질에 초점을 맞추도록 했다.

　이렇게 하기 위해서는, 폴은 어떤 특정한 농부가 어떤 특정한 커피를 재배했다는 것을 증명할 수 있어야 한다고 믿었다. 이것은 농장별로 커피를 분류하여 포장하고, 포장 묶음을 추적하고, 그리고 개별적으로 커핑하는 것을 의미한다. 커피가 커핑되었을 때, 재주있는 농부들은 이롭고 가치 있는 무언가를 손으로 생산한 장인으로 분류된다. 폴은 고급의 '장인' 커피가 벌어들인 돈으로 농부가 속해 있는 협동조합에 혜택을 주어 공동의 이익을 증진시키려는 생각을 했다. 그러나 그가 이러한 아이디어를 내자 개인의 이익이라는 요정이 요술병 밖으로 나왔다.

　이러한 시스템은 라틴아메리카에 소개되었고, 나중에 다른 커피 재배지로 퍼져갔다. 농부들이 자기들의 커피를 농장별로 분류하기 전까지는, 자기 일에 자부심을 느껴서 토양에 영양을 주고, 부지런히 가지치기를 하고, 잘 익은 체리만을 수확하는 등 일반적으로 이웃보다 더 열심히 일한 농부들의 수확물을 골라낼 방법이 없었다. 사실 커피들이 한꺼번에 모이는 상품 시스템-여러 개의 다른 능장들에서 생산된 수백 개의 작은 묶음들이 하나의 대형 컨테이너에 실린다는 것을 의미한다.-아래서는 가장 열심히 일한 농부들이 이웃들의 커피 단점 때문에 곤란한 일을 겪는다. '검은 생두'-너무 익거나 썩은 체리들-혹은 잘못된 가공 과정에 의해 오염된 비교적 적은 양의 커피가 3만 7,500파운드의 커피 컨테이너 전체에 영향을 미쳐 제품의 가치를 훨씬 더 떨어뜨릴 수 있다.

커피를 농장별로 분리하여 포장하는 방법을 피터와 제프가 시험삼아 재빨리 적용했다. 그러나 그것은 폴이 희망했던 방법은 아니었다. 젊은 구매자들은 더 열심히 일한 농부들이 노력에 대한 프리미엄을 받아야 한다고 생각했다.

"우리는 품질이 탁월한 것들을 찾아내기 위해 분리하기 시작했습니다."라며 피터는 회상했다.

"우리는 탁월한 품질에 대해 과도한 보상을 해주기 시작했어요. 이것이 폴을 화나게 했지요. 피터는 커피의 품질이 좋아지고 모든 사람이 혜택을 받기를 원했습니다."

폴은 최고급 커피가 개별적으로 팔리면, 나머지는 스페셜티로서 자격이 안 된다는 것을 우려했다. 가끔 그런 경우가 발생하기도 했고, 그렇지 않은 경우도 있었다. 어떤 사람들은 특히 제프가 양심의 가책이 거의 없다고 비난했다. 인텔리젠시아가 최고급 커피를 도두 구매하고나면, 나머지는 농부들 자신이 생필품 시장에서 도매로 팔게 한다는 것이었다. 제프는 자기가 때때로 욕심을 부렸다는 것을 부인하지 않았다.

"저는 농부들과 장기적인 관계를 발전시켜야 하는 중요성을 완전히 이해하지 못했습니다."

지속의 중요성을 이해하고 사업이 발전함에 따라 그는 농부들의 최고급 커피-90점 이상의 점수를 받은- 와 중간 점수의 커피를 더 많이 구매해야 한다고 말했다. 인텔리젠시아는 이 묶음들을 구분하여 가격에 차별을 두어 구매한다.

"이제는 장기적인 관점을 가져야 한다는 것을 알고 있어요."라고 제프는 말했다. 그의 진술이 그에 대한 모든 비난을 진정시키지는 못했다. 아주 최근에는 그가 농부를 위하는 척하다가 최고의 커피만을 얻은 다음에는 버린다는 비난을 스텀프타운의 듀안 소렌슨과 알레코 치고니우스에게서 들었다. 알레코 치고니우스는 스텀프타운이 세계에서 가장 비싼 커피를 공급한다고 자랑하는 사람이다.

좋아하든 안 하든, 농장별로 커피를 분류하는 것은 이제 전 세계적으로 스페셜티의 표준 관습이 되었다. 스페셜티 구매자들은 특정한 작은 농장들과 더 큰 농장의 특정한 구획에서 나온 원두를 따로 분류해서 수확하고, 가공하여 포장하고, 팔릴 때까지 따로 구분할 것을 요구한다. 그리고 개별적으로 커핑한다. 최고급 커피 구매자들은 이런 방식으로 취급된 커피에 대해 프리미엄을 지불한다. 왜냐하면 농부들이 커피를 이런 식으로 분류하기 위해서는 시간과 돈이 들기 때문이다. 어떤 경우에는 이 프리미엄이 더 크다. 2007년에 듀안 소렌슨은 일부 에티오피아 커피에 1파운드당 25달러의 프리미엄*을 지불했다. 어떤 경우에는

---

*역주) 저자는 100파운드당 25달러의 프리미엄을 파운드당으로 잘못 기술한 것 같다.

품질에 대한 프리미엄이 추가로 들어가는 노동 비용과 기타 비용을 보상하지 못했다.

2001년으로 돌아가서, 피터와 제프는 이 모든 것들이 어떻게 발전될지 잘 몰랐다. 사실 그들은 최고급 커피를 손에 넣기 위해 필사적으로 매달렸다는 것을 제외하고는 많은 것을 알지 못했다.

"우리는 커피 구매자로서 더 배워야 했는데, 앞으로 일을 해가면서 이루어야 하는 모든 것이 혼란스러웠어요."라고 피터가 기억을 더듬으며 말했다.

"사람들은 속이고 있을 때 특별히 더 열심히 일하게 되지요. 사람들은 사기꾼으로 밝혀지길 원하지 않아요. 그것이 지금까지 우리들을 이끌어 왔습니다. 우리는 우리의 전임자인 알레그로의 케빈 크녹스와 캘리포니아의 커피 중개인 팀 캐슬 같은 사람들이 했을 것이라는 생각을 기반으로 해서 여행을 했어요. 캐슬은 유명한 명사였죠. 우리 같은 사람이 가까이 할 수 없는 사람이었는데, 그가 과테말라의 안티구아에 대한 정보를 책에서 소개해서 우리의 목적지를 안티구아도 정하게 되었지요."

그런데 그들이 안티구와에 도착했을 때, 아무도 그곳 농부들에게 들어간 적이 없었다는 것을 알았다. 피터는 그때를 회상하며 커피를 스페셜티로 팔기 위해 요구되는 것이 무엇인지 설명하기 시작했다.

"커피 시설들이 많이 생겨나고 있었기 때문에 거기에 초점을 맞추었어요. 우리는 그곳에 가서 좋은 커피들을 커핑하고 맛을 보았죠. 그리고 커피가 자라는 농장을 방문하여 농부들과 관계를 발전시키고 돌아오곤 했어요. 제프와 나는 이렇게 하는 유일한 소규모 로스터였지요. 내 생각에 우리는 어느 정도 경쟁적인 관계였고, 여행하면서도 서로 상대를 이기려고 했어요."

"그들이 했던 일의 일부는 용기와 담력의 문제였어요."라며 K.C. 오키프가 끼어들었다. 31세의 오키프는 인텔리젠시아의 컨설턴트로 페루에 '정글 텍'이라는 스페셜티 커피 회사를 소유하고 있다.

"이 사람들은 젊은 사람들이었죠. 좋은 술과 음식을 즐기러 인터컨티넨탈 호텔 최상층으로 가는 대신에, 그들은 협동조합의 가공업자*나 누군가와 몇 시간씩 트럭을 타고 농장에 가서 거기에서 무슨 일이 일어나고 있는지를 직접 보았지요. 그때까지만 해도 수입업자와 수출업자는 무도회장 옆에서 사업을 꾸려갔지요. 그런데 구매자들이 커피 농장을 직접 여행하기 시작하자 커피 산업은 변하기 시작했어요."라고 오키프가 설명했다. 왜냐하면 구매자들이 마침내 커피 재배와 커피 무역의 복잡한 사정을 조금 알 수 있었기 때문이었다.

제프와 피터는 처음 몇 년 동안은 구매자로서 돈의 흐름을 쫓는데 많은 시간을 보냈다. 누가 그 커피에서 이익을 보고 있는지, 어디에서 그 가치가 만들어지고 있는지, 농부와 제분업자, 커피를 판 외국 수출업자와 수출업자와 거래를 하고 판매의 재정과 경로를 담당했던 미국의 수입업자들의 동향을 유심히 관찰했다. 하지만, 소규모 로스터로서 피터와 제프는 수출입에 관계되는 행위의 혼란스런 성격 때문에 완전히 당황했다. 그들 모두는 언젠가 커피와 관계를 맺고, 또 그들 모두는 커피로부터 수익을 챙겼다.

"그때에는 돈이 어디로 갔는지 알아내는 것이 하나의 도전이었어요."라고 제프는 회상했다.

그들에게는 농부들이 층층으로 착취당하고 있는 것이 분명하게 보였다.

---

*가공업자 : 커피 체리를 받아서 과육 제거, 수세, 건조, 도정까지의 과정을 수행하는 사람들.

"커피 사업에는 500년 전 스페인 탐험가들에 의해 만들어진 커피 발견자의 모델이 작동합니다." 오키프가 말했다.

"커피 생산 국가에 백인 탐험가들이 들어와서 커피를 발견하면 싼 가격으로 매수해 버리지요. 그들의 방법은 여기서 보물을 획득했다는 것을 농부들에게 말하지 않는 것입니다."

제프와 피터는 게임이 조작되었다는 것을 알았다.

"우리는 커피 농부들을 돌보아야 했습니다. 왜냐하면 그들에게는 다른 대안이 없었기 때문입니다."라고 제프는 설명했다.

특별히 부당하게 보인 점은 최고급의 상품을 재배하는 농부들이 제값을 받지 못하는 것이다. 와인 산업에서 와인 재배자나 올리브 산업에서의 올리브 재배자는 고급 품질을 생산하면 두둑한 프리미엄을 받는다. 그런데 커피의 경우는 그렇지 않다. 커피 가격은 1970년대 이래로 계속 하락하고 있다.

"커피에 있어서 가격과 품질을 측정하는 저울은 끝이 많아 잘려나갔어요."라면서 제프는 말을 이었다.

"지금도 최고급을 재배하는 농부들은 일상용품 수준의 커피를 재배하는 농부들보다 겨우 몇 페니 더 벌고 있어요. 말하자면 그들은 파운드당 28센트를 버는데, 그것은 생산비용을 충당하기엔 한참 부족합니다."

커피 농부들을 도우려는 그들의 열망은 훌륭하지만, 일반적으로 받아들여지는 사업 행위와 반대된다. 즉, 구매자와 판매자의 이익이 한 점에서 만나지만 결과는 같지 않다는 가정에 근거를 둔 사업 행위이다. 그래서 대부분의 도덕적 입장처럼, 피터와 제프의 농부들에 대한 헌신적인 충정은 때때로 예상치 못했던 결과를 만들어 냈다.

그 두 명의 구매자들은 어떻게 하면 더 많은 돈을 농부들의 주머니에 넣을 수 있는지 알아내기 위해 상당한 시간을 썼다.

"우리는 이것을 어떻게 하는지에 대해 전략을 세울 것입니다. 말하자면 한 수입업자가 진짜로 좋은 커피를 1파운드에 1.10달러로 나에게 제공하고 있다고 합시다. 나는 그 수입업자에게 '이 정도 품질의 커피에 이 가격은 적당치 않습니다.'라고 말할 수도 있어요. 나는 더 지불할 용의가 있습니다. 그러나 내가 그 말을 수입업자에게 하면, 그는 나에게 더 높은 가격을 부를 것이고, 그 돈을 자기 자신의 주머니에 넣을 것입니다. 하지만, 그는 농부에게 더 많은 돈을 주지는 않을 것입니다."라고 피터는 말했다.

농부에게 더 많은 돈을 주는 것에 대해 말한 유일한 수입업자는 오리건주 포틀랜드 출신의 데이브 그리월드이다. 그의 회사 서스테이너블 하비스는 자신의 이익에 상한선을 정하고, 제프나 피터 같은 사람이 커피에 지불하는 프리미엄이 서스테이너블 하비스트의 잔고를 올려주기보다는 농부와 농업 단체에 직접 흘러들어가도록 확실하게 한다.

분명히 어떤 다른 가격의 접근 방법이 요구되었다. 제프와 피터가 그 방법을 생각하고 있는 동안 국제 커피시장 가격은 붕괴되고 있었다.

"커피 시장이 최저점에 있었고, 가격이 파운드당 70~80센트에서 맴돌고 있던 1999년부터 2004년까지 우리는 비용의 50%를 줄일 수 있었어요. 나는 저가 시대를 통해 이익을 취하지 않았고 제프도 마찬가지예요."라며 피터가 말을 이었다.

"나는 회사들이 어떻게 하는지 알고 있어요. 그와 같은 가격들은 히로인과 같아서 회사는 그러한 가격에 중독되지요. 공정무역 가격이 출현한 것은 바로 그때였어요. 나는 공정무역에 대해 토론을 했어요. 공정무역은 품질이 아니라 노동 기준을 말하고 있었기 때문에, 가격이 최저점으로 떨어지더라도 공정무역에서는 좀 더 많은 돈을 커피 농부들의 손에 쥐어줄 수 있을 것이거든요."

피터나 제프는 경제학을 공부하지 않았으나 원산지에서 어떻게 사업을 할지에 대해 알아내기 위해 기절할 정도로 복잡한 경제적 이슈들, 시장은 어떻게 작용하는지, 국제화의 영향, 일상 용품의 가치 하락, 경기 사이클, 식민 정책의 유산 등과 싸우는데 많은 시간을 소비했다. 커피 농부들과 커피 산업 중개인들과의 사업 거래는 인텔리젠시아가 적어 놓은 3가지 기초적인 원칙에 의거해야 한다고 그들은 결정을 내렸다.

- 구매자는 그들이 구매하는 커피의 경작자와 직접 거래하는 기회를 가져야 한다.
- 농부들은 최고급 커피를 재배하는 것에 대해 프리미엄을 받아야 한다.
- 커피를 구매하는 계약은 완전히 투명해야 한다. 그래서 하나의 커피 체인에 따라 있는 모든 사람들이, 농부로부터 도정업자를 거쳐 수입업자, 로스터까지 각각 얼마를 버는지 정확하게 알아야 한다 (데이브 그리월드의 회사 서스테이너블 하비스트는 이 결정 사항을 인터넷에 올렸다).

카운터 컬처와 인텔리젠시아의 커피 구매와 커피 마케팅 전략은 이들 원칙에 기초하여 세웠다. 그러나 그것은 쉽지 않았다 커피 계약에서 투명성을 요구하는 것은 결혼 계약에 있어서 사랑과 충성을 요구하는 것과 약간 비슷하다.-확실히 그것은 좋은 생각이다. 그러나 그와 관련된 사람들이 행동하고 기대하는 바가 각각 다를 때 당신은 어떻게 거기에 접근하겠는가? 그리고 어떻게 그것을 강행시키겠는가?

그리고 자연의 예측하지 못한 사태가 발생할 때, 로스터들은 품질 향상과 보증이라는 이름으로 커피 재배자로부터 무엇을 요구한다는 것이 합리적으로 가능한가? 피터는 시간이 흐름에 따라 다음과 같은 것을 깨달았다고 말했다.

"농부들은 품질 향상을 위해 위험을 감수해야 합니다. 기준을 너무 높게 잡아 농부들이 손을 떼지 않게 하는 것이 좋습니다. 어쨌든 우리는 무엇을 목표로 하고 있는가? 우리는 일류를 위해 큰 보너스를 지불하고 있는가? 혹은 초일류를 위한 보너스와 더불어 전면적인 높은 가격을 지불하고 있는가? 이런 것들이 우리가 알아내야 할 질문들이고 그중 어느 것도 쉽지 않습니다."

제프는 그의 성공적인 첫 '직접 무역' 관계를 과테말라의 웨웨테낭고에 있는 라 마라빌라 농장의 소유주인 마우리치오 로잘레스라는 농부와 맺었다.

"이곳은 가격과 품질의 차별화를 체계화시킨 우리의 직접 무역 시스템을 소개했던 곳입니다."라고 그가 말했다. 로잘레스는 커핑을 해서 85점 이상을 받은 커피에 대해 공정 무역보다 25% 더 높은 기본 가격과 일련의 보너스를 추가로 받는다(커핑 점수를 강조하는 것은 현지 커퍼들을 훈련시키는 일의 중요성을 강조하기 위한 것이다).

라 마라빌라 농장과의 관계는 이상하게도 조정하기가 쉬웠다고 제프는 설명했다.

"한 사람과 일하는 것이 한 협동조합과 일하는 것보다 더 쉬운 방법입니다. 로잘레스는 큰 테디 베어 같았어요. 그냥 아주 순하고 따뜻한 사람이었죠. 그는 부모님과 함께 살아왔는데 마라빌라를 구입하기 전에는 자신의 농장을 소유해본 적이 없었어요. 그는 자신의 농장을 구입해서 등급을 높이기 위해 많은 돈을 투자했어요. 이웃사람들은 그가 바보라고 생각했습니다. 그는 나에게 다른 사람들이 놀린다고 했어요. 그는 '나는 곧 성과가 있을 것이라고 믿기 때문에 돈을 쓰고 있다.'라고 말하곤 했어요. 그러나 이웃 사람들은 그것을 믿지 않았지요. 우리가 테이블에 둘러앉아 직접 무역 계약의 세부 사항을 작성한 그날 모두가 울고 있었어요. 이제 그는 이웃 사람들에게 이렇게 말합니다, '여러분 보세요. 저는 바보가 아닙니다. 스페셜티 생각을 믿지 않은 여러분이 바보입니다.'"

제프는 한 농부의 삶에 그가 일으킬 수 있었던 변화에 대해 몹시 당황스러워 했다. 그때를 회상하며 제프는 이렇게 말했다.

"당신이 영향력을 행사할 수 있었다는 것을 본다는 것은 놀랄만한 일입니다."

2003년, 제프는 라 마라빌라 계약에 서명했다. 그 후르 인텔리젠시아는 농부들로부터 커피를 직접 구매하는 비율을 높였다. 제프는 이러한 접근법에 대해 대단한 소유 의식을 느끼고, 비록 인텔리젠시아가 그것의 저작권을 주장할지, 한다면 어떻게 할지를 결정하지 않았지만 인텔리젠시아는 직접 무역이라는 용어로 상표등록을 했다. 저작권 때문이든 아니든, 인텔리젠시아가 직접 구매하는 유일한 회사는 아니다. 카운터 컬처도 인텔리젠시아만큼 오랫동안 직접 구매를 해왔다. 피트의 스타벅스, 그리고 그린 마운틴도 오랫동안 커피를 직접 구매해 왔다. 그렇지만 그들이 농부들에게 프리미엄을 지불하자는 제프와 같은 생각을 갖는 것은 아니다. 조지 호웰도 이제 그의 새 회사 떼루아 때문에 커피의 직접 구매

비율을 높였다. 스텀프타운은 2004년이나 2005년경에 직접 구매하기 시작했다. 그때까지 듀안은 오키프에게 "나는 집을 떠나지 않을 것이다."라고 말했는데, 이는 그가 포틀랜드에 남아서 그의 사업에 힘을 쏟는 것이 낫다는 것을 의미했고, 이는 좋은 결과를 가져왔다.

지난 2년 동안 무려 10개 이상의 소규모 로스터들이 여행을 가서 농부에게서 커피를 직접 구매하기로 결정했다. 커피를 구매하는 이런 방식은 많은 에너지와 시간이 들고 비싸다. 피터의 표현을 빌려 말하자면 "커피에 대해 쥐꼬리만큼도 모르는 어떤 사람이 과테말라로 가는 비행기표를 사서 커피 농장을 방문하더니, 수확하는 사람들과 사진 몇 장을 찍어서 웹에 올리고서는, 커피 농부들을 자기가 후원했다며 그에 대한 권리를 떠벌리며 요구"하는 것을 볼 때면 피터와 제프는 맥빠지지 않을 수 없었다. 2007년에는 그런 로스터 한 명이 그가 한 번도 방문하지도 않았고, 커피를 구매하지도 않은 농장의 이름을 볶은 커피의 봉지에 인쇄한 것이 온라인에서 드러났다.

농부들과 관계를 맺는다는 것이 시간, 인내심, 그리고 지혜가 필요하다는 것을 피터보다 잘 아는 사람은 없다. 피터처럼 스페인어를 말하는 것은 도움이 된다. 그러나 커피를 수확하는 사람들에게 그들은 가장 잘 익고 가장 빨간 체리를 딸 필요가 있다는 것을 설명할 때 스페인어를 쓸 생각을 하지 않는 게 좋다. 수확하는 많은 사람들은 스페인어를 좀 한다고 해도 형편없다. 자기네들끼리는 그들의 토착 언어를 사용한다.

피터는 농부들과 관계를 이루려는 제프와 그의 노력에서-니카라과에서가 아니라 멕시코에서-하나의 실수를 기억하고 있었다.

"우리는 멕시코의 농부들에게 그들의 방법을 한 단계 올려서 농장별로 포장하게 하려고 매우 노력하고 있었습니다. 그들의 저항은 정말로 컸어요. 우리가 요구하는 것은 더 많은 노동을 필요로 하는 것이었지요. 그들은 그들의 커피를 모두 한꺼번에 모으는 대신 별도의 창고를 하나씩 가져야 했어요. 그리고 그들은 생산을 멈추고 우리에게 커핑해 보도록 샘플을 보내야 했습니다. 물론 그들은 더 많은 돈을 받기도 했지만 그것은 기대 수준 이하이였어요. 우리는 어느 협동조합과 연결된 세 개의 다른 공동체들과 협정서에 사인을 했습니다. 우리는 모든 걸 잘 해결했지요. 우리가 그 협정서를 만들어 내기까지 며칠이 걸렸어요. 그러나 마지막 순간에 협동조합은 이 모든 것을 하기에는 일이 너무 많다고 결론짓고 계약을 파기했습니다. 그때의 여행에서 우리가 만나고 있던 농부들 중 한 명은 다른 사람에 대해 오랫동안 불만을 가지고 있었어요. 그는 갑자기 나타나서 그 사람을 죽이겠다고 소리쳤어요. 그리고 총을 쏘기 시작했지요. 그런데 제프는 그 당시 스페인어가 서툴러서 무슨 일이 일어나고 있는지 몰랐어요. 그래서 그는 계속 물었어요. '뭐라고요? 뭐?' 나의 통역 때문에 화를 내게 하고 우스꽝스럽게 되어 난처한 처지를 만드는 것이 아닌지 염려가 되었어요. 어쩌면 그 사건이 농부들을 협박해서 멀리 쫓아버린게 된 것인지도 모르지요."

그 이후 피터와 제프는 다른 곳을 찾았다. 피터는 니카라과의 산 라몬 마을의 농부들과 처음으로 성공적인 직거래 관계를 맺었다. 더햄(거기에 카운터 컬처가 자리 잡고 있다)에서 온 평화 유지군 부부가 그 지역을 위해 유기농 농장 모델을 만들겠다는 생각을 가지고 산 라몬에 땅을 조금 매입했다. 니카라과 사람에 의해 운영되는 그 농장은 비영리로 설립되었다. 피터가 2001년에 원산지로 처음 여행했을 때, 그는 공상적 사회주의적인 프로젝트보다 더 많은 것들이 위태로운 상태에 있다는 것을 깨달았다. 커피는 잠재력이 있었다. 그 이후로 피터는 산 라몬을 가끔 방문했고, 그의 다른 직원들도 방문했다.

"우리는 커피 품질을 향상시키기 위해 산 라몬 농부들과 함께 일했습니다. 저는 다른 나라의 여러 농장에서 사용되는 기술을 소개했어요. 나쁜 열매를 가려내기 위해 그들이 수확한 체리를 물에 띄워볼 것을 제안했지요. 커피에서는 일반적으로 밀도가 품질을 나타냅니다. 적당한 물이 있는 지역의 많은 농부들은 커피를 물에 띄우기 위해 물탱크나 구유 같은 것을 사용합니다. 품질이 좋은 체리는 바닥에 가라앉고, 손상되거나 품질이 떨어지는 열매는 수면 위로 떠올라서 쉽게 분리되지요. 제가 엘살바도르에 있는 아이다 바띠레의 마우리따니아 농장으로부터 커피를 사기 시작했을 때(아이다는 2년 연속 COE의 1등 수상자였고, 유례없는 성과를 거두었다) 나는 그녀가 커피를 수확하는 기술을 사진 찍어서 이 사진들을 얇은 판자로 만들어 산 라몬의 커피 수확인들이 사용하는 바구니에 붙였습니다. 결과적으로 그들은 훨씬 잘 익은 체리를 수확하기 시작했고, 커피의 품질은 껑충 올라갔지요."라고 피터는 설명했다.

자신들의 커피를 좀처럼 마시지 않는 농부들은 가장 잘 익은 체리만을 수확하는 것이 가져올 수 있는 영향력을 이해하지 못했다. 이 점을 피터는 덧붙였다. 스페셜티 사업이 성장함에 따라 이 메시지, 즉 농부들로 하여금 잘 익은 체리만을 따도록 하는 것은 구매자들이 가장 자주 하는 교육 내용이 되었다. 커피 농부들과 함께 일하는 농업 경제학자들도 잘 익은 빨간 체리를 따는 것의 중요성을 강조하기 위해 특별히 노력한다. 그것은 자기들의 생산품 맛에 가장 영향을 많이 미치는 것으로 농부들이 할 수 있는 유일한 것이다.

피터는 또한 농부들에게 품질이 낮은 카티모* 품종을 바꾸도록 권유했다. 카티모 나무는 높은 수확량을 내기 위해 재배되었다. 농부들은 기르기 쉬운 나무들을 좋아하지만, 로스터들은 그 맛을 싫어한다. 피터는 그것을 회상하며 말했다.

"그 나무들을 송두리째 뽑아버리는 것은 그들 자신의 눈썹을 뽑아내는 것과 같았습니다. 그러나 2007년에 산 라몬의 커피가 니카라과의 COE의 톱 텐에 들어감으로써 비용을 완전히 청산했어요. 그들의 커피는 1파운드에 6.30달러 나갔고, 물론 나는 21포대 모두를 2만 달러에 구입했지요. 그 커피가 다른 사람에게로 가는 것을 허락할 수가 없었습니다. 그 농부들은 너무 부지런했어요."

우리가 라스 브루마스에 도착했을 때 축제(인텔리젠시아가 그 비용을 부담한다)는 벌써 시작되었다. 라스 브루마스는 해발 4,400피트로, 거기에는 전기가 없어 발전기가 설치되어 있었다. 주름진 치마를 입은 소녀들이 고기를 그릴에 굽고 있었다. 음악이 있고 춤도 있었다. 35명의 커피 재배자와 가족들은 먹고 수다를 떨다가 제프의 강연을 들으러 자그마한 야외 건물로 몰려갔다. 안으로 들어가지 못한 사람들은 바깥 창가에 서 있었다. 제프는 라스 브루마스를 3년 만에 방문했는데, 이번이 7번째 방문이었다.

---

*카티모 : 아라비카와 로부스타의 교배 품종.

제프는 그의 강연을 스페인어로 시작했다가 곧 컨설턴트인 오키프의 통역으로 영어로 바꾸었다. 그는 어떻게 해서 처음 그 도시에 오게 되었는지, 그리고 그 마을의 커피를 커핑하고 그 황홀한 향에 도취되었던 때에 대한 회상으로 강연을 시작했다.

"저는 이 훌륭한 커피와 이 커피를 재배하는 사람들에 대해 더 많이 알려고 노력했습니다."

그리고서 그는 그 농부들에게 라스 브루마스와 인텔리젠시아가 계속 잘 해나가기 위해서는 "우리는 좀 더 긴밀하게 협동할 필요가 있습니다. 우리는 라스 브루마스 커피를 훨씬 더 좋게 만들 수 있습니다."라고 말했다.

가격 상승은 라스 브루마스 농부들이 자기 자식들을 고등학교에 보낼 수 있게 했다. 인텔리젠시아와 함께 일하면 삶의 질이 향상될 것이라고 말했다.

"여러분은 모든 아이들을 학교에 보낼 수 있게 될 것이고 다른 중요한 발전도 또한 이룰 수 있을 것입니다."

그는 재배자들에게 가장 잘 익은 빨간 체리를 수확하고, 그것을 씻는 개수대도 타일로 씌움으로써(시멘트보다 깨끗하게 유지하기 쉽다.) 위생적으로 관리되어야 한다고 주장했다.

"더러운 개수대에서는 더러운 맛이 나는 커피를 생산하게 됩니다."

그런 후 제프는 폭탄 선언을 했다. 지금부터는 그 마을의 모든 농부들이 생산한 커피에 대해서, 파운드당 단가가 모두 똑같지 않을 것이다. 대신 커핑 점수가 84점에서 87점인 AA등급의 커피에겐 파운드당 1.60달러를, 88점에서 93점을 받은 AAA등급엔 1.85달러를, 94점 이상의 놀라운 커피에는 파운드당 아직까지 들어본 적이 없는 3달러를 지불할 것이다. 더 나아가 그는 이 단가들은 결코 떨어지지 않고 오로지 인상만 할 것이라고 선언했다.

변화는 쉽게 오지 않는데, 제프의 유례없는 제안에 대한 반응은-어떤 다른 로스터들도 그런 가격을 제시하지 않았다-조용하고 공포에 가까웠다. 하나는 전체를 위하고, 전체는 하나를 위한다는 협동주의가 농부들 가슴속에 깊이 새겨져 있었다. 한 농부가 자신의 커피로 이웃보다 더 많이 번다는 생각은 아주 마음을 산란하게 만드는 것이었다. 농부들은 많은 의문이 들었다.

많은 농부들은 세꼬까펜이 가져갈 금액에 관심이 모아졌다.-세꼬까펜은 11개의 큰 협동조합에 속한 1,500명의 생산자를 대표한다.

"염려하지 마세요."라고 제프는 대답했다. 세꼬까펜은 농부들을 위한 은행과 대리인으로서의 역할과 원두 수출 준비에 대한 수당으로 파운드당 26센트를 별도로 받을 것이다.

군중들이 술렁거렸다. 그러나 아무도 말은 안 했다. 그 마을의 역사상 그 누구도 이처럼 재정적인 정보를 보통 사람들과 같이 나눈 사람은 없었다. 협동조합도 그러지 않았고 정부도 그러지 않았다. 비록 제프는 농부들에게 더 많은 정보를 가져다 주기 위해서 세꼬까펜과 싸워왔고 계속해서 싸울 것이지만, 그 재배자들은 협동조합이 그들의 커피에 대해서 제프에게 얼마의 돈을 부과했는지, 혹은 협동조합이 어떤 종류의 이익금을 가져가는지 전혀 모르고 있음이 드러났다. 농부들과, 농부들의 이익을 대변하고 있는 것으로 되어 있는 협동조합 사이에 무언가 투명성이 전혀 없었다. 제프가 더욱 놀랐던 것은 그 재배자들이 심지어 퀸탈과 파운드의 관계도 전혀 모르고 있었다는 것이었다.-그들은 계산을 모두 퀸탈로 했다. 그는 1퀸탈quintal은 100파운드와 같다고 가르쳐 주어야 했다. 마침내 그 마을의 턱수염을 기른 의사가 물었다.

"왜 세꼬까펜이 라스 브루마스 재배자들로부터 돈을 받아야 하나요?"

제프는 농부들에게 세꼬까펜이 은행으로서, 대리인으로서, 농부들이 수확하도록 돈을 대주고 시장에 팔 준비를 하는데 도움을 주는 여러 활동을 하고 돈을 받아야 한다고 대답했다.

제프의 말이 끝나자 와츠가 덧붙였다. "그러나 세꼬까펜이 여러분을 대표해서 일을 잘하지 못한다고 생각하면, 여러분은 그 협동조합과 결별하고 여러분을 대표할 대리인을 새로 고용할 수 있습니다. 세꼬까펜은 여러분을 위해 일해야 합니다."

제프는 반복해서 라스 브루마스를 방문했지만, 권위에 대해 한 번도 의문을 가져본 적이 없는 이들 농부들이 이러한 문제를 가지고 고심할 준비가 얼마나 되어있지 않은지 전혀 이해하지 못했다. 한참 후에서야 그는 농부들의 두려움과 세꼬까펜에 대한 농부들의 의존도가 얼마나 깊은지 이해하기 시작했다.

이름이 하비에르 로드리게스 카피요인 의사가 더 많은 질문을 했다.

"라스 브루마스 농부들이 그들의 커피에 대한 심사(이 심사에 따라 가격이 결정된다)가 공정한지, 편견이 없는지, 그리고 일관성이 있는지를 어떻게 확신할 수 있지요? 이것 또한 가난한 사람들을 속이기 위한 또 하나의 술수는 아닌가요?"

이 말에 제프가 단호한 목소리로 말했다.

"커핑은 무기명으로 이루어질 겁니다. 속이는 일은 없을 것입니다. 나는 이 과정의 진실을 믿습니다."

심사에 있어 투명성이 문제라면 제프는 커핑 시험실을 그 마을에 설립해서 라스 브루마스 재배자들에게 자기 자신의 원두를 심사하는 방법을 가르치겠다고 약속했다.

해가 지기 시작하고 있었다. 제프는 농부들에게 자신의 제안에 대해 이야기를 계속하자고 주장했지만, 아무것도 정해지지 않았다. 그러나 그는 가을에 다시 방문할 것이다. 그는 그와 인텔리젠시아를 향한 농부들의 호감을 느꼈다. 그리고 그에 근거하여 그들의 커피를 판매하는 새로운 방법을 정착시킬 수 있다는 점을 확신시켰다.

그 다음날 일요일, 그와 오키프는 세꼬까펜의 관리들을 협동조합 본부에서 4시간 동안 만났다. 협동조합의 새로운 조합장은 커피에 대해 더 많은 돈을 지불하겠다는 고객의 생각에 박수를 보냈다. 그리고 조합장은 새로운 가격 정책에 대해 신뢰를 표시했다. 그렇지만 조합장은 여전히 협동조합의 철학과는 아주 차이가 나는 프로그램에 대해 협동조합이 정말로 감독할 것인지는 말할 수 없다고 했다. 그것은 가능하기도 했고, 가능하지 않기도 했다. 그 미팅은 계속되었다. 제프와 오키프는 화가 폭발했다. 그러나 무슨 소용이 있을까? 그들이 마나과까지 장거리를 가기 위해 협동조합 소유의 트럭에 탑승할 때에도 다음에 무슨 일이 일어날지 아무것도 몰랐다. 다만 그들이 아는 모든 것은 가을에 다시 돌아올 것이란 것 뿐이었다.

르완다, 부룬디, 에티오피아

　사랑은, 당신이 세상을 어떻게 인식하는지-당신은 무엇을 가장 중요하게 생각하고 무엇이 그 다음인지-에 영향을 미친다.
　피터와 제프가 2005년 에티오피아를 처음 방문했을 때, 그들은 가난과 폭발적인 인구 증가와 진저리 나는 무질서를 관심있게 보지 않았다. 그들은 아프리카인들에 의해 지배되는 아프리카 국가, 백인들에 의한 식민지가 결코 성공하지 못한 나라, 다양하고 풍부한 문화가 있고 아름답고도 놀랄만한 음악과 향긋한 음식이 있는 국가, 지구상에 가장 아름다운 여인들이 있는 국가를 보았다. 그리고 그곳에 커피가 있었다. 영광스러운 커피, 미개발 상태에 있는 커피의 잠재성……
　마을과 도시의 대기에 속속히 배어든 커피 향기에 그들은 마법에 걸렸다. 아디스 아바바의 산뜻한 신 공항에서 전통 의상인 긴 드레스를 입은 여인들이 마루 화로 앞에 앉아 커피를 만들어 작은 도자기 컵에 담아 여행객들에게 서비스하고 있었다. 에티오피아는 평범한 사람들이 커피를 사랑하고, 매일 그것을 마시는 소수의 커피 생산국들 중의 하나

○ 에티오피아 농촌 마을 풍경, 마른 풀로 엮은 삼각형의 움막에서 사람이 살기도 한다. ⓒ사진/유필문

이다. 그렇지만 그들의 진하고 검게 뽑은 커피-커피 원두를 검은색으로 바뀔 때까지 불에 직접 볶은 다음 곱게 갈아서 끓인 커피-는 유럽 스타일의 커피와는 전혀 다르다.

그들은 무엇보다 에티오피아에서 가장 산뜻하고 가장 풍부한 커피가 자라는 작은 마을인 이르가체페Yigacheffe에 마음을 빼앗겼다. 그들은 친구이자 수입업자인 팀 챕덜레인과 함께 여행했다. 그는 37세로 볼카페 스페셜티 커피의 총괄 지배인인데, 5일간의 에티오피아 여행에 회사의 가장 큰 고객 8명을 안내하고 있었다.

에티오피아의 고원을 둘로 나누어 놓은 그레이트 리프트 계곡을 통과하여 아디스 아바바에서 이르가체페까지 가기 위해서는 피터와 제프, 팀과 다른 동료들과 같이 다섯 시간을 운전해야 했다. 그곳은 30년 전 인류학자 리차드 리키가 인류 최초의 원인류 선조 중의 하나인 루시의 해골을 발견한 바로 그 장소였다. 사바나에서 창문으로 밖을 내다보고

◎ 에티오피아 농촌 마을 풍경, 콥트 교회의 십자가가 달려 있다. ⓒ사진/유필문

  피터는 자기가 인류의 종種이 진화한 바로 그 장소를 통과하고 있다는 사실에 충격을 받았다. 그는 초원 여기저기 흩어져 자라고 있는 아카시아 나무가 대략 1.5미터 만큼 자라 있는 것을 알아차렸다.
  "300만 년 전 우리의 원인류 조상들이 직립 보행하게 되자, 이 나무들 너머를 내다보고 먹이를 추적할 수 있었던 거야."
  피터는 그 순간을 회상하면서 이렇게 소리쳤다고 말했다.
  "이럴 수가, 이곳이 내가 진화하여 현재 존재하고 있는 환경이야! 나는 차에서 내려 밖으로 나가 저녁식사로 동물을 사냥하러 갈거야."
  그 커피가이들이 이르가체페에 도착했을 때, 초목은 좀 더 푸르러 졌고 길을 따라 꽃으로 가득 찬 마을의 수가 점차 증가하고 있었다. 일부 마을에서는 풀을 엮어 지붕을 얹은 둥근 막대기 집을 보았다. 그 밖의 곳에서는 지역민들이 작은 직사각형 집에 살았는데, 바깥이 밝은 파랑색이나 초록색으로 되어있고 전면 벽에는 무늬가 칠해져 있었다. 마을의 바깥으로는 돌 토굴을 갖춘 말쑥한 묘지가 있었는데, 어떤 것은 콥트 교회의 십자가로 꼭대기를 장식했고, 나머지들은 그 마을의 종교에 따라 작은 첨탑들로 장식되어 있었다.

덜컹거리는 트럭을 타고 다섯 시간이나 달린 후에, 커피 구매인들은 그들의 목적지인 이르가체페에 도착했다. 그들은 차에서 펄쩍 뛰어내려 언덕 높은 곳에 있는 커피 협동농장을 둘러보기 시작했다. 그들이 그동안 그렇게 찾아왔던 것이 바로 앞에 서 있는 것이었다. 거의 완벽한 품질의 커피가 아주 풍부하게 자라는 숲 말이다.

"길을 따라 내려오다가 트럭이 진흙에 빠졌어요. 우리들은 숲의 냄새를 맡았죠. 새들은 노래했고 아이들은 오두막에서 오두막으로 웃고 달아나기도 했어요. 원숭이들은 날카로운 소리를 지르고, 바람은 살랑살랑 불고 있었지요. 나는 그 광경에 사로잡혀 입이 째지게 웃었고 머리가 삐쭉삐쭉 솟는 것 같았습니다. 한편으로는 내가 그토록 오랫동안 가보고 싶었던 곳에 마침내 도착한 것 같은 느낌이 들면서 또 한편으로는 내가 집에 있을 때 느꼈던 묘한 느낌이 들었습니다. 그것은 내가 불가사의하게 이 장소와 관련되어 있다는 그런 기분이었습니다. 이르가체페에서 여러분은 성경에 나오는 에덴동산을 걷는 것 같은 느낌이 들 것입니다."라고 제프는 말했다.

"거기에는 물이 풍부하고, 햇빛도 많으며, 생활도 풍요롭습니다. 나무들은 아주 빼곡히 들어섰으며 축축합니다. 그런 상태의 숲 속에서 자라는 커피는 너무나 행복한 것 같았습니다. 모든 것이 풍부하고 공기는 신선하며, 사람들의 피부는 촉촉했고 영혼을 꿰뚫는 미소를 띠고 있습니다."

그곳을 방문하면서 피터와 제프는 왜 이르가체페가 60년 전에 에티오피아의 첫 번째 커피 세척장 설치 장소로 선택되었는지 알 수 있었다. 풍부한 물을 갖추고 있다는 것은, 그곳이 라틴아메리카에서 커피를 개선하는데 많은 역할을 한 물을 기반으로 하는 공정 기술을 도입하는데 적합한 장소임을 보여주었다. 발효 후에 세척을 하면, 커피 체리의 내부에 감싸여진 경첩처럼 자리 잡은 커피 원두 한 쌍을 덮고 있는 딱딱한 껍질에 달라붙어 있는 점액이 제거된다. 성공적으로 커피 세척을 하려면 일반적으로 숙련된 노동자, 깨끗한 세척 작업대, 충분한 물, 그리고 하루 내지 3일 동안 계속하여 관찰하기 등이 요구된다. 이르가체페에서 스페셜티 커피 세계가 인정하는 이런 모든 노력들은 하나의 계시로 나타났다. 강렬한 향기와 아주 정결한 끝 맛을 가진 거의 완벽한 커피가 탄생하였다.

1970년도와 1980년대에 이르가체페 수세식 커피가 국제 시장에 첫 선을 보였을 때, 이 커피는 유럽과 다른 기타 지역에서 큰 반향을 일으켰다. 마치 그 시대의 게이샤와 같이 고급 품질의 커피를 취득하는 딜러들은, 라틴아메리카나 아게리카산 커피가 그랬던 것처럼 특혜받은 에티오피아 커피를 의심하는 것은 이르가체페 원두의 잠재적인 특징을 살려서 빛나게 하는 것이라고 바로 깨달았다.

그 커피는 입에 닿을 때 정제된 느낌과 끝 맛을 주었는데, 이는 그 당시 나무 위에서 자연 건조되거나 채집하여 땅 위에서 건조하는 '자연적인' 제조 과정을 거치는 아프리카 커피에서는 찾지 못하는 맛이었다.

그리하여 곧 충분한 물이 있는 곳이라면 에티오피아의 어디에서든지 세척 작업장이 세워지기 시작했다.

피터와 제프는 뉴질랜드의 파인나무같이 커피나무가 이르가체페에서 야생으로 자라고 있는 것을 발견하고는 기뻤다. 이르가체페 농부들은 숲이나 숲과 유사한 곳에서 커피나무를 재배한다. 골고차Golgocha와 하푸사Harfusa 협동조합의 커피나무 숲을 산보하면서 피터와 제프는 숲 속 여기저기서 자라고 있는 6~7가지의 다양한 커피나무들이 자신만의 특이한 모양과 크기, 잎 크기와 잎 색깔을 가지고 자라는 것을 보고 놀랐다. 이런 다양한 커피나무 중 어느 것도 구매자들에게 친숙한 것은 아니었다. 이런 다양한 종류의 나무들을 쳐다보면서 피터는 자신의 커피를 이해하는 방식에 변화가 생겼다고 나중에 말했다. 그는 이미 커핑 품질에 영향을 미치는 것 중에서도 기후와 가공 과정이 다른 어떤 것보다 크다는 그 당시의 일반적인 생각에 의문을 갖기 시작했다. 그가 에티오피아를 방문하기 전까지는 커피의 놀라운 다양성을 이해하는 수준이 아직 충분하지 못했다. 에티오피아에서 자라고 있는 서로 다른 종류의 커피나무를 모두 보고나서야, 마치 콩코드 포도*가 샴페인 포도와 머스캣 포도와 다른 것처럼, 코페아 아리비카종이 서로 다른 종류의 다양한 커피를 생산한다는 사실을 이해하였다. 그렇게 많은 새로운 종류의 커피나무들을 관찰하고, 그것들을 그가 에티오피아에서 맛보았던 커피들과 연결하면서 코페아 아라비카의 유전적인 구조의 다양함과 중요성에 눈뜨기 시작했다.

이 생물학 가르침은 그와 제프와 동료들이 아와사Awassa라는 도시의 이탈리아 카페에서 점심식사를 하면서 배우고 나서 더욱 굳건해졌다.

---

*콩코드 포도 : 미국 동부에서 나는 알이 큰 보랏빛의 포도

옐로우 버본(Yellow bourbon), 일반 커피 품종과 달리 커피 체리가 노란빛을 띤다. ⓒ사진/유필문

대나무 게이샤(bamboo Geisha), ⓒ사진/유필문

1941년 에티오피아를 침공했던 무솔리니 덕택에 에티오피아의 어느 곳을 가든 한 접시의 스파게티를 먹을 수 있다. 아와사 카페는 대부분의 카페보다 더 나은 스파게티가 있어 외국인 여행객들이 꾸준히 그곳을 찾는다. 식사를 기다리면서 피터는 다른 백인 한 사람에게 말을 걸었다. 그는 에티오피아에서 자라는 다양한 종류의 커피를 카탈로그 작업하는 스위스인 식물학자였다. 그 식물학자는 점심식사가 끝난 다음 자신의 연구실로 그룹의 모든 사람을 초대했다. 연구실에서 그는 자신이 숲으로 들어가서 번성하고 있는 커피나무들을 찾아 샘플을 만들고, 실험해 보고, 미래의 접목을 위하여 나뭇결을 보존하고 있다고 설명했다. 그는 다양한 종류의 커피나무 도서관을 세우는 아이디어를 갖고 있는데, 에티오피아 정부로부터 이 일을 하는 허가를 받아 놓고 있었다.

그 식물학자는 에티오피아에 2,500 내지 3,500종류의 다양한 커피나무가 야생으로 자라고 있는 것을 믿는다고 말했다. 피터는 이런 통계치에 놀라 기절할 뻔했다. 나중에 그는 다른 숫자를 들을 것이다. 몇몇은 에티오피아에 만 개의 다양한 커피나무가 자라고 있다고 말할지도 모른다. 어느 에티오피아인은 그 종류가 십 만 개나 된다고 말할 것이다. 이런 숫자는 거의 믿을만한 것이 못 된다. 문제가 되는 것은 에티오피아에서 거의 상상할 수도 없는 커피의 부富가 그 당시 잉태되어 있다는 것을 이해하는 것이다. 이런 풍요로움을 인정하자 피터 머릿속의 모든 것이 바뀌었다. 그는 커피의 무한한 종류와 다양한 조리법에 눈을 떴다.

에티오피아를 방문한 이후, 몇 주와 몇 달이 지나도 피터는 그곳에서 본 것에 대한 생각을 멈출 수 없었다. 그가 방문했던 라틴아메리카, 아프리카의 다른 지역, 아시아의 커피가 자라는 다른 어떤 나라에서도 그에게 이러한 큰 충격을 준 곳은 없었다. 그는 에티오피아를 동물과 채소의 가능한 삶의 모든 형태들을 내포하고 있는 광대한 DNA 사전으로 보았다. 그는 부족에 따라, 지역에 따라 서로 다른 에티오피아 사람들의 아름다운 얼굴에서 이런 다양함을 보았다. 몇몇 에티오피아 사람들은 마치 그들이 아프리카에서 온 듯이 보였고, 다른 사람들은 그들이 아랍반도나 아시아, 고대 페르시아, 그리고 유럽에서 온 사람들처럼 보였다. 피터는 그들의 얼굴에서 인간성의 유전자 데이터베이스 전체를 보았다. 에티오피아 음악 또한 그와 같았다. 아디스의 음악 클럽에서 피터는 전 세계에 걸쳐 발전된 음악적 가능성들-아메리카 리듬, 그리고 블루스, 일본 음악의 색조, 가나의 고원 생활, 라틴아메리카의 살사 리듬을 들었다.

피터는 그때를 회상하며 이렇게 말했다.

"에티오피아에서 커피 농장 여러 곳을 둘러보았는데, 내가 이상한 나라의 엘리스처럼 느껴졌어요. 나는 그 끝없는 다양성에 정복당했죠. 그것은 만질 수 없는 것, 이 지역의 풍요, 그 유전자 수프의 풍요가 나에게 충격을 주었을 때였습니다. 만약 당신이 커피 전문가이고 에티오피아 커피를 충분히 오랫동안 맛본다면 당신은 커피에서 맛브았던 모든 것과 그 이상의 것을 맛볼 수 있다는 것을 발견할 것입니다.'

피터의 말은 계속 되었다.

"에티오피아 커피는 너무나 다양해서 다소 압도적이라고 할 것입니다. 이것은 하라Harrar의 블루베리 향기, 또는 이르가체페의 차와 같은 향기에 대한 것도 아닙니다. 이 커피는 이것들보다 훨씬 더 복잡하지요. 모든 식탁에서 당신은 이전에 한 번도 맛보지 못했던 것을 맛볼 수 있습니다. 커피가 진화한 이 땅에서 우리는 DNA의 수영장에 첨벙 뛰어들어 커피 안에 들어있는 알 수 없는 박애심을 이해하고, 맛보고, 경험하기 시작할 수 있습니다."

에티오피아를 첫 여행한 후 2년이 지난 2007년 2월, 제프와 피터는 아디스 아바바에서 열리는 동아프리카 커피연합EAFCA 회의에 참가하려는 계획을 세웠다. 그들은 스페셜티 커피계에 몸담고 있는 사람이면 누구나 그곳에 올 것이라고 말했다. 회의에 앞서, 피터와 제프의 친구이며 커피인들의 에티오피아 여행을 처음 계획한 팀 쳅더라인은 새로운 시장에 커피 구매자들이 친숙해지도록 또 한 번 여행단을 조직할 계획이라는 말을 했다. 이번 탐험 원정지는 르완다와 트룬디였다. 내가 팀의 탐험에 서명하고 EAFCA에 참가했었다면, 동아프리카의 커피가 자라는 서로 다른 세 나라를 볼 수 있는 좋은 기회였다.

미시간주립대의 교수이며 개발 전문가인 댄 클레이로 인해 르완다는 스페셜티 커피의 성공 사례 중 하나가 되었다. 클레이는 1995년 대학살이 시작되었을 때 르완다의 커피 지역에서 일하고 있었다. 그와 그의 가족은 생명을 보호하기 위해 피신했다. 르완다의 커피 산업은 완전히 망가졌다. 하지만, 클레이는 그 나라가 커피 산업을 다시 세우는 일을 도와주기로 결심했다. 평균적으로 겨우 165그루의 나무를 소유하고 있는 40만여 명의 소규모 농장 소유주들에게 미국 AID의 자금 지원을 받아 스페셜티 시장으로 업그레이드하는 데 도움을 주는 펄 프로젝트를 생각해냈다. 펄의 리더인 팀 쉴링은 커피에 대해 대단히 열광적이며 농업경제학 박사학위를 가진 개발 전문가이다. 그와 클레이는 스페셜티 사업에 피터와 듀안과 제프를 포함하여 가장 존경받는 사람들 몇몇의 도움을 받기로 했다. 르완다 커피는 확실히 자연적인 이점이 있었다. 재래종인 티피카Typica와 버본Bourbon 품종들은 탁월했다. 기후와 해발 고도가 뛰어나며 붉은 화산성의 토양 조건도 마찬가지였다. U.S.AID에 따르면 2004년 커피 가격은 르완다에서 91% 정도 올랐다. 그다음 해부터 커피 가격의 상승세가 계속되었다. 물론, 많은 문제들이 현존하고 있다. 그럼에도 지금까지 이루어진 발전이 인정되어 2008년에 르완다는 COE를 개최하는 아프리카의 첫 번째 나라가 되었다.

 당연히, 브룬디는 르완다의 커피 분야의 성공을 재창조하고 싶어 한다. 브룬디와 르완다는 매우 비슷한 나라이다. 두 나라는 대강 메릴랜드 정도 크기의 작은 나라인데, 1962년에 벨기에의 통치로부터 벗어났다. 그리고 커피는 두 나라에서 돈이 되는 가장 중요한 작물이다. 브룬디의 1인당 1년 소득은 대략 84달러 정도로 세계에서 가장 낮다. 이는 르완다의 반 정도로 어느 기준에서 보면 브룬디는 지구상에서 가장 가난한 나라이다. 물론 인구 대다수가 자신들이 소비하기 위해 곡식을 기른다는 점이 통계의 의미를 어느 정도 희석하기는 하지만, 정치적인 폭정과 에이즈의 결과로, 르완다와 브룬디에서의 기대 수명은 1990년대 초반의 약 50세에서 40세로 떨어졌다.

르완다와 브룬디는 이런 역사적, 사회적, 경제적인 대공황을 겪고 있기는 하지만, 이 두 나라의 자연적인 아름다움에 사람들은 놀라게 될 것이다. 브룬디와 르완다는 일조량이 풍부하고 온화한 기후로, 나무들이 성장하는 계절에는 비가 많이 와서 초록으로 물결치는 언덕은 최고 9,000피트 높이까지 솟아있다. 산비탈을 계단 모양으로 깎아서 농사를 짓는데, 채찍을 휘두르던 벨기에 감독관들에 의해 만들어졌다. 차를 몰고 교외로 빠져나가다 보면, 머릿속에 아프리카 내부의 분쟁과는 거리가 먼, 저 멀리 떨어져 있는 샹그리라*의 모습을 그리게 된다.

그러한 아름다움만큼 이름난 것은 고속도로를 따라 맨발로 걷고 있는 사람들의 이어지는 물결이다. 맨발의 여인들은 머리 위에 보따리를 이고 다니며, 맨발의 남자들은 달구지를 언덕 위로 끌고 간다. 어떤 마을도 사용되지 않는 땅이나 공공장소 때문에 마을과 마을이 서로 떨어진 곳이 없다. 도시의 외곽은 마을과 마을이 이어져 있다. 인구밀도는 틈이 없다.

두 나라의 주요 도로는 포장되어 있고 쾌적하다. 마치 유럽 도시의 변두리에 있는 이차선 도로와 닮았다. 그 좋은 도로들은 과거 잔인한 식민지 시대가 남겨준 유용한 유산이다. 커피가 자라는 고산지대 꼭대기까지 나 있는 도로들은 에티오피아에서처럼 가파르고, 포장되어 있지 않으며, 바퀴 자국이 깊이 패여서 트럭 운전자에게는 아주 험한 길이다. 르완다를 가로질러 가면서 우리는 트럭, 모터사이클, 스쿠터와 승

---

*제임스 힐튼의 소설 《Lost Horizon》에 나오는 이상향의 이름.

용차를 거의 보지 못했다. 자전거는 흔히 볼 수 있었다. 팀 실링은 농부들이 커피 체리가 든 커다란 자루를 세척 작업장으로 옮기는데 필요한 100달러 가격의 튼튼한 자전거를 만들기 위해 유명한 미국인 자전거 디자이너를 선정했다. 카운터 컬처, 스텀프타운, 인텔리젠시아와 높은 품질의 커피 로스터들이 르완다 커피 농부들을 위한 자전거 구입에 서명했다.

르완다에서의 마지막 날, 우리는 브룬디 국경 근처의 부타르로까지 차로 이동했다. 부타르 도시는 르완다의 캠브리지라고 트럭 운전하는 어떤 이가 말했다. 아마도 제프였던 것 같다. 7,000명의 학생들이 이곳 대학교에 등록되어 있다고 했다.

"나는 이 도시를 사랑하죠. 여기에 있으면 스트레스를 훨씬 덜 받아요."라고 제프는 말했다.

나는 부타르 번화가의 뒷골목에 자리 잡은 이비스호텔에서 그날 밤을 보냈다. 나의 방은 크고, 곳곳에 구세군 방의 분위기를 주는 낡은 나무 가구가 있어 어둠침침했다. 그런 한편, 방은 깨끗하고 욕조가 있으며, 뜨거운 물이 나오고 전기가 들어왔다. 내가 아침에 방을 나서니, 세 명의 바싹 여윈 남자들이-나이를 가늠하기 어려운 서른 살 내지 마흔 살 정도-누더기를 입은 채 안마당에서 금이 간 시멘트를 손으로 뜯어내고 새 시멘트로 교체하고 있었다. 그들이 가지고 있는 도구라고는 작은 흙손 비슷한 것뿐이었다. 나는 르완다, 브룬디, 에티오피아 전역에 걸쳐서 이와 같이 도구나 노동력을 덜어주는 어떤 장치도 없이 일하는 사람들을 많이 보았다. 이곳에서는 사람의 노동력이 가장 풍부한 자원이다. 르완다의 1인당 소득은 대략 1년에 200달러 정도가 된다. 맨손 노동자들의 하루 품삯은 80센트라고 하는데, 한 시간에 10센트 정도인 셈이다. 르완다의 수도 킬갈리에서, 나는 위장병이 나서 병원에 가야 했다. 그 병원은 평범했다. 그렇지만 내 할머니가 말했던 것처럼, 마루에 앉아서도 식사를 할 만큼 깨끗했다. 간호는 적절하고 친절했다. 일반 환자들이 의사에게 검진을 받으며 수술이나 약을 위해 지불해야 할 금액은 약 15달러이다. 아마도 이곳의 노동자들이나 그들의 아이들 중 의사에게 검진을 제대로 받는 사람들은 거의 없을 것이다.

피터와 제프는 아침 7시에 외곽에 있는 세척 작업장을 방문하기 위해 차를 몰고 나갔다. 피터는 자기가 왜 아침 6시에 침대에서 일어나려고 하는지에 대해 이렇게 말했다.

"이곳 농부들은 만약 내가 그들로부터 100마일 안에 있으면서 방문하지 않았다는 것을 알게 되면 아마도 서운하게 느낄 것입니다."

내가 아침 식사로 토스트와 차를 마시고 있을 때 피터와 제프가 외곽에서 돌아왔다. 우리는 밖으로 나가서 우리 일행을 국경으로 데려다 줄 2대의 트럭을 기다리면서 승용차와 트럭들이 부타르의 주요 도로를 오고가는 것을 보고 있었다. 거리에는 먼지가 잔뜩 끼어 있었고, 목조 건물들은 넘어질 것 같았다. 그럼에도 그곳은 북적거렸다. 거리에는 많은 움직임이 있었다. 무엇이 될지 예견하기는 어렵지만 두언가 일어날 것 같은 예감이었다.

피터와 제프는 사진 촬영을 하기 위해 서로 어깨동무를 하고 서 있었다. "피터와 저는 서로의 분신이라고 할 수 있어요."라고 제프가 말했는데, 이는 자신과 피터가 커피와 커피 농부들에게 동일한 헌신적인 열정을 갖고 있음을 뜻했다.

"피터는 내가 일을 믿고 맡길 수 있는 유일한 사람입니다."라고 제프는 덧붙였다. 제프는 1년에 9개월이라는 장기간에 걸친 여행과 강하게 밀고 나가는 라이프스타일에 지쳐서 가끔 누가 자신을 대신해서 일을 할 수 있는지를 스스로 물어보곤 했다. 하지만, 그는 피터를 빼고는 헌신적이고 지적으로 일을 하기에 충분한 누군가를 결코 상상하지 못했다.

마침내 트럭이 도착해서 우리는 브룬디로 곧장 가게 되었다. 부타르의 시내에서 픽업트럭 때문에 잠시 교통이 정체되었는데, 그 픽업트럭에 타고 있던 한 사람이 창문으로 우리를 쳐다보고는 욕을 했다.

"이 빌어먹을 미국놈들아!"

그는 특별히 누구에게 한 것이 아니기에 우리는 서둘러 국경으로 향했다.

트럭에는 나와 팀, 제프, 피터와 르완다 커피 발전 프로젝트에서 매우 중요한 역할을 하는 미국의 컨설턴트인 앤 오타웨이가 함께 있었다. 세계은행은 1979년 국영화된 브룬디의 커피 산업을 평가해 줄 것을 요구했다. 그녀는 브룬디의 많은 잠재력을 보았고 팀, 피터, 제프로 하여금 그들의 순방 일정에 브룬디를 포함시키도록 격려한 사람이기도 하다.

르완다와 브룬디는 쌍둥이 나라로, 한쪽에서 다른 쪽으로 가려면 사람이 살지 않는 지역을 통과해야만 한다. 르완다 국경 지역은 덥고 먼지가 많다. 우리들은 차에서 나와서 주위를 서성이다가 작은 부스에 있는 사람에게 여권을 건넸다. 아무 일도 일어나지 않았지만, 우리 모두 서로를 예민하게 쳐다보았다. 그 국경에서 좋지 않은 일들이 일어난 적이 있었다. 동아프리카 국경에서는 항상 나쁜 일들이 일어난다. 사람들은 위험한 게임의 선수처럼 위험에 노출된 느낌을 갖지 않을 수 없다. 그때 검은 울 양복을 입은 사람이 다가와서 우리의 여권을 가져갔다. 그는 브룬디의 농업부장관인 네스트로 니윤게코로 밝혀졌다. 우리는 트럭을 다시 타고 0.25마일을 달렸다. 그런데 다른 접경 지대에 이르러 차에서 내려 비자를 찾아보았지만, 비자를 갖고 있지 않다는 것을 알았다.

"여권과 비자가 어디에 있는 거죠?"

브룬디 언어의 가장 일반적인 사투리인 키룬디 말과 불어로 질문을 했다. 총을 들고 제복을 입은 많은 사람들이 우리를 위아래로 훑어보았다. 날씨는 덥고 먼지가 많았으며 긴장된 순간이었다.

그때 니윤게코 장관이 나타났다. 그가 우리의 여권과 비자를 갖고 있었다. 모든 게 잘되는 듯했다. 그러나 이 나라에서는 정치적인 문제들에 대해 비폭력적인 해결책이란 것이 누군가가 대략 15분 전에 생각해내는 아이디어인 것 같았다. 우리들은 브룬디 커피 산업의 민영화를 축하하고자 그곳에 간 것이다. 그런데 우리를 대하는 태도가 기분을 언짢게 만들었다.

갑자기 브레이크를 밟는 날카로운 소리가 들렸다. 경즈 차, 사이렌 소리, 불빛이 터지고 브룬디 쪽에서 국경을 향해 차들이 경주하고 있었다. 피터가 자동차 수를 세어보니 16대였다. 이것은 수도인 부줌부라에서 우리를 환영하기 위해 마련한 공식적인 행사였다. 정부의 파견 공무원, 사업가, 그리고 기자들이 우리에게 갑자기 들이닥쳤다. 여기에는 비디오 촬영진이 포함되어 있는데, 그들이 하는 일이라곤 우리가 머물고 있는 동안 우리의 뒤를 쫓아다니는 것이었다. 이는 알려진 것처럼 피터, 제프, 팀과 앤은 브룬디에서 록스타처럼 유명했기 때문이었다. 커피 산업의 사유화 과정이 심각히 고려된 이래 그들은 브룬디에 나타난 최초의 커피인들이었다. 몇몇 자동차에는 브룬디 최초의 커피 수출업자들로 가득 차 있었는데 그들은 초콜릿 아이스크림을 기다리는 아이들처럼 들떠서 피터와 제프에게 들이닥쳤다. 그들은 즉시 무언가를 원했다.

"이리로 오세요." 그들이 피터와 제프에게 소리쳤다.

우리들 차를 타고 갑시다! 우리 차를 타고 가자구요!"

"제기랄!" 피터가 속으로 중얼거렸다. "나는 저런 녀석들 가까이는 어디든 가지 않을 거야."

피터가 그들에게 무뚝뚝하게 대하는 것은 경험에서 비롯되었다. 그는 커핑을 해보지도 않고, 알지도 못하는 커피를 억지로 사고 싶지 않았다. 그 당시에 그는 커피를 구매하러 여기에 온 것이 아니라 세계은행을 위해 사실을 알아보기 위해서였다. 향후 브룬디 커피를 구매하는 것은 법으로 정해진 것도, 정해지지 않은 것도 아니다. 그 모두는 커피에 달렸다.

우리는 공식적인 환영 행사에 참석해야 했다. 재무부장관인 데니스 시난카와-자그맣고 동그란 여성으로 사리처럼 두르는 자홍색의 긴 옷에 많은 금보석, 그리고 최신식 핸드백을 들고 있었다-가 환영 인사를 했다.

환영사가 끝나자 그녀는 우리와 악수를 하고 사진을 찍었다. 그러자 우리가 누군지 알고 싶어하는 부룬디 사람들이 몰려들었다. 우리들은 모두 자기소개를 했다. 날씨는 태양이 뜨거웠다. 우리 위쪽으로는 작은 동산 위에 타일로 마감한 작은 비잔틴 양식의 교회가 있었다. 대기는 유카립투스 향기가 가득했다. 흑백의 까치들은 나뭇가지에 앉아 16대의 자동차들이 질주해 가는 놀라운 장면을 내려다 보았다. -그 차에는 정부 관료들, 언론인들, 수출업자들, 군인들, 그리고 우리들이 있었다.

우리들은 1953년 브룬디에 건설된 최초의 세척 작업장으로 가기 위해 언덕 높이 올라갔다. 길을 따라 고구마를 수확하는 어린아이들을 볼 수 있었고, 소들은 언덕 위에서 풀을 뜯고 있었다. 고도가 높아지면서 귀가 멍멍해졌다. 우리는 장작을 실은 자전거를 산 위로 밀고 올라가는 소년들과 괭이로 땅을 가는 사람들을 지나쳤다. 길 한쪽에서 한 노인이 옥외에 장착된 발로 밟는 재봉 기계를 가동하면서 어린아이 둘을 돌보고 있었다. 도로를 따라 우리들은 기괴한 꽃 주색 열매를 달고 있는 잎이 넓은 가짜 바나나 나무들을 많이 보았다. 이 지역에는 작은 집들이 붉은 타일로 지붕을 얹고 있었고, 도로는 붉은 진흙 벽돌로 만들어져 있었다.

우리들은 지저분한 도로를 따라 내려왔다. 얼마 안 되어 우리들은 작은 시내가 흐르는 산록의 계곡에 자리잡은 세척 작업장에 도착하였다. 양쪽으로 초록 나무들이 자라고 있었다. 우리들은 트럭에서 뛰어내려 북을 두드리는 소리를 쫓아 앞으로 나아갔다. 물결 모양의 녹슨 금속 지붕을 얹은 폐허가 된 방앗간 앞 들판에 야외 공연 구역이 만들어져 있었다.

한 무리의 커피 농부들과 가족들이 우리들을 환영하는 뜻으로 북을 두드리는 악단 주위로 모여들었다. 브룬디의 북 연주자들은 아프리카 전체에서도 유명하다. 초록색 무늬로 장식된 희고 붉은 토가 스타일의 긴 외투를 입고서 북 연주자들은 '마준구muzungu, 객인'와 '아마쉬 amashi, 환영한다'라는 단어를 연신 외쳤다. 그들은 손바닥의 평평한 면을 이용하여 키 높은 나무 북들을 열광적으로 두드렸다. 그들은 노래하고 북을 두드리며 춤을 추었다. 그들은 기쁨에 넘쳐 붕붕 떠다니는 듯했다.

구경꾼 중의 몇몇 여성들은 오렌지색 머리싸개가 달린 밝은 초록색의 전통 의상을 입고 있었고, 더 많은 사람들이 미국이나 유럽에서 보내준

서구의 헌 옷을 입고 있었다. 남자들은 먼지 투성이로 지저분한 회갈색 넝마를 걸쳤다. 농부들의 얼굴에서 날마다 지주와 정부 공무원들, 그리고 군인들에게 매질을 당해온 모습을 볼 수 있었다. 커피 가격은 올랐다 내렸다 한다. 전쟁이 발발하여 살생이 발생했다. 살생이 너무 많아서 그들이 통제할 수 있는 범위를 벗어났다. 그들은 지쳐서 아무런 감흥 없이 회의적인 시선으로 그 왁자지껄하는 모습을 지켜보았다. 아이들은 흥분했고, 북 연주자들도 흥분되어 있었다. 검은 울 슈트와 흰 셔츠를 입은 공무원들도 흥분했다. 자홍색 외투를 입은 재정장관은 생생한 관심과 열광의 진수를 보여주었다. 소년들은 그 광경을 더 잘 보기 위하여 키 큰 앙상한 나무를 이삼십 피트나 올라갔다. 북 연주자들은 환영하는 노래에 이어 무언극을 공연했다. 무언극의 내용은 씨를 뿌리고 나뭇가지를 치는 것부터 거름을 주고, 수확을 거둬들이고, 건조시키고 세척하여 판매되어 마침내 커피를 마시기까지의 커피 농사의 전 과정을 담고 있었다.

  공연이 끝나고, 우리들은 안내원을 따라 세척 작업장을 둘러보았다. 검은 슈트를 입은 여섯 명의 사람들이 길을 인도했다. 나는 제프를 따라갔고, 무리들은 우리들을 따라 언덕으로 향했다. 우리들은 흔들리는 나무다리를 밟으며 시내를 건너갔다. 라디오 방송국에 근무하고 있는 프랑스 말을 우아하게 잘하는 멋지게 생긴 브룬디인 통역이 작은 인도교를 내려다 보면서, 우리가 드디어 브룬디 커피의 새로운 한 시대 속으로 건너가고 있다고 낭랑한 목소리로 말했다.

  우리는 세척 작업장으로 들어갔다. 제프는 펄프를 제거하는 오래된 기계를 보고 있었다. 발효는 젖은 상태보다는 건조된 상태에서 이루어지고 있었다. 제프는 나에게 이 작업대는 자기가 여태껏 본 중에서 가장 오래 사용하여 노화된 것 중의 하나라고 말했다. 저장고에서 제프는 시큼한 냄새를 간파하고 코를 실룩거렸다.

"발효되는 냄새인데……"라고 말했다. 좋은 뜻은 아니었다. 공식 환영단의 한 멤버인 재배자는 정부가 현재 소유하고 있는 세척 작업장을 자기와 같은 커피 재배자들의 협동조합에 팔거나 주기를 바란다고 말했다. 사유화는 이제 막 시작되었는데, 아무도 이 다음에 무슨 일이 일어날지 정확히 알지 못했다.

우리가 북 연주의 환영식이 열렸던 들판으로 돌아갈 때 차가운 바람이 획 지나갔다. 대표단 중 한 명이 농부들을 위한 연설자로 뽑혀서 앞으로 나아갔다. 나는 그에게서 몇 걸음 떨어져 있었는데, 그가 푸른색 만년필 잉크로 녹황색 종이 위에 프랑스 교육의 사랑스러운 유물인 작고 주의 깊은 서법으로 자신의 연설문을 작성하고 있는 것을 볼 수 있었다. 그는 수척하지만 지적인 얼굴을 하고 있었고 몇 사이즈나 훨씬 큰, 비스듬히 어깨를 드러낸 자켓을 입고서 보통 이상으로 큰 연한 자줏빛 넥타이를 매고 있었다. 크기가 맞지 않은 옷을 입은 방식은 하르포 막스*를 생각나게 했다. 하르포처럼 농부들은 문화적 차이들을 초월하는 놀라운 품위와 표정을 갖고 있었다.

그는 자신의 연설문을 읽으면서 정부가 30년 전에 움켜쥐었던 것들, 즉-자신들 고유의 생산품과 산업의 통제권을 커피 재배업자들에게 다시 돌려 줄 것을 간청하였다.

"농부들에게 국가의 133개 커피 세척 작업장에 대한 운영권이 주어져야 합니다. 왜냐하면 그들이 바로 이런 작업대에서 일을 하는 사람들

---

*하르포 막스(Harpo Marx, 1888~1964) : 배우 겸 코메디언, 뛰어난 하프 솜씨와 재미있는 표정 연기로 유명하였음.

이며, 그 노동으로 이득을 얻을 사람도 그들이기 때문입니다. 이는 단순한 정의의 문제입니다."

그는 프랑스 말로 연설을 했는데, 영어로 통역할 시간이 잠깐씩 주어졌다.

"농부들은 커피를 구매하려는 사람들과 직접적으로 소통할 수 있는 통로가 만들어지기를 간절히 바라고 있습니다. 그러니 우리 고객들에게 알려 주십시오. 우리들이 그들과의 끈끈한 연대를 강화시킬 준비가 되어 있다는 것을."

이런 목표에 대하여 그는 이렇게 말했다.

"이 세척 작업장을 사용하는 수천 명의 농부들은 협동조합을 만들어서 우리를 위하여 공정하고도 정직하게 말해줄 대표자를 뽑기 위해 노력하고 있습니다."

군중들은 침묵하고 있었다. 그 순간은 진지하고, 의미 있는 역사적인 순간으로 느껴졌다. 그때 장관 시난카와가 앞으로 나섰다.

"커피는 브룬디의 경제에서 핵심적 역할을 합니다. 왜냐하면 커피가 외화를 벌어들이기 때문입니다. 더군다나 80만의 가장들이 생계를 위하여 커피업에 종사합니다. 식민지 시대가 끝난 이래 정부는 커피 산업에 관여해 왔습니다. 그렇지만 정부는 잘한 게 없습니다. 지금은 새로운 시대가 시작되었고, 우리는 커피 생산을 당연히 농부들에게 맡겨야 한다고 믿고 있습니다."

이것이 바로 거기 모인 사람들이 듣고자 기다려 왔던 말이었다. 열렬한 박수소리 때문에 그녀는 더 말을 잇지 못했다.

장관은 계속하여 "국가는 커피 마케팅을 밑바닥에서 꼭대기까지 다시 만들 필요가 있습니다."라고 말했다. 그리고 그녀는 피터와 제프를 향해 정중하게 부탁했다.

"부탁하건대, 제발 돌아와서 커피의 마케팅 기술을 더 배울 수 있도록 도와주십시오."

이와 같이 널리 발표된 새로운 일은 대단한 뉴스가 될 것 같았다. 왜냐하면 브룬디의 대중 언론들이 즉시 행동으로 옮겨 필름에 담아 사진을 찍고, 얼른 노트에 받아 쓰고 있었기 때문이다.

보통, 앞에 나서서 말하는 사람은 제프였다.-나는 그 이유가 인텔리젠시아가 카운터 컬처보다 두 배 이상을 구매하기 때문인지, 제프가 겁이 없어서 인지 모르겠다. 제프가 대중들을 향해 말했다.

"우리는 브룬디에서 일어나고 있는 변화에 흥분됩니다. 세척 작업장의 관할이 생산자의 손에 있어야 한다는 것은 올바른 결정입니다. 우리 로스터들은 농부들과 함께 일하기를 갈망하기 때문입니다."

군중들이 박수를 치며 환호했다. 제프는 환호하는 박수에 답해 말했다.

"농부들이 발전하는 가장 효과적인 방법은 고품질을 만드는 것이라고 우리는 믿습니다. 품질을 개선함으로써 여러분은 값을 올릴 수 있습니다."

제프가 가격 인상을 언급하자 박수소리는 우레와 같이 더 커졌다.

리포터들이 제프와 피터 곁으로 벌떼 같이 모여들었다. 마치 따뜻한 비가 계속하여 내리기 시작하는 것과 같았다. 우리들이 트럭에 올라타고 달리자 바로 공용차들과 낡은 트럭으로 교통체증에 빠지게 되었다.

트럭에서 피터는 장관의 연설에 어리벙벙해 졌다고 했다.-대개 이런 연설에 수반되는 미사여구와 점잔빼는 말투가 전혀 없어서 어리벙벙했다는 것이었다.

많은 것들이 위태롭다고도 말하는데, 그것은 브룬디가 거대한 잠재력을 갖고 있기 때문이라는 것이다. 브룬디에서 재배되는 커피나무들은 보물로 지정된 케냐의 SL28 커피 품종―이는 세계에서 가장 비싼 커피 품종 중의 하나―인데, 그 나라는 고도가 높고 풍부한 물을 포함한 여러 가지 이점을 갖고 있다.

우리들은 호텔로 가는 길에 세척된 커피 원두를 둘러싼 얇지만 딱딱한 내피를 제거하는 건식 제분소를 구경하기 위해 응고지Ngozi에 들렀다. 개인 투자자가 10년 전에 건설한 근대적인 도정소*로 거대한 벽돌 건물 내부에 자리 잡고 있었다. 도정소는 유기농으로 인증받은 곳이었다. 밀링 과정*은 대개 농부들이 커피를 판 다음에 공장에서 진행된다. 커피가 로스팅 전에 마지막으로 거치는 복잡한 과정이다. 커피 도정소는 일반적으로 거대한 협동조합, 독립적인 사업가, 또는 외국 바이어들에게 커피의 외피를 제거해서 파는 커피 수출업자들이 소유하고 있다.

공장 내부 공기는 따뜻했다. 거대한 독일제 기계가 큰 소리를 내며, 폐를 막을 정도로 미세한 커피 껍질의 조각들로 소용돌이치고 있었다. 우리들은 종이 마스크를 보호 장구로 받았다.

거대하고 시끄러운 50피트 높이의 좁은 통로가 있는 황당한 공장을 돌아보면서 피터가 말했다.

"커피의 출처가 문제야. 어느 곳에도, 어느 커피가 어느 농부의 것인지를 구분할 수 있는 트랙이 만들어져 있지 않아."

공장은 차이가 없는 일상적인 커피를 만들도록 고안되었고, 한 시간에 충분히 세척한 원두 4톤을 처리할 수 있었다.

피터는 공기를 들여 마셨다. 사람 몸에서 나는 체취가 났다. "발효되

---

*도정소 : 커피의 파치먼트를 벗겨내는 시설.
*밀링(milling) 과정 : 세척된 커피의 내피를 제거하는 과정.

고 있어!"라고 그는 말했다. 커피 원두는 습기 때문에 약간 썩게 된다.

이 건식 도정소는 스페셜티 커피를 생산할 수 있는 잠재력이 있다면서 피터는 입을 열었다.

"하지만 도정소의 생산을 줄여야만 합니다. 그것이 스페셜티 커피가 가지고 있는 문제점입니다."

스페셜티 커피는 특별하게 작은 단위로 나누어서 처리하는 수작업을 필요로 한다. 대부분의 작업이 손으로 이뤄지고 있는 나라에서 거의 수제 노동을 필요로 하지 않는 이런 거대하고 현대화된 도정 공장이 건설되고 유지되었다는 것이 흥미로웠다. 분명히 브룬디 내의 몇몇 투자자들은 개인 사유화가 그 나라의 커피 산업에 큰 이득을 줄 것이라는 높은 기대를 갖고 있다.

제프는 커피가 밀링머신에서 나올 때 그것을 만져보면서 "생산 공정이 너무 뜨겁게 작동됩니다."라고 말했다. 원두가 너무 뜨거운 열을 받으면, 그 열로 인해 품질이 변할 수 있는 것이다. 이런 문제점이 있지만, 피터는 하나의 잠재적인 가능성이 보인다고 말했다.

그 커피 도정소는 21세기적 감성을 갖고 있었다. 하지만, 밖으로 걸어 나왔을 때 우리들은 산업화 이전의 시대로 되돌아갔다. 여기서는 밝게 색칠한 천막 아래 부인과 아이들이 앉아서 손으로 깨끗한 커피 원두를 골라내어 크기와 품질에 따라 주의 깊게 분리하고 있었다. 손으로 골라내는 것은 바로 최고의 동아프리카 커피임을 인증하는 것이다. 다른 나라에서 골라내는 작업은 전부 또는 부분적으로 기계에 의해 처리한다.

우리 모임 중의 누군가 어린이들의 노동에 대해 농담을 했다.

"그들은 아마 우리가 여기 오기 전에 어린 노동자들을 숨겨두었을 거예요."

이것은 우리가 아프리카에서 방문하는 모든 커피 재배 지역에서 부딪히는 문제였다. 부모들과 일하는 아이들 말이다. 가난한 가족들은 아이들이 벌어들이는 몇 푼 안 되는 돈도 필요하다. 부모들은 어떤 대안을 갖고 있는가? 학교가 있는 곳에서 그들은 자유롭지 못했다. 아주 가난한 사람들은 학교에 내야 하는 돈을 감당할 수 없는 것이다. 가난한 부모들은 아이들을 홀로 남겨놓은 대신에 차라리 자녀들을 곁에 두고 일을 하면서 안전하게 돌보기를 선호했다.

피터는 작은 산더미만큼 쌓여 있는 도정한 커피 원두—나에게는 푸르기보다는 오히려 회색으로 보이는—를 골라내는 부인과 아이들의 모습을 얼른 사진에 담았다. 그는 디지털 카메라 스크린을 갖고 있어서 아이들은 스크린을 볼 수 있었다. 그들은 우습고도 재미있는 자신들의 모습을 찾아냈다. 자그마한 스크린을 뚫어지게 보았다. 그들은 자세를 취하고 표정을 연출했다.

"더 많이 찍어주세요. 더 많이 찍어 달라구요."

그들은 자신들의 더 많은 모습을 보고 싶어 했다. 그들은 피터를 둘러싸고, 마치 자석처럼 붙어 있었다.

우리가 브룬디 커피 생산의 중심지인 응고마Ngoma에서 외곽에 있는 호텔에 도착했을 때는 비가 내리고 있어서 춥고 습기가 축축했다. 커피가 자라는 지역은 그다지 덥지는 않다. 그리고 지금은 틀림없이 온도가 10도 가량 떨어졌을 것이다. 나는 대표단과 브룬디 사람들을 위한 연회—세계은행에서 비용을 부담하는—를 준비하면서 한기에 몸을 떨었다.

우리가 머무는 호텔은 여러 개의 낮은 건물들로 이루어져 있었다. 우리들의 방 몇 개는 모텔 스타일로 서로서로 붙어 있었다. 다른 건물들은 천

막이 덮인 야외 식당처럼 독립된 별채였다. 저녁식사는 접견실에서 했다. 우리는 뷔페에서 생선, 쇠고기, 쌀밥, 질경이바나나의 일종와 같은 간단한 음식으로 골랐다. 식민지 시대의 검은 단일 복장을 한 종업원들이 음료를 가져다 주었고 접시를 깨끗이 해 주었다.

브룬디인들은 제프에게 도정소에서 과열의 문제점을 알려준 것에 감사해 했다. 그 정보는 값진 것이었다. 구매자들이 그들에게 가르쳐줄 수 있는 것이 아주 많다고 말했다.

제프는 "피터와 나는 당신들로부터 커피를 구매하고 싶어요. 그리고 도와주는 것이 행복합니다."라고 말했다. 그는 브룬디 사람들에게 스페셜티 커피 시장에 주의를 기울이고, 보통의 커피 시장은 피하라고 조언했다.

"브룬디는 하나의 커다란 장점을 가지고 있습니다. 많은 인구가 있어서 농부 한 명당 나무의 수가 적어요. 이것이 최고의 커피가 생산되는 조건입니다. 사람들에게 매우 신중하라고 가르쳐야 합니다. 전문가 장인의 산업을 만들어야지 양이나 부피의 산업으로 만들지 마십시오. 로스터로서 우리는 커피를 구매할 때 생산자와 생산지의 추적이 가능하기를 원합니다. 우리와 거래하는 농부들이 누구이며, 그 농부들이 얼마나 많이 버는지를 알고 싶습니다. 이런 전체적인 사슬에 연결된 모두가 돈을 벌 수 있다고 믿습니다."

앤 오타웨이는 내 곁에 앉아서 "제프는 커피의 예언자예요."라고 속삭였다. 그러자 피터가 입을 열었다.

"우리는 서로 다른 사업체에서 일하지만, 고급 품질의 커피에 관심을 갖고 있는 로스터들을 대표하고 있습니다. 미국의 커피 산업이 변하고 있으며, 우리에게 산업을 변화시키는 방법을 요구하고 있습니다. 가장 중요한 것은 커핑했을 때의 맛입니다. 라 따세La tasse*, 이것이 시장이 원하는 것이죠. 커피는 나무도 씨앗도 산업도 아니고, 다만 음료일 뿐입니다. 커퍼는 다른 누구보다도 이것을 잘 이해해야 합니다. 나는 마지막으로 이렇게 충고하겠습니다. 브룬디 커피의 특징을 잘 보존하십시오. 당신들은 환경, 뛰어난 다양한 품종, 훌륭한 제조 공정, 많은 인력 등 모든 조건을 잘 갖추고 있습니다. 이를 잘 활용하면 여러분의 커피는 남다른 것이 될 것입니다. 당신들의 커피를 다른 일반적인 커피와 비슷하게 만드는 다른 사람들의 말을 듣지 마십시오."

다음날 아침 우리는 다시 길을 나섰다. 부줌부라-브룬디의 역병이 많이 발생하는 수도-를 경유하여, 아디스 아바바로 날아가려고 했다. 하지만, 먼저 철저하게 경호가 이뤄지는 미국 대사관에서 어느 정도 나이가 든 공화당의 사업가인 파트리샤 뮐러와 회의를 가져야만 했다. 금발머리에 키가 5.2피트인 그녀는 선홍색 수트를 입고, 하얀 망사 스타킹에 크림색 높은 구두를 신고 직립의 부동 자세를 취하고 있었다.

"나는 남부 여성입니다."라며 이렇게 자신을 소개했다.

"미국 대통령을 보좌하는데 아주 대단한 자부심을 갖고 있습니다."

그 대사는 일 년 동안 그 직업에 종사해 왔다.- 1990년대 후반부터 시민 전쟁으로 정권이 뒤집힌 부줌부라는 너무 위험해서 2006년 이전까지 대사관은 문을 닫아 걸고 있었다. 미국 정부는 개혁에 찬성하는 것처럼 보이는 폭동 사태의 전前 지도자인 현 브룬디 대통령을 강력하게 지지하고 있다. 하지만, 뮐러 대사는 이곳에서는 암살이 일반적이라고 말했다. 30년 동안 세 명의 브룬디 지도자들이 재임 중에 피살되었고, 부룬디의 후투족과 투치족 간에 폭동이 산발적으로 일어난다고 말

---

*라 따세(La tasse) : 한 잔. 마시는 음료의 역할이 가장 중요함을 강조하는 말. 마셔서 즐거움을 얻을 수 있어야 하고 즐거우려면 그만큼 좋아야 된다는 면을 강조하는 듯.

했다. 어떤 한 순간에도 상황이 악화될 수 있다는 것을 그녀는 인정했다.

대사는 이전에 투자 은행가였다. 그녀는 커피에 관하여 많은 것을 질문하였고, 제프가 답변을 했다.

그 순간까지도 나는 그가 무엇을 입고 있는지 알아차리지 못했다. 그는 단지 나에게 제프일 뿐이었다. 그러나 대사의 점잔 빼는 모습에 나는 그를 새로운 시각으로 보게 되었다. 그는 면도도 하지 않았으며, 그의 옷은 주름이 잔뜩 져 있고 마치 옷을 입은 채로 잠을 자는 듯이 보였다. 그리고 그는 야구 모자를 뒤로 쓰고 있었다. 우리들의 나머지는 패션쇼에 참가할 정도는 아니지만, 어느 정도 남에게 나설 만한 정도는 된다. -피터는 잘 다려진 셔츠와 카키색 제복을 입고 구두를 신고 있었다.

제프는 노숙인 쉼터에서 잠을 자는 사람 같아 보였다. 그렇지만 그는 대사에게 브룬디가 성공적인 스페셜티 산업을 출발시키기 위하여 무엇이 필요한지, 브룬디가 무엇이 부족한지 등을 설명하면서 커피에 대하여 장황하게 말한 후에 "그리고 물론 열악한 도로 사정도 문제입니다."라고 덧붙였다. 그 순간은 제프가 대사의 면전에서 심하게 악담을 하고 있었기 때문에 무슨 일이 일어날 것인지 우리 모두가 숨을 죽이고 지켜보는 침묵의 순간이 흘렀다. 하지만 대사는 눈 하나 끔짝하지 않았다.

대사는 대단히 날카로웠다. 그녀의 공적인 자세는 우리를 코너로 밀어 넣는 듯했었기 때문에, 우리들은 그곳에서 나오는 순간 모두 안도의 한숨을 내쉬었다.

우리는 공항으로 달려가 에티오피아로 가는 비행기를 탔다. 다시 농림부장관이 제 시간에 맞춰 우리들의 비자를 갖고 나타났다. 우리는 예정대로 비행기를 타고 갈 수 있을 것 같았지만, 공항은 여전히 혼돈 상태였다. 무장한 군인들이 공항을 순찰했다. 대기 구역에서 빛바랜 청색 단체복에 연자주색의 구슬을 넣어 머리를 땋고, 그에 어울리는 립스틱을 바른 젊은 출입국 수행원들은 마치 로스앤젤레스의 교통경찰처럼 친절하게 보였다. 여성 수행원들과 눈을 마주 치려는 제프의 노력은 실패했다. 잠시 동안 우리는 캄팔라를 경유하여 아디스 아바바로 향하는 707 보잉기에 탑승하지 못할지도 모른다는 불안감이 생겼다. 그러나 결국 우리들의 탑승이 허락되었다. 비행기는 공항 활주로에서 대기하고 있었다. 30~40분 지나자 내 뒤에 앉은 앤이 내 어깨를 톡톡 치며 말했다.

"창밖을 보세요."

피터 옆에 앉아 있던 나는 햇빛 가리개를 올리고 고개를 돌려 창밖을 보았다. 소리는 잘 들리지 않았지만, 브라스밴드가 보였다. 붉은 카펫이 펼쳐지고 잘 갖춰 입은 100명의 검열관들이 사열대에 자리를 차지하자, 150명의 금장을 한 군인들이 열을 지어 무릎을 굽히지 않고 발을 높이 들어 행진을 했다. 살찐 신사와 부인이 흰 옷을 입고 공항에서 내려와 붉은 카펫 위를 걸어 내려오자 군중들이 나타나 환호하였다.─남자는 군인 제복을 입었고, 여자는 카펫에 살짝 끌리는 행사복을 입고 있었다. 그 장면을 보자 나는 루이 14세가 베르사유 궁전을 떠나는 장면을 설명한 대목이 떠올랐다. 조종사는 브룬디 대통령과 영부인이 이 날 오후에 우리들과 함께 비행기를 탈 것이라고 방송했다. 대사관을 방문했을 때 뮐러 대사는 브룬디가 현금을 조달하기 위해 대통령 비행기를 팔았다고 우리에게 말했다. 브룬디의 대통령이 최근 자신의 군사 최고 고문을 해고했기 때문에 정치적인 면이나 군사적인 면에서 브룬디의 상황이 다소 긴박하다고 그녀는 말했다. 그녀는 또한 이쯤 세계에서 가장 선호하는 정적政敵을 죽이는 방법이 비행기를 격추하는 것이라고 말했다. 1994년 브룬디의 대통령은 르완다의 대통령과 함께 여행 중에 타고 있던 비행기가 추락해서 죽었다. 거의 30만 명의 브룬디인들이 그 공격 뒤에 발생한 인종 간의 폭력으로 죽었다.

따뜻한 물의 유혹을 결코 과소 평가해서는 안 된다. 무선 랜을 접속할 수 있다는 것과 룸 서비스도 그렇다. 우리들은 모두 진짜로 잘 꾸며진 호텔을 기대하고 있었다. 쉐라톤호텔과 힐튼호텔은 모두 동아프리카 파인 커피협회EAFCA 회의에 참석한 사람들에 대해 낮은 요금을 적용했다. 제프는 나에게 힐튼 바bar가 아디스에서 모든 사람들이 나들이 나오는 장소이므로 힐튼호텔에 예약을 하라고 말했다. 그곳에 머물게 되었다. 방 삯은 하룻밤에 거의 200달러에 달했다. 이것은 이곳 사람들이 일 년에 100달러를 벌고 있는 그 나라에서는 기이한 일이라고 느껴졌다. 그러나 함께 간 동료들은 다음과 같이 이유를 설명했다.

에티오피아와 같은 가난한 커피 재배 국가에서는 리츠호텔에 머물러서 최고의 값을 치르던가, 그렇지 않으면 오두막에 머물러야 한다. 비록 우리들의 먼 여행 중에 고급 숙박 시설부터 어느 정도의 것까지 거쳤었지만, 주요 도시의 외곽에서는 때때로 오두막이 선택할 수 있는 유일한 장소였다고 말했다.

나는 힐튼호텔에 예약을 했다. 피터는 그가 쉐라톤에 머물게 되리라고 생각했다. 팀이 자신을 위해 여분의 방을 예약했을 것으로 생각했지만, 우리들의 르완다와 브룬디 방문 일정을 조정하는 팀은 에티오피아에서 여분의 호텔방을 예약하지 못했다고 말했다. 팀은 피터에게 "걱정하지 마세요. 저와 방을 함께 씁시다."라고 말했다.

우리는 모두 아디스 공항에 앉아서 우리를 데리러 올 호텔 셔틀 차량을 기다리고 있었다. 라운지에는 EAFCA회의에 참석하는 5,000명을 환영하는 거대한 배너가 걸려 있었다. 우리들은 모두, 특히 피터가 지쳐 있었다. 그는 한 달 이상을 길 위에서 보냈고, 방을 함께 써야 한다는 사실에 즐거워하는 것 같지는 않았다.

어느 근대화된 도시처럼, 아디스아바바에 있는 유엔 컨퍼런스 센터는 그 도시에서 가장 큰 언덕 꼭대기에 자리 잡고 있었다. 모든 형태의 선진 기술과 통신에다 동시 통역 시설까지 완벽하게 갖춘 그 건물은 주변과 아무런 관계가 없는 듯이 보였다. 심지어 호텔로부터 참가자들의 운송을 담당한 택시 중에도 브레이크에 결함이 있는 차들이 많았다. 그렇지만 거대한 컨벤션 공간에 전 세계에서 온 상인들이 상품매장을 차릴 수 있어 편리했다. 케냐의 큰 커피 수출업자인 도만스 회사는 무료로 카푸치노를 제공했다. 여기 저기서 카푸치노에 쿠키를 공짜로 얻을 수 있었고, 수백 개의 좌석을 갖춘 거대한 강당이 있었다. 아디스 아바바 기후는 항상 온난하고 맑고 건조한데-에티오피아 사람들은 아디스아바바가 에덴동산이 자리 잡았던 곳이라고 말한다-회의 강당 안의 에어컨은 추위서 덜덜 떨 정도로 돌아갔다. 나는 어떻게 아프리카에서 이렇게 내가 종종 추위를 느낄 수 있는지 의아해하지 않을 수 없었다.

수천 명이 회의 첫날 홀에 무리를 지어 모였다. 아프리카 전역에서 온 커피 재배인들과 재배인들의 대표자, 중간 상인들, 학술인들, NGO 대표자들, 금융인들, 커피 구매인들이었다.

스타벅스의 수석 부사장인 덥 헤이가 기조 연설을 했다. 헤이는 에티오피아와 스타벅스 사이에서 벌어지고 있는 법적인 큰 다툼에 대해 언급하지 않았다. 최근에 에티오피아는 자신들의 커피 재배 지역을 상표화하려는 노력을 해왔는데, 이것은 스타벅스가 격렬하게 반대하는 것이었다. 에티오피아는 국제 발전 기구인 옥스팜Oxfam으로부터 지원을 받아 용기를 얻어 스타벅스를 총체적인 착취 행위로 고소하였다. 옥스팜은 스타벅스가 에티오피아의 상표 발의를 반대하면서 에티오피아 1,500만 명의 커피 농부들과 인부들에게서 8,800만 달러를 빼앗아 갔다고 말했다.

대신에 헤이는 자기 회사가 아프리카에서 전문 농업인을 지원하고 있다고 말했는데, 인텔리젠시아와 카운터 컬처의 기금 프로그램과 비슷했다. 다만 규모가 좀 더 컸다. 스타벅스가 질 좋은 커피에 대한 프리미엄 가격을 지불하고 있다고 그는 주장했다. 스타벅스는 아프리카 커피를 전 세계의 13,000개 가게에서 상표를 붙여서 팔고 있으며, 커피 공동체를 지원하기 위하여 학교와 병원 교량을 건설하고, 투자 보조금으로 수백만 달러를 제공하고 우물을 파준다. 그리고 그 우물에 추가로 100만 달러를 보조하여 깨끗한 식수를 만들고 지키는 조치를 취하고 있다.

옥스팜은 스타벅스의 착취에 대항하기 위해 미국 전역에 소재하는 대학들에서 캠페인을 벌이고, 기금 조달을 위한 모임을 조직했다. 그러나 헤이가 말하는 것을 들으며, 나는 스타벅스를 사랑할 아무런 이유도 갖지 않은 커피인들이 그 결론에 대해서 어떻게 생각하는지 의문이 들었다. 그들이 나에게 옥스팜의 고소가 바보같은 짓이라고 말할 때 나는 놀랐다.

에티오피아의 영미계 법과 정치 고문들 편에서 볼 때, 스타벅스를 향한 상당한 반감이 이 싸움을 더욱 부채질했다. 나는 이러한 사실을 아침식사를 위해 어느 부부 옆에 앉았을 때 알게 되었다. 그들 말에 따르면, 스타벅스는 길들일 필요가 있는 황소였다. 그러나 이 분쟁에서 금전적인 이득을 보지 못하는 여러 사람들은 에티오피아의 상표등록 운동이 미국법을 잘못 알고 거기에 근거했으며, 스타벅스에 대한 에티오피아의 소송은 가공의 수학에 근거하고 있다고 말한다.

스타벅스가 에티오피아 농부들로부터 8,800만 달러를 '훔쳐갔다' 는 혐의는 또한 공정 무역 커피에 대한 다큐멘터리 영화 〈검은 금Black Gold〉에서도 다루어졌는데 2007년 초반에 방영되었음, 지지할만한 것이 못 된다고 밝혀졌다. 커피 세계에서 가장 분별력이 있는 관찰자들 중 일부는-프라이스 피터슨 같은 사람들로, 옥스팜 위원으로 봉사하면서 사회 정의를 위해 강하게 나서고 있는데-반反 스타벅스 운동은 의미가 없다고 나에게 말했다. 그러나 사람은 동정적이 될 수밖에 없다. 스타벅스는 아주 부자인 회사이며, 에티오피아의 커피 재배인들은 세계에서 가장 가난한 사람들에 속한다. 공정하게 말하면, 스타벅스와 내가 함께 여행하는 소규모 로스터들은 에티오피아에서 재배되는 커피로부터 그렇게 많은 소득을 얻고 있는데, 재배자들은 그렇게 적은 소득을 얻는다는 것을 어떻게 이해할 수 있는가? 이것은 에티오피아의 커피 농장을 찾는 사람이라면 누구든지 의문을 품어야 되는 아주 중대한 문제이다. 나는 이 여행을 하는 동안 내내 이 점에 대해 고심했고, 뒤죽박죽으로 얽힌 판매와 구매 시스템을 이해해 보려고 했다.

"이것은 에티오피아 정부의 대표단들, 에티오피아의 수출업자들, 스타벅스, 그리고 다른 소규모 로스터 회사들이 협상 테이블에 마주 앉아서 확실하게 전달해야 할 문제입니다."라고 그린마운틴 커피Green Mountain Coffee의 사회 공헌·커피 공동사회 복지 담당 이사인 릭 페이저는 말했다. 그는 국제공정무역 산하기구의 이사회에서 봉사했는데, 이 조직은 나중에 국제공정무역 제품인증기구(FLO)로 명칭이 변경됐다. 그러나 이것은 소송에서 거론된 문제는 아니었다.

대신 에티오피아와 스타벅스는 특정 지역의 이름을 상표로 등록하려는 에티오피아의 열망에 대하여 논쟁거리로 삼았다. 그러한 지정에는 상당한 문제가 있었는데, 일반적으로 미국의 상표등록법은 지역 이름이 상표화되는 것을 규제하고 있다. 한 예로, 어떤 커피나 어떤 제품이 어떤 특정한 지역 산이라는 것을 증명한다는 것이 일관적으로 가능하지 않고 속일 가능성이 크다는 것이다. 만약 이르가체페의 작은 마을에서 생산된 커피가 그 지역 산이라는 점 때문에 프리미엄을 받는다면 – 그리고 그것이 상표 발행의 이유가 된다면 파렴치한 무역업자들이 자신들의 커피에 이르가체페 상표를 붙이는 것을 어떻게 막겠는가? 그리고 에티오피아 정부가 이르가체페 상표르 팔리는 커피가 이르가체페 것이고, 이웃 지역의 것이 아니라는 것을 어떻게 증명하겠는가? 이는 자메이카의 블루마운틴 커피와 하와이의 코나 커피에서 일어났던 일과 정확하게 맞아 떨어진다. 가짜가 진짜로 둔갑해서 오리지널의 명성을 떨어뜨리는 이런 행위들이 아직도 자행되고 있다. 그 소송에서 명시된

8,800만 달러는 등록상표가 그 지역에서 사용되었으면 에티오피아 농부들이 벌었을 것으로 옥스팜이 주장하는 금액과 스타벅스가 에티오피아의 지명을 사용한 것에 대한 수수료로 지불을 요구받은 금액의 합계를 나타낸다.

아디스에서 EAFCA회의가 열리는 동안 스타벅스와 에티오피아 사이에 화해를 했다는 발표가 있었다. 그 협정은 후에 깨졌으나, 결국 양측은 협력하기로 합의하였다. 에티오피아는 그 입장을 완화했고 그리고 스타벅스는 에티오피아의 가장 큰 '원산지 표시'가 등록 상표가 아닌 라이선스 계약으로부터 이득을 볼 수 있는 방식에 대해 협의하기로 동의했다.

이 모든 것은 몇 달이 걸렸고, 스페셜티 커피에 대한 전체적인 생각에 헤아릴 수 없는 피해를 끼쳤다. 적어도 피터가 나에게 걱정스럽게 말했듯이, 옥스팜이 대학 캠퍼스에 근거를 두고 안티 스타벅스 운동을 한 것은 대학생들의 마음속에 스페셜티 커피 사업이 '가난한 사람들을 착취하는 탐욕스런 자본주의자들의 무리'로 구성되어 있다는 생각을 심었다. 피터는 이러한 생각이 개인적으로도 직업적으로도 고통스럽다는 것을 알았다. 피터가 말했다.

"여기서 우리는 공정성에 바탕을 둔 사업을 목표로 일하고 있습니다. 저도 제 사업이 비난받을 일이 없다는 것이 아니고, 심히 불만스런 구석이 있다는 것도 알고 있습니다. 그러나 스페셜티 커피 사업의 목적은 올바른 일을 하려고 노력하는 것이라고 믿습니다."

피터의 주장은 환경을 파괴시키지 않고 오랫동안 지속 가능한 농업 세계에서 가장 존경받는 한 구성원을 보면 증명된다. 다니엘 지오바누치라는 사람으로, 전 식품회사 중역이자 세계은행 그룹의 선임고문이다. 그가 나에게 말했다.

"저는 이들 커피인들을 사랑합니다."

그의 말에 따르면, 스페셜티 커피는 비록 완벽하지는 않지만 농부들을 위해 좋은 일을 하려고 노력한다는 면에서는 농업의 다른 사업보다는 앞서고 있다. 더욱이 그가 조사한 내용을 토면 커피의 품질을 개선해서 스페셜티 시장에 판매함으로써 전 세계 커피 농가의 경제 사정이 나아졌다는 것을 알 수 있었다.

나는 아디스에서 첫날 점심식사를 하면서 어렵게 다니얼과 마주 앉았다. 12명이 되는 우리는 그 도시에서는 최고로 알려진 에티오피아 전통 식당에서 함께 점심을 먹었다. 우리는 의자와 소파 위에서 여유롭게 지냈다. 음식은 버드나무 가지로 만든 바구니 위에 타원형의 접시를 올리고, 그 위에 담겨져서 나왔다. 때는 사순절이어서 우리는 전통적인 사순절에 먹는 채소요리인 '금식 음식'을 주문했다. 마라톤 선수처럼 깡마르고, 깨끗이 면도해서 긴 코와 골격이 더욱 드러나 보이는 48세의 다니엘이 그 상황을 조목조목 노련하게 설명했다.

그의 가장 중요한 관심은 환경 파괴 없이 오랫동안 능업을 계속할 수 있느냐였다. 자주 사용되지만 일반적으로 다직 인식이 안 된 이 용어는 농가로 하여금 그들의 땅을 귀중한 자원으로 보호하그 농사를 계속하여 세대를 물려가며 번성하도록 하는 농업적, 사회적, 경제적 행위를 의미하는 것이다. 지속 가능하다는 것은 유기농의 또 다른 표현이 아니다. 지속 가능한 농업은 유기농의 농사법을 포함하지간, 그에 국한되는 것은 아니다. 독성이 있는 화학약품을 땅에 대량으로 쏟아 붓는 것은 지속 가능하게 하는 것이 아니지만, 좀 더 안전한 화학비료를 적당하게 쓰는 것은 허용한다.

다음날 나는 다니엘의 회의 발표에 참석했다. 다니엘은 UN의 COSA(지속 가능성 평가 위훤회-이 기구는 커피 생산국에서 지속 가능성을 증진시키는 여러 가지 프로그램의 비용과 이익을 연구한다)에 연결된 국제위원회의 조사부장으로서 자기 일에 대하여 이야기했다. 다니엘과 그의 동료들은 일련의 질문들을 듣고 스페셜티, 유기농, 공정무역, 다우림 동맹 같은 지속 가능성을 증진시키는 프로그램들이 커피 농부들과 커피 재배 지역에 재정적으로, 사회적으로, 그리고 환경적으로도 도움이 되는지를 알아내고자 노력했다.

다니엘은 다양성과 높은 수준을 요구하는 커피의 가파른 판매 증가에 주목하면서 말을 시작했다.

"미국 커피 산업의 이러한 부분이 1년에 20%~50% 정도 성장함으로써 혜택을 얻고 있습니다."

그것에 대해서는 의심할 여지가 없다. 커피를 스페셜티로 팔거나 '유기농임을 증명함' 혹은 '공정무역'으로 증명하는 꼬리표를 붙여서 팔면 많은 수입이 생긴다. 그러나 누가 혜택을 보는가? 농부들, 협동조합들, 그리고 커피를 재배하는 지역들이 그들의 증가된 비용을 초과하는 사회적 조건의 개선과 수입의 증가를 즐기면서 명확한 방법으로 이익을 얻을 것인가? 혹은 그 모든 혜택들이 그 밖의 곳에서 저절로 생기는가?

많은 커피 애호가들은 재배자들이 보통의 일상용품 판매망 밖에서 그들의 커피를 파는데 비용이 든다는 것을 깨닫지 못한다. 스페셜티 혹은 인증 프로그램에 참가하기 위해서는 직접, 간접 비용이 든다. 예를 들면, 어느 농장이나 협동조합이 유기농 혹은 공정무역으로 검증받기 위해서는 전문가가 정기적인 검사를 해서 그 농장이 일련의 필요 조건들을 갖추고 있다는 사실을 입증해야 한다. 농부들과 협동조합은 매년 검사비용을 부담하는데 간혹 꽤 많은 비용을 내기도 한다.

자기들의 커피를 스페셜티로 판매하는 사람들은 검증받기 위해 돈을 내지 않아도 된다. 그러나 그들은 추가로 돈이 든다. 스페셜티 커피는 생산 비용이 더 많이 들고 수확량은 더 적을 것이다. 커피 재배자가 최고급 체리만을 판매하기 때문에 수확량이 25% 감소하고, 고품질의 스페셜티 커피 판매에 대해 25%의 프리미엄을 받는다면 커피 재배자는 하나도 이익을 얻지 못하게 된다. 스페셜티를 생산하기 위해서는 노동비용도 더 많이 든다. 수확하는 체리의 색깔을 따지지 않는다면 열매를 재빠르게 따고 인부를 집에 보낼 수 있다. 스페셜티 구매자들은 잘 익은 빨간 체리를 고집한다. 이는 수확하는 사람들이 같은 구역을 몇 번 통과해야 되고, 상당히 많은 수확 시간이 소요되기 때문이다.

그들의 연구에 따르면, 다니엘과 그의 동료들은 경제학자들이 소위 '도구'라고 하는 것을 만들어서 재배자들로 하여금 참가하는 비용이 수입의 증가로 보충이 되는지 알아낼 수 있게 도와준다. 그들의 공식은 재배자들이 숫자를 집어넣어서 여러 가지 직간접 결과들이 순수 이익을 가져올 수 있는지를 정확하게 평가한다. 그 프로그램을 만든 사람들은 지속 가능성을 넓게 보아 커피 생산자로 하여금 검증 프로그램의 경제적 효과를 이해하도록 도와준다. 이들 프로그램으로 인해 농부들의 총수입이 증가되는가? 뿐만 아니라 그들의 환경적, 사회적 영향도 증가되는가? 다니엘은 이러한 지속 가능성에 대한 삼각의 접근법을 유용한 기술 혁신이라고 부른다.

다니엘의 계산식은 커피 농부들에게 수입을 예측할 수 있게 함으로써 권위를 주려고 하는 것이다. 스페셜티 프로그램에 대해서 이야기하고 생각하는 새로운 방법을 제공함으로써 그와 그의 동료들은 토론에서 어느 정도의 감정과 원망을 제거하였다.

공정무역의 쟁점은 특별한 논쟁거리가 된다. 공정무역 운동은 1980년대 말 가난한 나라의 농부들을 세계화의 과정에서 나타나는 전체적인 불공정으로부터 보호하는 방법으로 서부 유럽에서 시작되었다. 10년 후에 공정무역은 미국에서 전면에 부각되었고, 그때 미국의 소비자들 또한 해외에서 커피, 초콜릿, 면, 그리고 다른 귀중한 일상용품을 생산하는 노동자들의 끔찍한 노동 조건을 인식하게 되었다.

공정무역 프로그램에 참가하기 위해 커피 농부들과 커피 로스터들 모두 큰 대가를 지불한다. 미국의 공정무역 단체인 'Trans Fair USA'는 미국에서 판매되는 공정무역 커피에 대해 파운드당 약 10센트의 허가료를 받아서 매년 약 200만 달러를 모은다. 공정거래 USA는 이 금액을 거의 전부 자체 유지 비용으로 사용하고 있다.

그 연결고리의 한쪽 끝에서 커피를 재배하는 협동조합들이 1년에 2,000~4,000달러씩 지불하고 국제공정무역 산하그룹 FLO에 의해 공정무역이라는 인가를 받는다. FLO는 회원 협동조합에서의 노동과 생활 조건이 공정무역 기준에 맞도록 보장해 준다. FLO는 협동조합에게만 공정무역 인가를 내준다. 개별적인 농장은 크든 작든 공정무역으로 인가가 날 수 없다.

공정무역 프로그램에 가입하면 커피 협동조합은 생두 1파운드당 최소 1.21달러의 가격을 보장받는다. 또한 커피가 유기농이면 1.41달러를 보장받는다. 커피 가격이 1999년에 파운드당 50센트로 떨어져서 여러 해 동안 그 상태를 유지할 때 공정무역은 농부들에게 생명줄이었다. 제프는 인터넷 게시물에 아래와 같은 요지의 글을 썼다.

"지역 수출업자들에 의해 좌지우지되었던 소농들의 안전을 지키자는 공정무역의 기치 아래, 협동조합들이 교외 지역에서 하나둘씩 생겨나는 것을 저는 보았습니다."

커피 가격이 올라갈 때 아라비카 커피의 공정무역 최소 가격은 2006년 6월 파운드당 1.26달러로 인상할 예정이었지만, 보조를 맞추지 못했다. 2007년에 유기농 프리미엄과 공정무역 프리미엄-소위 '사회적 프리미엄'이라고 하는-은 각각 5센트씩 인상됐다. 그린마운틴 커피의 사회보장 담당 이사인 릭 페이저는 FLO 위원인데, 그는 이렇게 말했다.

"1파운드에 10센트라는 사회적 프리미엄은 새로운 학교를 짓는다거나 도로, 병원 같은 사회적 공익 사업을 위해 협동조합이 별도로 관리해서 사용합니다. 사회적 프리미엄을 사용하기 위해서는 민주적으로 투표를 거치면 됩니다."

릭은 공정무역 시스템에 대해 이렇게 전망했다.

"완전하지는 않지만 그래도 공정하며 투명하다고 봅니다. 모든 것이 신뢰할 만하다는 것을 확실히 하기 위해서 농부 개인까지 거슬러가는 감사를 통해 추적합니다. 그 협동조합은 각 농부들이 자기 커피로 인해 현금 또는 무슨 혜택을 받았는지 증명할 수 있는 장부를 보관해야 합니다."

최근에 제프와 일부 다른 최고급 스페셜티 구매인들은 본인들이 공정무역 시스템에 참가하는 것에 대해서 다시 생각해 보았다. 그들은 공정무역 지정이 품질을 의미하지는 않는다는 사실에 반대했다. 제프는 이렇게 말했다.

"소비자들은 FT라벨이 인도적인 조건에서 재배된 고품질의 커피를 의미한다고 가정하고 공정무역 커피를 구매합니다. 그러나 그건 그렇지 않습니다."

더욱이 공정무역 운동은 다국적 기업인들에 의해 다소 도용되어 왔다고 그는 믿는다. "그 프로그램이 확장되고 대규모 로스팅 회사들의 참가를 적극적으로 부탁함에 따라 스스로 진퇴양난에 빠졌습니다."라고 제프는 어느 이메일에 썼다.

"이들 다국적 기업들은 커피 가격이 조금이라도 인상되는 것에 대하여 강하게 반대 운동을 펼칩니다. 그러나 전체적인 물량으로 볼 때, 그들은 빠르게 공정무역의 가장 큰 구매자들 중 일부가 되어가고 있습니다. 폴져스나 네슬레 같은 회사들의 이익은 스페셜티 사업의 목적과 부합하지 않습니다."라며 제프는 말을 이었다.

"초기에 공정무역을 택했거나 오랫동안 공정무역에 참가해온 많은 회사들은 점차 환멸을 느끼고 있습니다."

제프는 인텔리젠시아가 전에 Trans Fair USA에 지불하던 파운드당 10센트를 농부들에게 직접 줌으로써 기반 시설을 개선하고 삶의 질을 높이고자 하였다. 비록 일부 인텔리젠시아 커피는 공정거래로 인증된 농장에서 계속 공급받지만, 인텔리젠시아는 공정무역 인증비를 더는 지불하지 않았다. 스텀프타운은 철회할 것을 고려해 보았지만 철회하지는 않았다. 이들 두 회사들과 카운터 컬처는 공정무역 가격보다 적어도 25% 이상을 농부들에게 정기적으로 지불하고 있다.

릭 페이저는 품질을 평가하는 일을 공정무역이나 어떤 인증 프로그램이 해주어야 한다는 생각을 비웃으며 이렇게 말했다.

"인증 시스템의 '검인도장'을 보고 그걸 믿고 구매를 결정하는 커피 구매인을 저는 단 한 명도 알지를 못합니다. 제가 아는 모든 커피 구매인들은 커피로 뽑아졌을 때의 품질을 자기들의 기호에 따라 신중하게 평가해서 구매를 결정합니다."

올라가는 커피 가격 때문에 공정무역 문제는 더욱 혼란스러워졌다. 2008년 1월에 보통 품질의 커피는 뉴욕 C-마켓에서 공정두역 가격 이상으로 거래되고 있었다.

"지금 우리가 몸담고 있는 고급 시장에서 공정무역을 비관하기는 쉽습니다."라고 릭은 말했다.

"가격이 높을 때는 농부들은 어떤 이익도 보지 못합니다. 저는 FLO 위원회에 있었고 어떤 일들이 일어나는지 보아왔습니다. 가격이 곤두박질칠 때는 공정무역은 보험같은 역할을 합니다. 이런 일은 주기적으로 일어나고 있지요. 10년 전 가격이 붕괴돼서 농부들이 가족들의 생계조차 힘들어 졌을 때 라틴 아메리카 60만 명의 농부들이 미국으로 이민 가는 것을 보았습니다. 그때가 모든 사람들이 공정무역 협동조합에 가입하고 싶어할 때였죠. 일정 수준을 유지하는 것을 보호하기 위해서 우리는 공정무역이 필요하다고 생각합니다. 그것은 요술 총이 아니라 제 생각에 농부들이 가질 수 있는 최후의 보호 장치입니다."

릭과 피터, 제프 같은 사람들은 의견이 다른 동료와 친구로서 공정무역에 대해 논쟁했다. 그들은 서로서로 마음으로 존중하지만, 그들의 예의바른 행동이 항상 기준이 되는 것은 아니었다. 우리는 다시 EAFCA 회의를 하고 다니엘 지오바누치는 지속 가능성과 그 비용에 대해 이야기했다. 다니엘과 그의 동료들은 공정무역 논쟁으로 격렬한 감정을 불러온 커피 행사에 참석해서 이유와 계량화할 수 있는 기준을 토론에 제기했다.

그날 저녁, 내가 다니엘에게 고마움을 느낀 또 다른 이유가 있었다. 대규모 EAFCA 연회가 열리고 1,000명에 가까운 사람들이 아디스 쉐라톤으로 내려왔다. 나는 아는 사람이 아무도 없어, 칵테일 시간에 구석에 자리를 잡고 보고서를 끄적거렸다. 잠시 후 디너 파티를 위해 무도장으로 모이라는 안내방송이 나왔다. 나는 자리를 찾아 큰 무도회장을 배회하다가 다니엘과 마주쳤다. 그는 본부석에 앉아 있었다.

"당신이 함께 재미있게 식사할 만한 적당한 사람들을 찾아 드릴께요."라며 나를 데리고 그 큰 방을 이리저리 데리고 다녔다. 그는 "안 돼요, 이 사람들은 둔해요. 안 돼요……이 사람도 안 되고……" 그러다가 우리는 턱수염을 기르고 수를 놓은 빵모자를 쓴 신사들이 앉아 있는 테이블에 이르렀다.

"이곳이 당신이 앉을 자리입니다."라고 다니엘이 말했다. 그는 샤비르 에지라는 이름의 터번을 두른 사람에게 나를 소개했다. 에지는 이슬람교도 무역인이며 이스마일파의 신도였다. ―아가 칸은 이스마일파의 영적 지도자다. 전 세계에 걸쳐 약 100만 명의 신도들이 있고, 그들은 파벌적인 논쟁에서는 결코 어디에도 편들지 않는 것으로 유명하다. 그들은 모든 사람과 무역 거래를 하고 있다. 이스라엘, 이집트, 중국, 아프가니스탄…… 나의 저녁 파트너는 500년 동안 인디아에서 종이 무역업으로 번창하며 평화롭게 잘 살아온 일가의 원로였다. 예멘 정부가 그에게 커피 시장을 개척하려고 하는데 도와줄 수 있는지 물었다고 한다.

예멘은 빵 한 덩이 사는 것처럼 쉽게 칼라슈니코프*를 살 수 있는 나라로 몇 가지 공적인 관계와 마케팅 문제를 가지고 있다. 그래서 에지는 그의 가족을 거기로 옮겨서 500년 전에 확립된 예멘의 커피 무역에 대해 그가 배울 수 있는 모든 것을 배우려고 하고 있었다. —예멘의 항구도시 알 노카는 모카란 별명으로 커피를 제공했다.

에지와 나는 저녁을 먹으면서 계속 이야기를 나누었다. 그의 이야기에 따르면, 커피의 기원은 에티오피아가 아니라 예멘이다. 이 점을 증명하기 위해서 그는 아리비안 나이트에 나오는 염소가 점프하는 케파 신화를 들었다.

"커피를 에티오피아 말로 하면 부나buna이고, 케파Kefa 혹은 카파kafa는 커피를 나타내는 아랍어지 에티오피아어는 아닙니다."

이렇게 그는 마음속에 커피의 기원지는 에티오피아가 아니라 예멘이라고 확신하고 있었다. 비록 대부분의 전문가들이 커피는 에티오피아에서 기원되어 발전되고, 후에 예멘으로 전파되어 그곳에서는 1,500년 전에 경작되었다고 생각하고 있지만, 어느 쪽이든 예멘의 햇볕에 건조시킨 커피는 몇백 년 동안 높이 평가받아 왔다. 다만 최근 몇십 년 동안 그 품질에 의문이 생겨 어려움을 겪었다.

쉐라톤에서 저녁식사를 마치고 피터와 힐튼호텔의 바에 가서 커피인들과 함께 자리를 했다. 전쟁 이야기가 오고 갔다. 스페셜티 커피에는 남성이든 여성이든 똑같이 이렇게 남자다움을 과시하는 일이 있다. 날씬하고 천사같이 얼굴이 깨끗한 리비 에반스는 커피 수입업체인 데이빗 그리스월드에서 일하고 있는데, 그녀는 탕가니카 호수에서 수영하

---

*칼라슈니코프 : 러시아의 경기관총.

는 것에 대해 이야기했다.

"그곳은 당신을 죽일 수 있는 것들로 가득차 있어요. 그렇지만 그것은 당신이 해야만 할 그런 것들 중 하나에 불과합니다."

화제는 무서운 비행기 탑승으로 옮겨갔다. 술에 취해 나타나서 이륙하는 동안 승객들에게 소리치는 말라위 항공의 어느 조종사에 관한 이야기였다. 그는 이렇게 소리치곤 했다.

"자! 여러분, 로큰롤이나 한바탕 춥시다."

나와 함께 앉았던 다섯 명의 커피인들도 모두 그렇게 위험한 비행을 한 적이 있다고 했다. 그곳에서는 폭풍우 속에서 그 작은 비행기가 흔들리는 것이 마치 작은 배를 타고 허리케인을 빠져나오는 것과 같았으며, 조종사들은 산간 지대의 가설 활주로를 지나치기도 했다고 말했다. 그 대화는 일종의 귀신 쫓아내기처럼 나를 깜짝 놀라게 했다. 요점은 커피 생산국을 여행한다는 것이 아주 위험하다는 것이었다. 피터, 제프, 듀안은 콜롬비아의 산간 지대에서 커피를 구매하는데, 거기에서는 마약 전쟁과 시민 전쟁이 몇십 년간 질질 끌고, 사람들이 항상 납치당했다. 커피는 그렇게 위험한 산간 지대에서 자라고 있다. 어떤 해에는 커피를 사기 위해 위험을 무릅쓰고 마약 거래자들과 반정부 집단이 지배하고 있는 지역으로 걸어가거나 당나귀를 타고 들어가도 안전하고, 그리고 어떤 해에는-글쎄, 안 가는 것이 더 좋다. 어떻게 알겠는가? 올해가 잘못 계산해서 두 눈 사이에 총을 맞고 이생을 마감할 해가 될지 누가 알겠는가? 커피인들은 이러한 이야기를 어느 정도 재미있어 하면서 숙명론적으로 얘기했다. 그러나 한 꺼풀만 벗겨보라. 그러면 때로는 그것이 얼마나 끔찍한지 알 것이다. 그들은 제프에 대해 이야기했다. 그들이 말하기를 제프는 알코올과 파티로 악명이 높았다. 피터가 나에게 말했다.

"올해는 좀 낫습니다. 작년에는 그가 갑자기 지나치게 흥분하여 우리의 짐 모리슨*이 되지 않을까 걱정했습니다."

이 이야기는 쓸데없는 가십거리 이상이다. 제프는 사랑받고, 다른 사람의 부러움을 사고 있다. 그 친구에겐 감탄하지 않을 수 없는 무엇이 있었다. 나는 이것을 아디스에서의 첫날밤 에티오피아 전통 식당에서 피터, 제프, 팀, 그리고 다른 커피인들과 저녁식사를 했을 때 보았다. 그곳은 양탄자, 바구니, 은으로 된 장신구, 청동 쟁반 등으로 장식이 되어 있었는데, 모든 장식품들은 유목민 대장이나 부자인 낙타 목동의 텐트 안에서 발견할 수 있는 것이다. 300~400명의 사람들이 그 클럽을 혼잡하게 했는데, 그는 버드나무 가지로 만든 스툴과 소파 위에서 휴식을 취하고 있었다. 공연이 진행되는 중에 댄서들 중 한 명이 관객 중에서 한 명을 뽑아 이국적인, 뱀같이 머리와 어깨를 흔드는 동작을 가르쳐야 했다. 그녀는 누구를 선택하겠는가? 돈 많은 에티오피아 상인? 잘 생긴 관광객? 아니었다. 그녀는 비록 제프가 남루한 옷차림에 그 지방의 달콤한 와인 '테이Tej'에 취했음에도 그를 택했다. 그가 돈을 잘 쓸 것처럼 보여서 그를 택한 것은 아니었다 내 느낌에, 그가 틀림없이 황옥黃玉 같은 눈을 똑바로 뜨고 그녀를 쳐다보았을 것 같다. 마치 헤드라이트처럼 말이다.

스페셜티 커피 공동체에서는, 제프가 강렬하고 두려움 없이 그의 삶과 인생에 쏟는 것이 그를 죽게 할 수도 있다고 인식하는 사람들이 있었다. 모든 운동은 비극적인 영웅을 갖는다. 로스앤젤레스 그라운드워크 커피

---

*짐 모리슨(Jim Morrison) : 록 밴드의 전설적인 싱어, 1971년 27세에 약물 과다 투여로 사망.

의 릭 라인하트는 나중에 나에게 '제프가 우리들의 영웅'이라고 말했다.

EAFCA회의에서 나는 많은 것을 배웠다. 많은 사람들을 만났지만, 두 번째 날이 지나자 몸이 근질거리기 시작했다. 에티오피아에 있으면서 커피 농장 하나 보지 않고, 이르가체페를 방문하지 않는 것은 미친 것으로 여겨진다. 그러나 농장을 방문하는 것은 우리 일정에 포함되지 않았다. 며칠이 지나면 피터와 제프와 나는 각자의 길을 갈 것이다. 그때까지 피터와 제프는 아디스아바바에 머무르면서 많은 커피를 커핑해보자는 생각뿐이었다.

그래서 다음 날 아침식사 후에, 나는 린지 볼거의 식탁에 들렀다. 그녀는 2,500만 달러를 거래하는 상장 회사인 버몬트의 그린마운틴 커피 로스터스에서 커피 공급과 고객관리 담당 이사로 일하고 있었다. 나는 전에 린지를 스치듯 한 번 만난 적이 있었다. 나는 피터와 제프가 그녀를 로스터이자 유별나게 예민한 미각을 소유한 커퍼이며, 전 세계에 커핑 기술을 가르쳐서 커피 산업에 큰 공헌을 한 스타라고 생각한다는 것을 알고 있었다. 내가 물었다.

"혹시 원산지로 여행할 계획이 있으신가요?"

그녀는 나를 쳐다보며 내 질문을 잠시 생각하고는 말했다.

"저는 한 시간 있으면 바이어 그룹과 함께 시다모와 이르가체페로 이틀 밤을 자는 여행을 떠날 거예요."

그녀는 내가 빨리 준비할 수 있으면 동행해도 된다고 말했다. 나는 서

들러서 여행단에 합류했다. 거기에는 또한 린지와 피트가 새로 고용한 커피구매 담당이사 쉬린 모아야드, 오리건주 포틀랜드에 있는 사회적 의식이 있는 수입회사 서스테이너블 하비스트에서 온 22세의 사랑스런 얼굴을 한 리비 에반스, 30대 후반에 콜로라도에서 서스테인너블 하비스트 업무을 맡은 사진가로서 억척스런 여성인 킴 쿡, 릭 페이서, 그리고 미니애폴리스에 본사를 둔 카페 임포트에서 30대 후반에 재무를 맡았다가 지금은 대표인 제이슨 롱도 있었다. 이 여행단은 민노 시몬스가 이끄는데, 그는 암스테르담에 본사가 있는 무역회사 트라보카를 경영하는 젊은 네델란드의 무역업자다. 트라보카는 아프리카 유기농 커피의 공급원인데-이는 고품질의 원두를 찾아서 농부들과 허가받은 수출업자들과 협력하여 피터, 제프, 그리고 듀안 같은 구매자를 대표하는 수입업자들에게 판매하는 것을 의미한다. 이 제도는 아즈 복잡하지만, 그것이 에티오피아와 커피가 자라는 지역에서 행해지는 방식이었다.

멘노는 2004년에 트라보카를 설립했는데, 그 회사의 지분 35%를 가지고 있다. 그는 10년 동안 에티오피아에서 일해 왔다. 1998년에 그는 최초의 유기농 커피 인증 프로그램을 그 나라에 도입했다. 많은 고급 커피들이 에티오피아에서 유럽, 미국, 그리고 일본으로 수출된 것은 그 때문이다. 카운터 컬처, 인텔리젠시아, 스텀프타운, 피츠, 서스테이너블 하비스트, 그리고 그린 마운틴도 멘노에 의존해서 커피를 공급받는다. 제프, 피터, 듀안 모두 그를 사랑했다. 듀안은 사실 멘노와 함께 암스테르담에서 사업할 꿈을 꾸고 있는데, 그 사업이란 듀안 말에 따르면, 구석진 까페에서 기억에 남는 카푸치노코다 (법적인)마리화나를 사기가 더 쉬운 도시에 스텀프타운 스타일의 커피점을 내는 것이었다.

우리 여행의 첫 번째 여정에서 나는 린지, 쉬린, 그리고 릭 페이저와

한 트럭에 탔다. 우리들 중의 누구도 교외로 나가본 적이 없어서 우리는 열심히 창밖을 보았다. 리프트 밸리를 지나 남쪽으로 산간 지대까지 뻗어가는 포장된 2차선 도로 양쪽으로 여기저기 마을이 보였다. 에티오피아에는 길이 많지 않았는데, 그 길도 2년 전에 피터와 제프가 처음으로 이르가체페까지 갈 때 탔던 길이었다. 우리가 마을을 지나갈 때 그 길에는 밝은 오렌지색의 차양이 덮여있어 마부를 햇볕으로부터 보호하는 마차, 자전거, 보행자, 당나귀 수레를 끄는 남자들, 밝은 색의 유니폼을 입은 학생들, 손잡고 걸어가는 여학생들, 손잡고 걸어가는 남학생들-에티오피아에서는 성별이 같은 성인들이 손잡고 간다*-자외선과 먼지로부터 보호해주는 흰색 톤의 투명한 싸개를 두른 여성들이 지나가는 것을 볼 수 있었다. 뚱뚱하고 등이 튀어나온 소들은 마음대로 길을 건넜다. 가는 곳마다 유카립투스 나무와 진하게 볶은 커피 냄새가 났다. 길을 따라서 상인들이 감자와 스쿼시를 팔았다. 우리가 당나귀가 먼저 지나가도록 속도를 늦추자 한 어린 소녀가 손을 내밀며 "돈 좀 주세요! 돈요, 돈, 돈, 돈!"하는데, 이는 우리가 며칠 동안 계속 듣게 될 낯선 사람들에게 보여주는 청원이었다.

교외로 더 멀리 나가자 초가집, 소떼, 큰 빨래 짐을 나르는 등이 굽은 여성들, 그리고 놀랍게도 길가에 탁구 테이블들이 놓여 있는 것을 볼 수 있었다. 우리는 사람들이 왜 고속도로 가까이서 노는지 이해가 되지 않았다.

우리는 지나가면서 승용차는 거의 못 보고 트럭과 밴을 많이 보았다. 거의 모두 도요타 자동차였다. 미국 자동차는 보기 힘들었다.

날씨가 더웠다. 뜨거운 태양이 자동차 위로 직접 내리 쬐는데 에어컨

---

*미국에서는 이런 장면을 보면 수상한 눈초리로 본다. 동성애자가 많이 때문이다.

도 없었다. 피트의 구매인인 쉬린은 앞자리에 앉았다. 그녀는 멀미 때문에 항상 앞자리를 차지했다. 아버지쪽 혈통이 페르시안계임에도 불구하고 피부가 하얗고 금발인 그녀는 미국의 엘리트 학교를 다녔다. 그녀는 40대 초반으로 전 세계-8년 동안 싱가폴에서, 그 전에는 세계에서 가장 더운 파푸아 뉴기니-에 살아보았지만 더위가 여전히 괴롭히자 작은 스프레이로 주기적으로 얼굴에 물을 뿌리고는 우리에게도 뿌려주었다. 그녀는 피츠 회사에서 일한 지 몇 개월 되지 않았다. 샌프란시스코에 자리 잡은 그녀는 미국인들이 아둔하며, 미국에 산다는 것이 약간 모험적이라고 생각하고 있었다.

나는 라틴아메리카와 아프리카의 농부들을 돕자는 그린 마운틴의 프로그램에 대해 릭 페이서와 이야기를 나누었다. 56세의 릭은 얼굴이 젊어 보이며, 천사와 같은 공평한 마음을 가진 백발의 멋쟁이인데-그의 자유로운 추진력은 현명한 판단력과 결합되어 있다.-그래서 그가 많은 중역을 맡고 있는 것은 놀랄 일이 아니었다. 우리의 대화와 피터, 제프, 그리고 듀안이 커피 농부들을 위해 표현한 정열적인 관심을 생각해보면서, 나는 헛된 줄 알면서도 '커피 세계'에 있는 모든 사람이 '좌파'인지 물어보았다.

"무슨 말이죠?"라고 쉬린이 묻자 내가 대답했다.

"당신도 알잖아요. 좋은 일을 하는 사람들, 소외받는 사람들과 뜻을 같이 하는 사람들이요."

"저는 사업이란, 사람들을 가난에서 구제해 주는 것이라고 믿고 있어요."라고 쉬린이 날카롭게 반응했다. 나의 질문에 그녀는 기분이 상한 것 같았다. 그래서 나는 그 화제를 중단하고 관심을 린지에게 돌렸다.

말쑥하고 건장한 30대 후반의 린지는 길고 검은 거리에 독선적으로 보이게 하는 검은 눈썹, 그리고 청록색의 눈을 가졌으며, 아무리 더워도 흔들림이 없어 보였다. -그녀는 결코 지치는 것 같지 않았다. 린지는 커피인 중의 커피인이었고, 약간 스타의 기질을 가지고 있는 스타였다. 커피 평론가인 케네스 데이비드는 그의 온라인 사이트 〈커피 리뷰〉에서 "린지는 정직하고, 커피 재배자들의 도전과 업적에 대한 천재적인 이해와 동정심, 그리고 직업을 뛰어넘어 예술의 경지까지 이른 커피 사업으로 동료들로부터 대단히 존경을 받는다."라고 적었다.

그녀의 회사 그린 마운틴은 소량의 스페셜티 커피를 온라인으로 판매한다. 그렇지만 고품질의 대량 판매용 원두를 수퍼마켓과 주유소, 그리고 기타 중간 고객들에게 볶아서 파는 것으로 알려져 있다. 그것은 스페셜티 커피 사업 밖에서는 린지를 아는 사람이 거의 없다는 것을 의미한다. 그녀는 피터와 제프, 그리고 듀안이 주기적으로 모으는 언론 보도를 접하지 않고 있었다. 한편, 그녀는 주식 매입 선택권을 가지고 있으며, 아주 안정된 회사에서 일했다. 그녀는 버몬트에 사는데, 함께 일하는 많은 사람들이 그녀의 삶이 아주 훌륭하다는 것을 인정했다. 그 여행에 참석한 다섯 명의 여성들 중 린지와 나만 결혼을 해서 아이들이 있었다. 그녀의 아들은 7살이다. 그녀의 남편은 기술자로 재택 근무를 하는데, 그래서 그녀가 직업을 갖고 일하기가 더욱 쉬운 편이었다. 1년에 6개월을 여행한다는 것이 항상 쉬운 일은 아니다. 린지가 말했다.

"나는 항상 사물들의 맛과 향에 대해서 총체적으로 관심을 가져왔습니다. 이러한 일에서 나는 잃어버린 종족을 찾은 기분입니다."

그녀는 로체스터 교외의 '향기로운 집'이라고 부르는 곳에서 자랐다. 그녀의 어머니는 열정적인 정원사였다.

"우리 집은 책과 허브와 오래된 카펫 냄새가 났습니다. 나는 항상 여러 물건의 냄새 맡기를 즐겼죠. 나는 우선 냄새를 맡아보기 전에는 아무것도 살 수 없었습니다."

1987년 린지는 워싱턴주 올림피아에 있는 워싱턴 주립대학의 학생으로서 뱃도프앤브론슨 커피 로스터스 회사에서 일하기 시작했다. 그녀는 커피를 좋아했고, 여성에게 전형적인 직업으로 보기 어려운 커피 로스팅에 매력을 느꼈다.

"저는 로스터였다가 로스트 마스터가 된 완벽한 고객이었죠."

2007년에 87세의 일기로 세상을 떠난 전설적인 알프레드 피트는 그녀의 멘토였고, 그녀가 시음가로서 타고난 재능을 더 높은 수준으로 끌어 올리도록 도와주었다. 피트는 네덜란드 사람으로-그의 아버지가 작은 커피 로스팅 가게 하나를 가지고 있었다-그는 미국으로 이민 와서 1966년 버클리에 '피트 커피 앤 티' 회사를 시작했다. 커피에 대한 그의 지식은 백과사전이 따로 없었다. -그는 예민한 미각과 컵에서 느낀 맛을 멋진 언어로 풀어내는 재주를 갖고 있어서 유능한 강사가 되었다. 1989년 린지는 피트를 어느 세미나에서 만났다.

"나는 순수한 열정을 가지고 있었는데, 알프레드는 나에게 48시간의 강습을 지도해 주었습니다."

그들은 몇 년 동안 가까이 지냈다.

"아버지를 만나는 것 같았어요. 그로부터 많은 것을 배웠습니다."

오후 6시경이었다. 우리는 예정보다 한 시간 늦은 11시에 출발한 데다가 길도 나쁘고, 점심식사 시간도 길어져서 더 많이 지체되었다. 우리가 시다모 지역 5,500여 명의 농부들을 대표하는 쇼에 다다 협동조합의 워싱washing 사업소에 도착하자 날은 어두워지고 있었다. 각 농부들은 겨우 0.5헥타르의 농지만 경작하고 있는데, 그 땅은 임대였다. 유럽 법에 의하면 땅을 개인이 소유하기는 거의 힘들다. 농부들은 땅을 저당잡히거나 팔거나 혹은 재산을 늘릴 수가 없다. 커피 이외에도 농부들은 가족들을 먹여 살리기 위해 채소도 재배한다. 유럽 정부가 당황할 정도로 수백 만 명의 사람들이 카트khat를 재배하는데, 이는 잎사귀와 가지를 씹으면 암페타민 같은 각성제가 나오는 식물이다. 카트는 씹는 사람의 이빨을 초록으로 변색시키는데, 에티오피아의 시골에서는 이가 변색된 사람을 흔히 볼 수 있었다. 커피 가격이 내려가면 카트의 생산량은 어쩔 수 없이 증가했다.

시다모 농업 단체의 대표들이 우리를 몇 시간 동안 기다리고 있었다. 리니 에반스는 꽤 정보통이어서 GPS를 하나 가지고 있었다. 그녀가 말했다.

"우리는 북쪽으로 향하고 있어요."

고도는 1,994미터로 6,000피트가 넘었다. 이상하게도 많은 커피 재배인들은 자신들의 농장이 얼마나 높이 있는지 모르고 있었다. 그들은 할아버지나 이웃들에게서 들은 숫자를 그냥 반복할 뿐이었다. 언젠가 파나마의 어느 커피 재배인은 라틴아메리카의 커피 재배인들에게 그들의 커피 농장 고도를 물으면 애써서 과장한다고 말했다. 마치 남자들에게 몇 명의 여성을 만났었냐고 물으면 과장해서 대답하는 것과 같다는 것이었다.

비가 올 것 같았고, 산 위의 공기는 시원했다. 멘노, 쉬린, 린지, 제이슨, 릭, 그리고 나는 가파른 초록색 계곡과 반대편에 나무로 뒤덮인 산이 훤히 내려다 보이는 농가의 창고를 따라 둥글게 놓여 있는 나무로 된 작은 의자로 안내 받았다.

초록색 셔츠와 카고 바지, 그리고 검정색 러닝 슈즈 차림의 멘노가 회

◐ 에티오피아 트라보카 커피에서 커핑하는 장면 ⓒ사진/유필문

◐ 에티오피아 트라카 커피의 최고 책임자 에브라암 ⓒ사진/유필문

의를 이끌었다. 위트와 재치가 넘쳤다. 작고 날카로운 모습의 금발 머리를 한 멘노는 그의 회사 트라보카를 통해 시다모와 이르가체페의 농부들과 유기농 커피의 품질을 향상시키기 위해 일해 왔다. 2005년에 맺어진 기업과 개인의 협력 관계의 일환으로, 트라보카는 그들이 가장 긴요하게 필요한 순서에 따라 30개의 유기농 커피 협동조합에 커피에서 과육을 제거하는 펄핑 머신, 세척 장비, 건조된 상태로 껍질을 벗기는 기계, 건조대, 커핑룸 시설, 그리고 동력기를 새로 구입했다. 그러한 모험적인 사업은 지난 2년 동안 투자를 받아 왔는데, 앞으로 8년간 더 투자될 것이라고 했다. 트라보카는 회사 자금 약 37만 5,000달러를 투자했고, 네덜란드 정부도 60만 달러의 보조금을 제공했다.

17명의 재배자들이 허름한 셔츠와 바지, 닳아 해진 구두를 신고 멘노와 구매자들 반대편에 앉거나 서 있는데, 그들은 모두 정식으로 사업을 하는 것처럼 행동했다. 농부들과 회사의 대표들은 구매자들을 주의 깊게 바라보았다. 많은 농부들의 얼굴은 조각한 듯하고 몸은 몹시 여위어서 홀쭉했다. 나머지 사람들은 좀 더 둥글고 아프리카나 아시아인처럼 생겼다. 모두 햇볕에 타서 피부색이 밝은 갈색부터 어두운 갈색까지 다양했다. 그들 농부들에게는 끔찍하게 어려운 시간이 있었다. 지난 몇 년 동안 커피 가격은 1999년에 강타했던 가격 붕괴에서 원래 가격으로 다시 올라가고 있지만, 예측할 수 없는 날씨와 사회적 생산 기반의 부족으로 농부들은 어려움에 빠졌다.

시다모 연합Sidamo Union으로 대표되는 대부분의 커피 재배인들은 아직도 전기나 수도 시설이-물은 아주 풍부함에도 불구하고-없는 지역사회에 산다. 사실 그 지역은 물이 너무 많아서 어려움이 있었고, 커피 수확도 몇십 년 만에 내린 폭우로 망쳤다. 쇼에 다다 협동조합장은 투표로 선출되는데, 전체 시다모 연합의 위원장을 겸했다. 시다모 연합 산하에는 36개의 큰 협동조합이 있는데, 농부의 수는 15만 명 정도였다.

시다모 같은 큰 연합 단체들은 커피를 판매하고, 수출도 할 수 있는 법적인 권리를 가지고 있었다. 연합 단체들은 커피를 도정하거나 도정되는 것을 확인한다. 그들은 아디스의 CLU(에티오피아에서 생두를 평가하여 등급을 매기는 기관)에서 커피를 커핑하거나 맛을 본 다음 경매에서 판매를 감독한다. 이렇게 복잡한 지구촌 환경에서, 이러한 많은 연합들이 생필품 무역업자들이 하는 행하는 방식을 채택하기 시작했다. 투기(投機) 방식으로 구매하고 판매하여 스스로를 보호하려고 하는 것이다. 국제적인 금융 게임을 하려는 이러한 노력은 위험해질 수 있었다. 시다모 연합의 전 위원장은 수백만 달러를 횡령한 혐의로 감옥에 갖혔다. 이러한 혐의는 조작된 것일 수도 있고, 그렇지 않을 수도 있다. 그들은 국제시장에서 그 연합의 지위를 지키려는 노력과 관련지을 수도 있고, 그렇지 않을 수도 있다. 우리가 어디를 가든, 에티오피아인들과 비 에티오피아인들은 이 문제들을 토의하고 있었지만 아무도 확실한 정보를 가지고 있는 것 같지는 않았다. 확실히 알려진 것은, 시다모 연합이 공정무역 인증을 빼앗길 위험에 처했고, 아무도 우리에게 그 이유를 정확하게 얘기해 주지 않는다는 것이었다. 그러기에 모든 것이 혼란스러웠다.

이전 몇 년간 쇼에 다다 협동조합은 1년에 13컨테이너의 커피 -거의 5,000파운드-를 팔았다. 올해 그 협동조합은 팔려는 커피의 반만을 수확할 것이다. 멘노는 양이 왜 그렇게 심하게 줄었는지 모른다. '흡혈귀 같은' 개인들이 침입해서 커피를 감쪽같이 채가고 있나? 그렇지 않으면 이 수수께끼 같은 일의 원인을 농경법에서 찾을 수 있는 것인가? 멘노가 상당히 많은 시간을 에티오피아에서 보내고, 아디스(그 협동조합

커피 원두를 고르고 있는 에티오피아 사람들. ⓒ사진/유필문

들과는 거리가 멀다.)에 거주하는 에티오피아인을 정식 직원으로 고용하고 있지만, 협동조합 안에서 무슨 일이 일어나고 있는지 정확히 이해하지 못하고 있었다.

멘노는 에티오피아 사람들이 올바르게 도와주기만 한다면, 훌륭한 커피를 끊임없이 재배할 수 있다는 확신으로 사업을 추진하고 있다. 그러나 지금은 지속성과 수익성이 보장되지 않는다. 멘노는 에티오피아에서 시간과 재원을 쓰고 있다. 가장 맛이 좋은 커피를 재배하는 협동조합을 찾아 널리 여행하고, 그들과 함께 일하고, 그들의 생산 기반을 한 단계 끌어 올리고, 농경법을 개선하여 유기농 인증을 받을 수 있도록 자금 지원을 해주고, 그리고 원두를 팔 수 있도록 도와주는 것이다. 어떤 사람들은 멘노가 분에 넘치는 욕심을 내고 있다고 생각했다. 하지만, 그들은 멘노가 달성하려고 노력하는 것에 감탄했다. 스스로 몸과 마음을 받쳐 에티오피아의 농부들을 스페셜티 마켓으로 끌어 들이려고 노력하는 아웃사이더는 많지 않았다.

우리가 방문하는 그날 멘노는 무엇 때문에 쇼에다다의 생산량이 그렇게 극적으로 줄었으며, 앞으로 생산을 늘리려면 어떤 도움이 필요한지 알고 싶어했다. 영어와 암하라어語를 통역하는 사람은 아브라함 베가쇼라는 에티오피아의 커피인인데, 트라보카의 아디스 사무실에서 멘노를 위해 일하는 전前 정부 관리였다. 생산성 감소에 대한 질문을 받으면, 농부들은 대답하기 전에 자기들끼리 이야기를 했다. 그들은 비를 이유로 들었다. 체리를 건조하는 것이 아주 어려웠고 재정적인 것도 또한 문제였다. 조합장이 말했다.

"은행에서 농부들에게 제 때 돈을 지원하지 않아요. 그래서 농부들은 커피를 개별적으로 팔고 있습니다."

끊임없이 부채에 시달리는 농부들은 이전에 심은 비용을 지불하기 위해 융자를 미리 당겨쓰고 있다. 이 돈이 일찍 나오지 않으면 농부들은 불리한 조건으로 돈을 빌릴 수밖에 없고, 그리고 갚아야 하는 압박 때문에 자기들의 커피를 떠돌이 상인들에게 팔아버린다. 이 떠돌이 상인들은 그들의 자포자기 상태를 이용하는 것이다. 이 떠돌이 상인들을 라틴아메리카에서는 '코요테'라고 부르는데, 원하는 사람 누구에게든 원하는 만큼 판다. 이 떠돌이 상인들 중 어떤 사람들은 공평하지만 어떤 사람들은 폭리를 취했다. 린지가 물었다.

"협동조합이 은행에서 미리 융자를 받으려는 서류를 잘 준비하지 않은 것이 문제인가요? 이것은 가끔 우리가 라틴아메리카에서 보게 되는 문제입니다."

그녀가 말을 하자 한 마리의 큰 새가 깍깍거리며 머리 우를 날아갔다. 그 협동조합에는 새가 많았다. 황혼이 질 무렵 나무 꼭대기에서는 새소리가 끊이지 않았다.

문제는 서류 작업을 준비하는 것보다 훨씬 더 심각했다. 지역 대표자들은 그들이 미리 융자를 받는 것에 무슨 일이 일어나는지 정확하게 알지 못했다. 하지만, 그들은 은행이 아디스 아바바에 있는 연합 단체에 돈을 풀고 거기에서 손실이 발생한다고 믿고 있었다.

황혼이 내리고 회의는 계속됨에 따라 결론은 현금이 아디스 아바바로부터 시다모로, 그리고 다섯 개의 개별적인 지역으로 퍼져 있는 현지 재배자들에게 적절하게 공급되지 않고 있다는 사실이었다. 그러나 아무도 그 어려움의 근원을 콕 찍어내지 못했다. 전기 부족, 통신수단의 부족, 아디스와 시다모 사이의 장거리와 더불어 많은 시장 참여자들로 인해 그 혼란은 커졌다. 몇몇 협동조합 직원들만 핸드폰을 가지고 있고, 농부들은 핸드폰이 없어서 아디스에 있는 그들의 대표자들과 완전히 연락이 차단된다는 것이 문제였다. 작은 무지개 하나가 하늘 저쪽에 걸려있었다. 빗방울이 우리 얼굴에 튀었다.

마침내 멘노는 그 연합 단체에 선先 융자 명목으로 자금을 제공해 왔지만, 그의 돈을 현지인들이 받지 못한다는 말을 들었다. 그는 혼돈에 빠졌다. 그의 돈이 모두 어디로 갔을까? 그는 연합 단체가 일부 협동조합에는 돈을 대면서, 다른 곳에서는 철수하는 식으로 장난치고 있는 것은 아니지 걱정을 했다. 문제는 부패인가 무능력인가? 아니면 기반 조직이 부족해서인가? 아니면 앞에 열거한 것 말고 다른 문제가 있는가?

멘토는 이렇게 말했다.

"연합 단체는 내부적으로 변해야 돼요. 이렇게 계속 놔둘 순 없습니다."

멘노는 '현지 협동조합의 통장에 직접 돈을 예치할 수 없을까?' 하고 생각해 보았다. 국립은행이 허락만 해준다면-그렇게 쉬울 것 같지는 않지만-가능할 것도 같았다. 사전 융자된 자금이 적절한 시기에 도착되면 세척된 커피를 2년 만에 17컨테이너를 생산할 수 있을 것이라고 농부들은 말했다.

농부들이 멘노와 구매인들에게 그들의 시설을 보여줄 때 산 주위에서 천둥이 쳤다. 멘노는 모든 커피를 처리할 건조 공간이 충분한지 물었다. 마을이 눈에 보이지는 않았지만 아이들이 웃고 뛰어노는 소리가 들렸다.

린지는 얼마나 많은 여성들이 재배 그룹에 속해 있는지 알고 싶어 했다. 127명으로 1%도 안 되었다. 그들 대부분은 과부들이었다. 여성들은 법으로나 관습으로나 에티오피아의 농부들처럼 독립적으로 움직이는 것 같지 않았다.

멘노는 농부들에게 두 달 내에 다시 오겠다고 말했다. 커피가 익기 시작하고 농부들이 수확을 위해 자금이 필요한 7월쯤에 어떻게든지 자금을 대려고 하고 있었다. 나는 멘노와 함께 트럭으로 돌아가는데, 그는 깊은 생각에 잠겼다.

나는 그에게 에티오피아에서 수익이 나는지 물었다.

"잘 모르겠어요." 그는 대답했다.

"나는 작년에 수백만 파운드의 에티오피아 커피를 팔았어요. 그리고 더 많이 팔 수도 있어요. 그런데 양을 조절할 필요가 있습니다. 그것은 시간을 투자하는 문제입니다. 여기에 같이 머물면서 신용을 충분히 쌓아야겠어요. 이 사람들과 일하면 변화를 이끌어 낼 수 있습니다. 저는 통상적인 무역 방식보다 그걸 더 좋아합니다. 저는 벽 하나가 없는 곳에서 춤추는 것을 더 좋아하는 것 같습니다."

이 말은 그가 위험을 무릅쓰는 사람이며, 그 위로 무너지는 벽들을 무서워하지 않는다는 것을 의미했다.

협동조합 사람들은 우리가 떠날 수 있도록 커다란 나무로 된 대문을 활짝 열었다. 그 협동조합의 커피가 유기농 기준에 맞는지 검사하려고 트라보카에서 고용된 직원과 유기농 검사원이 들어가려고 기다리고 있었다. 이 협동조합 또한 공정무역 인증을 받았다.

한 시간 반 거리에 있는 이르가체페를 향해 우리가 협동조합을 떠날 때 날은 완전히 어두워졌다. 우리는 아침에 이르가체페를 방문하기 전에 어느 아름다운 시골 호텔에서 하룻밤을 보낼 것이다. 산길은 안심할 수 없었다. 비가 내려서 황토로 된 질척한 길 위에는 바퀴 자국이 넓고 깊게 패여 있었다. 그때 우리 트럭의 전조등이 꺼졌다. 라이트가 고장이 난 것이다. 우리는 검은색 다이아몬드 스키 슬로프 꼭대기에서 눈보라를 맞으며 꼼짝없이 묶여 있는 스키인들 같았다. 비와 바퀴 자국, 그리고 어둠을 뚫고 가파른 산을 내려가는 위험한 상황이지만 다른 방법이 없었다. 운전사는 앞 차의 전조등을 이용하면서 우리 여행단의 또 다른 차를 향해 아주 조금씩 나아갔다. 나는 눈을 감고 이 하산이 끝나기만을 기다렸다.

목적지에 도착하니 9시였다. 우리의 목적지는 아그레가쉬 롯지라는 환경보호 관광호텔이었다. 이 호텔은 손님들의 숙박을 위해 개개의 오두막들로 이루어진 전통적인 시다모 마을을 본떠서 숲 속 깊은 곳에 지어졌다. 우리는 멀리서 들리는 기독교인들의 기도 소리-콥트교회의 사순절 행사 소리다.-에 일출 전 잠에서 깨었다. 이웃 마을의 독실한 신자들이 해도 뜨기 전에 야외에 모여 합창했다. 몇 분 후에 또 다른 마을에서 이슬람교도들의 기도 소리가 들렸다. 우리가 스웨터를 뒤집어 쓰고 숙소를 나가자 유향*과 우리가 머무는 초가로 된 숙소 근처에 야생으로 자라는 '밤의 여왕*'의 향이 코를 찔렀다. 전에 이렇게 좋은 냄새가 나는 곳에는 가본 적이 없다는 생각이 들었다. 그리고 새들도 너무 많았다. 피터와 제프가 이곳을 에덴동산이라 말했는데, 그렇게 과장해서 낭만적으로 말한 것은 아닌 것 같았다.

아침 공기가 쌀쌀했지만 우리는 바깥에서 아침을 먹었다. 우스꽝스럽게 생긴 콜로부스*원숭이가 멀리 떨어진 숲 속 나무 꼭대기에 숨어서 우리를 살짝살짝 엿보았다. 우리도 그들을 엿보았다. 린지는 손뼉을 치며 아침을 시중드는 여인에게 소리쳤다.

"부나Buna. 부나, 부나!"

"이곳에서는 미칠 것 같아요."라고 킴이 말했다.

＊유향(乳香) : 이스라엘 민족이 제례에 쓰던 동아프리카나 아라비아산의 고급 향료.
＊밤의 여왕 : 밤에 꽃이 피는 손가락 선인장.
＊콜로부스 : 꼬리가 발달한 아프리카산 원숭이.

"나는 지난밤에 우리 오두막에 커다란 유령이 있는 것 같았어요. 번개가 우리에게 내리친 줄 알았죠. 감전되어 죽는 줄 알았어요. 동물 소리도 들렸어요. 이 모든 기운이 자극되어서……"

"자칼과 하이에나가 밤에 나타났어요."라고 쉬린이 말한다.

"환각제가 여기에 있는 것 같아요."라고 누군가가 말했다.

"나는 공중에 에너지파가 있는 느낌이 들었어요."라고 린지가 말했다.

린지, 리비, 킴, 그리고 쉬린, 그 친구들은 숲 속으로 산책을 나갔다. 마치 드루이드 성직자*의 길을 가고 있는 것 같았다. 그러나 나는 가지 않았다.

나는 그 여성들에게 눈을 돌렸다. 쉬린은 키가 작은 편이나 나머지 3명은 키가 크고 날씬했다. 커피 무역업에 매력을 느끼는 여성들은 이렇게 날씬하고 다리가 긴 경향이 있는 건 아닌지 의아해하지 않을 수가 없었다. 그들 모두 운동선수들이었다. 쉬린은 승마와 폴로 경기자였다. 싱가포르에서는 매일 아침 말을 탔다고 말했다. 쉬린은 피트 회사와 최종 면접을 말 위에서 핸드폰으로 했다고 한다. 사진가인 킴은 함박웃음과 흐트러진 머리에 팔다리가 껑충한 체구로 하이킹, 스키와 자전거를 탔다. 위험하였지만 그녀는 운동에 열중했다. 부모 모두 숲 방랑자들의 딸로 태어난 리비는 올림픽 선수급의 승마 대호가였다.

"나는 그 경쟁이 좋았어요. 그러나 승마계에서 신사인 체하는 것, 상류 클래스인 척하는 것이 싫었어요. 그래서 지금은 그냥 자전거를 타죠."라고 그녀는 말했다. 그녀는 대학에서 유능한 조정 선수였으며 올림픽 진출도 기대했었다. 그 목표에 거의 다가갔는데 자기는 투쟁 본능

---

* 드루이드 성직자 : 기독교로 개종 전의 갈리아, 영국의 고대 켈트족의 성직자.

이 없다는 것을 알았다.

"내가 조정을 그만두는 그날이 내 생애에서 가장 행복한 날이었죠. 국가 대표팀에 뽑히기 위해 팀 동료들을 공격하고 싶지 않았어요. 올림픽에 진출하기 위해서는 그렇게 해야 했습니다. 너의 팀 동료를 물리쳐라. 내 안에는 그런 기질이 없어요. 그렇지만 아직도 나는 경쟁력이 있습니다. 남편과 나는 체육관에서 로잉 머신을 이용할 때마다 서로 경주를 합니다."

다리가 길고 활동적인 킴은 맡은 임무가 있어, 더 많은 사진을 찍기 위해 필사적이었다. 그래서 이르가체페 세척장 가는 길에 우리는 작은 콥트교회가 있는 마을에 들렸다. 우리가 차를 길 한쪽에 대자 그녀가 차에서 뛰어내려 우리가 방금 지나왔던 어느 집으로 가는 길로 다시 향했다. 우리는 눈부신 초록색의 무성한 잎과 새빨간 포인세티아로 이루어진 50피트 길이의 담장 앞에 주차를 했다. 포인세티아는 여기에서 야생으로 자라는데, 어느 곳에나 있었다. 마을 아이들이 우리를 둘러싸고 디지털 카메라를 가리키며 웃고 난리였다. 우리는 집 앞에서 그들의 사진을 찍어서 화면을 보여주었다. 그러자 그들은 자지러지게 웃었다. 우리는 아이들 사진을 더 찍어주었는데, 이번에는 엄마와 함께 찍었다. 킴은 길 아래로 달려와서 어느 노인과 그의 여러 명의 아내들과 함께 사진을 찍었다고 흥분했다.

"그 사람은 온통 주름과 마디 투성이 예요."라고 킴은 말했다.

"분명히 80세는 되었을 거예요. 저쪽에 있는 원주민 집단 거주지에서 서너 명의 아내와 함께 사는데 아장아장 걸어다니는 사내 아이가 있어요. 기껏해야 세 살 정도예요. 처음에 그 노인은 쑥스러워서 사진을 안 찍으려 했어요."

우리는 그 노인의 정력의 원인을 커피라고 보았다. 킴은 여행을 많이 했고, 실제로 진행되고 있는 것을 보는 눈을 가졌다. 조금 흐 우리는 또 다른 마을의 길에 차를 세웠다.

우리 모두는 밴에서 뛰어 내려서 돌아보았다. 그 마을은 푸른 식물들로 둘러싸여 있었다. 여성과 소녀들은 머리를 땋아서 뒤에서 말끔히 올렸다. 한 어린 소녀는 '베네통 문구'가 뚜렷이 새겨진 티셔츠를 입고 있었다.

킴은 공기를 들이 마시고는 멀리 뛰어갔다. 그리고 돌아와서는 마리화나-어쩌면 그것은 카트와 함께 자라난 마리화나일지도 모른다. 카트 나무와 카트 사용은 커피 재배 지역에만 한정되어 나타나는 특이 현상이다.-냄새를 맡았다고 말했다. 킴은 그 냄새를 따라 집단으로 걸어 들어가서 남녀가 피우고 있는 것을 보고 사진을 찍었다.

"소녀와 남자였는데 나를 보자 도망쳤어요."라고 말했다. 그녀가 겁이 없는 것에 나는 놀랐다.

우리는 세척장에 들렸다. 거기에서는 커피의 과육을 제거하고, 점액질을 제거하고 발효시켰다. 멘노는 방금 브라질에서 새로 들여온 핀할렌스 기계 비용을 지불했다. 핀할렌스는 3시간 내에 커피콩을 발효시켜서 잘 익은 빨간 체리를 가벼운 초록색 체리에서 골라낸다.

"이 지방 사람들은 이 기계를 악마라고 불러요."라고 멘노가 설명했다. 왜냐하면 이 기계가 초록색 체리를 받아들이지 않아서 커피의 질을 향상시키지만 그들의 수입은 줄어들기 때문이었다. 농부들은 커피의 무게에 따라 돈을 받는다.

창고에는 커피로 가득 찬 마대자루가 있었다. 린지가 말했다.

"저는 이 커피를 월요일에 커핑해 보았는데 아주 아름다웠어요."

멘노가 티셔츠를 농부들에게 나누어 주었다. 린지는 우리를 둘러싸고 있는 아이들의 손에 무지갯빛 물고기 스티커를 붙여주고, 우리가 찍은 사진을 보내주겠다고 약속했다. 그 아이들은 모두 우리의 빈 물병을 갖고 싶어 했다. 우리가 어디를 가든 아이들은 빈 물병을 갖고 싶어 했는데, 그들이 그것을 어디에 쓰는지 도대체 알 수 없었다. 아무도 모르는 것 같으나 한 가지는 분명했다. 그곳은 물자가 부족한 지역인 것이다.

그 다음 협동조합에서 멘노, 아브라함, 그리고 한 무리의 지역 주민들이 한참 동안 모여 있었다.

"항상 같은 이야기죠."라고 멘노가 질색하며 말했다.

"저는 이 커피에 대한 대금을 미리 주기 위해 수천 달러를 연합 단체에게 지불했어요. 그런데 그 연합 단체는 돈을 받았지만 농부들은 전혀 받지 못했습니다."

농부들은 어떤 일이 일어나고 있는지 몰랐다. 멘노의 말은 계속 이어졌다.

"그들은 항상 어둠 속에 갇혀 있어요. 정보가 한쪽으로 흐르고 신용이 없어요. 이 사람들은 정말로 화가 나 있습니다."

그도 역시 화가 난 것 같았다. 그는 대단한 투자를 했는데, 그 투자의 흔적을 보여줄 것이 없고, 팔 커피도 없었다. 그가 약속한 것을 전해줄 수 있다는 것을 알아줄 농부들과의 깊은 관계도 형성하지 못했다.

우리가 다시 멈추자, 멘노는 또 다른 그룹의 농부들을 만났다.

킴은 나가서 사진을 찍고, 그러고서 트럭 안으로 다시 점프했다.

"이보세요, 저 아이가 내 렌즈 케이스를 훔치려고 했어요."

그녀는 충격을 받았다. 이곳은 전통 사회이고 도둑질은 흔하지 않다. 그 미수에 그친 도둑이 우리들의 기분에 장막을 드리웠다. 우리는 아무

데도 가지 않고 트럭에 앉아 있는 것에 싫증이 났다. 멘노의 만남은 계속 되었다. 곧 아이들이 손을 벌리며 우리들을 에워쌌다.

"당신들은 항상 세계를 두루 알고 있다고 생각하나요?" 리비가 물었다.

"나를 아는 사람들은 내가 어디에 가서 무엇을 보았는지 묻지 않아요. 그들은 알고 싶지 않은 것 같아요." 리비의 달에 쉬린이 대답했다.

"내가 아디스 아바바에 다녀 온 것에 대해 말하면, 그들은 '그곳이 어디예요?' 라고 말하지만, 사실 그들은 알고 싶어 하지 않는다는 것을 알아야 돼요."

린지가 말을 받았다.

"다른 엄마들은 내가 아들을 두고 떠나는 이상한 사람으로 보는 것 같아요. 먼 여행에서 집에 돌아와서 생일 파티나 다른 모임에 가면 아무도 묻지 않아요. 그냥 곧장 돌아와요. 마치 아무 데도 안 갔던 것 처럼요."

멘노가 트럭으로 돌아왔다.

"나는 가격을 올려서 협동조합에 직접 지불하려고 합니다. 이 연합단체와는 더 이상 거래를 하지 않을 거예요. 우리가 위기 상황에 있다는 생각이 듭니다. 그리고 협동조합 친구들을 도와 줄 필요가 있습니다."

그 다음날 그 협동조합의 농부들은 서명된 서류를 멘노에게 전달하기 위해 아디스 아바바까지 장거리 여행을 했다. 그들은 그 연합단체가 아닌 멘노를 그들의 법적인 대표로 선임했다.

파나마 PANAMA

　누군가가 파나마의 보케테Boquete로 여행 중이라고 말한다면, 스페셜티 커피인들은 눈에 꿈 같은 풍광을 그릴 것이다. 보케테는 파나마 커피 산업의 조그마한 중심지이다. 단 할리의 기억할 만한 말에 의하면 신화적인 커피 게이샤Geisha가 탄생한 곳이다. 보케테는 게이샤가 아니더라도 3,300m 높이의 바루 화산 동쪽 경사면에 자리잡은, 꽃으로 뒤덮힌 커피의 카멜롯Camelot으로 많은 여행자들을 유혹한다. 햇빛은 빛나고 습기는 낮으며, 원주민들은 친절하며, 언덕은 새소리로 가득하다. 《포춘지誌》 편집장은 15,000명이 사는 이 마을을 세계에서 은퇴하여 살기 좋은 최고의 5개 장소 중 한 곳이라고 자신있게 말했다.

　2007년 4월에 열린 파나마 커피 경진대회에 25명의 스페셜티 커피 전문가들이 심사위원으로 참석하였다. 그들은 이곳에서 1주일 내내 지낼 것인지에 대한 물음에 대해 모두들 "YES"라고 대답하였는데, 이 말을 이해하는 것은 매우 쉬운 일이었다. 나는 커피 경진대회에 참석 겸, 또 게이샤 커피에 관해 더 많은 것을 배우기 위해 보키테에 간 것이다.

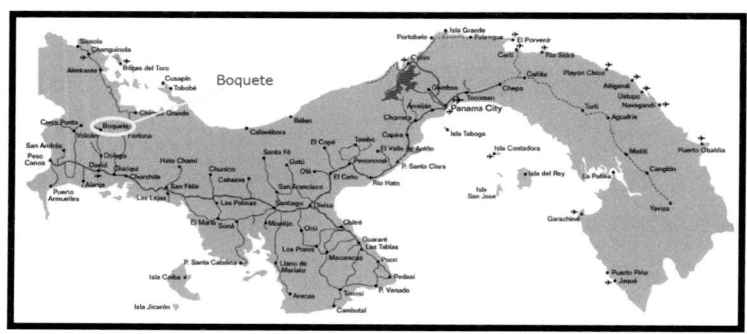

◐ 보케테 지도

　참가자 중 유명인사로는 게이샤 커피와 관련된 프로젝트를 수행하는 두 명의 네덜란드계 사람들인 멘노 시몬스와 윌렘 부트가 있었다. 멘노 시몬스는 에티오피아의 이르가체페를 최초로 방문한 커피 개발자이며, 윌렘은 2006년 11월 게이샤 커피를 향한 길고 힘든 여행을 계획한 컨설턴트이다. 윌렘은 몇 해 전 보케테 근처에 커피 농장을 구입하여 게이샤 커피를 재배하고 있으며, 멘노는 게이샤를 포함한 높은 품질의 커피를 재배하기 위해 에티오피아에서 커피 농장을 개척하고 있었다. 심사위원 중 또한 사람인 조셉 브로드스키는 콜로라도의 소규모 커피회사인 '노보 커피'의 설립자로서 에티오피아와 파나마로부터 커핑 스코어 90점이 넘는 고품질 커피를 수입하고 있다. 로스앤젤레스의 그라운드 커피에서 온 릭 레인하트가 수석 심사위원으로 봉사했다.

　파나마 컨테스트는 커피인들에게 게이샤 외에도 품질이 뛰어난 많은 커피 품종을 미리 볼 수 있는 기회를 제공했다. 지금도 파나마에는 수확하기에 아주 잘 자란 게이샤 커피 나무를 가진 농장이 세 곳이 있다. 이들 중 두 품종—이름을 밝히지 않고 참가한 재배자가 출품한 에스메랄다 스페셜과 신비한 게이샤가 파나마 커피 경진대회에서 최고를 다투고 있었다.

그 지역 최고의 농장 중 한 곳인 돈 파치 에스테이트에서 프란시스코 세라친에 의해 재배된 모든 보케테 게이샤 커피의 시조 품종은 참가하지 않았다. 세라친의 부친인 프란시스코 시니어는 1960년대에 게이샤의 정착에 모든 열정을 쏟았다. 프란시스코 시니어는 농무부 직원의 공적인 자격으로 질병에 저항력이 있는 식물을 찾아다니다가 코스타리카에서 게이샤 종자를 수입하여 이웃들에게 나누어 주었다. 이렇게 자라난 나무들은 산출량이 낮고 평범한 맛을 가져서 실패작으로 여겨졌다. 심어진 게이샤는 많지 않았다. 에스메랄다 농장의 다니엘 피터슨이 게이샤가 높은 고도에서 재배되면 커피의 섹스 여신으로 변한다는 것을 발견하기 전까지 게이샤 커피는 평범한 커피로 여겨졌다.

세라친 가족들은 경매에서 팔기 위해 그들의 게이샤를 경진대회에 출품하는 대신에 스텀프타운의 듀안 소렌슨에게 체리가 맺혀 있는 작물을 팔았다. 듀안은 민첩하게 움직여서 최고의 가격을 지불했다. 스텀프타운의 커피 구매자인 30세의 성급하고 능력 있는 알레코 치고우니스는 2007년도 경진대회가 열리는 그 전 주에 보케테를 방문했다. 대회에 출품된 모든 커피가 준비되어 있어, 그는 세라친과 피터슨의 게이샤를 포함한 모든 커피를 커핑해 보았다.

알레코는 스텀프타운의 웹 사이트에 이렇게 적었다.

"나는 엘리다 에스테이트, 돈 파치, 돈 페페 에스테이트, 산 베니토, 도나 베르타, 로스 라존스, 그리고 다른 농장에서 출품된 레몬향, 감귤, 멜론, 빵가게의 초콜릿 맛을 내뿜는 커피가 쌓인 경매 테이블에서 군침을 흘리지 않는 구매자를 한 사람도 보지 못했다. 파나마의 커피는 세계 일등급 품질 중에서도 가장 좋은 품질 중 하나이다."

두 가지의 게이샤 커피에 대해 말할 때, 알레코는 사랑에 빠진 젊은이처럼 보였다. 그는 에스메랄다 농장의 게이샤 커피를 여인으로 묘사했다.

"에스메랄다는 아름답게 보이고…… 그리고 언제나 그러하듯이 그녀는 컵 안에서 귀중한 보석의 원석처럼 빛나고 있어요. 그 향기는 단풍 시럽에 적신 파파야, 신선한 사탕수수, 재스민 같지요. 첫 맛은 감귤, 망고, 파파야, 그리고 강렬한 베르가모트 등의 복잡한 맛을 드러내는데, 피터슨 가족들은 매년 그들의 기술을 개선하는 것 같습니다."

돈 파치의 게이샤 커피의 품질에 대해서는 이렇게 말했다.

"이 커피가 감귤 같은 맛을 가지고 있지는 않지만, 에스메랄다의 커피보다는 훨씬 달콤하죠. 올해는 파치의 커피가 에스메랄다보다 아주 근소하게 우수하다는 생각이 듭니다."

"올해는 파치가 유력한 게이샤 커피입니다."라고 알레코는 적었다. 그는 심사위원으로서 스텀프타운의 독점권에 영향을 미칠 수 있다는 사실을 인정했다. 알레코는 듀안 소렌슨이 코스타리카에 들러서 발견한 게이샤를 포함해서 스텀프타운이 두 종류의 복합적인 게이샤를 제공하는 유일한 로스터라고 자랑스럽게 언급했다.

알레코가 파나마의 커피를 칭송하는 유일한 구매자는 아니다. 이곳 재배자들은 세계 커피 농부의 1% 미만을 구성하고 있지만, SCAA 연차 총회의 커핑 파빌리온 경진대회에서 여러 차례 세계 최고 10위 안에 들었다. 2007년 보케테의 아시엔다 라 에스메랄다는 1위 판정을 받았고, 바루 화산의 다른 경사면인 볼칸 지역의 카르멘 에스테이트에서 재배된 커피는 7위 판정을 받았다. 2006년에는 아시엔다 라 에스메랄다가 1위로 평가되었고, 보케테의 카페 코토와의 유기농 커피인 던칸 에스테이트는 4위를 차지했다.

1990년대 초 국제 커피 협정이 종료된 후, 커피 가격이 낙하산이 없는 스카이다이버처럼 추락하자, 파나마의 재배자들은 살아남기 위해 생산물의 품질을 높이고 고급품을 팔아야 한다는 것을 깨달았다. 그들은 이렇게 하여 어느 정도 성공을 거두었다. 그런데 그들이 좀 더 나아지기 시작했을 때, 베트남에서 과잉 공급된 값싼 커피가 시장에 쏟아져 나오면서 국제 가격이 반으로 떨어졌다.*

보케테에서 가장 큰 커피 사업을 소유하고 있는 산업 리더인 마리아 루이즈가 나에게 말했다.

"1970년에 커피 산업은 다시 무너졌어요. 우리는 품질이 항상 가치 있을 것이라고 생각했지요. 1995년 내가 독일에 갔을 때 커피 한 봉지는 7마르크였는데, 2000년에는 3.5마르크가 되었지요. 가격이 반으로 떨어졌어요. 소비자들이 더 낮은 품질을 받아들이고 있었기 때문에 품질이 문제의 핵심은 아니었습니다. 더구나 독일이 로부스타*를 좀 더 맛 좋게 만드는 새로운 방법을 개발했습니다. 그래서 우리는 다시 시작했어야 했습니다."

마리아와 다른 재배자들은 그들이 대량 판매 시장에서 완전히 벗어나 스페셜티 시장으로 진입해야 한다는 것을 깨달았다. 재배자들 중 아무도 돈을 벌지 못하고 있었다.

"은행이 우리의 재산을 소유하고 있어서, 은행이 우리에게 다시 융자해 줄 것인지 알아보기 위해 은행으로 갔어요."라고 마리아가 회상하였다.

---

*이즈음의 커피는 작황이 매우 좋았기 때문에 브라질에서도 생산량이 급증해서 커피 가격 폭락의 중요한 원인이 되었다.

*로부스타 : 커피 품종의 일종, 세계 커피 생산량의 20% 이상을 차지하고 있으며, 주로 인스턴트 커피의 원료로 쓰인다.

○ 에스메랄다 농장. 커피콩을 햇볕에 건조하고 있다. ⓒ사진/유필문

그리고 1999년이 되니, 또 다른 바람이 불어왔다.

"《포춘지誌》 등 몇몇 잡지에서 보케테가 은퇴해서 가장 살기 좋은 다섯 곳 중의 한 곳이라고 발표했어요. 갑자기 은행에서는 우리의 땅을 외국인들에게 팔기를 원했습니다. 우리의 땅이 그런 가치가 있다면 왜 다시 융자를 해 주지 않았는지 궁금합니다."

재배자들은 나라 밖에서 그들을 도와 줄 전문가들에게 손을 뻗쳐야 한다는 것을 재빨리 알아차렸다. 에스메랄다 농장의 피터슨은, "우리는 파나마 스페셜티 커피협회SCAP를 조직해서 미국 SCAA와 미팅을 시작했습니다."라고 회상하였다.

"우리는 미팅에서 일어서서 말했지요. '저는 파나마에서 온 재배자입니다.' 다음 회의에서도 우리들 중 다른 사람이 일어나서 말했지요. '저는 파나마에서 온 재배자입니다……' 그러자 커피 산업계의 사람들이 반응하기 시작했습니다. '이런! 또 파나마에서 온 재배자군요.' 우리는 구매자와 커피 산업계의 다른 사람들이 스스로 우리들을 알 수 있도록 노력하였습니다."

피터슨의 말을 마리아가 이었다.

"SCAA는 우리들이 포럼에서 직접 바이어들을 접촉할 수 있도록 해주었어요. 우리는 스스로 중개인이 되어서 SCAA에서 만난 구매자들과 직접 거래를 시작하였습니다."

파나마인들은 그곳에 참여해서 스페셜티 게임이 바이어 쪽에서 어떻게 진행되는지를 배웠다. 피터슨이 덧붙였다.

"모든 구매자들은 서로 잘 알고 지내지요. 만일 누군가가 질 나쁜 커피를 한 묶음 팔면, 그것은 그 사람의 평판을 떨어뜨려 사업을 망하게 하는 것입니다."

그들은 재배자들의 단체인 SCAP를 통해서 품질을 향상시키려는 각자의 노력을 지원했다. 게이샤가 나타나기 전에 이미 그들의 커피는 평판이 높아지고 있었다. 2004년 게이샤가 폭풍처럼 스페셜티 세계를 뒤흔었을 때, 이 재배자들은 그들의 전체 산업의 이익을 위해 이 커피에 모든 관심을 투자할 수 있었다.

파나마의 커피 산업은 보케테와 볼칸에 집중되어 있다. 이 두 마을은 바루 화산의 다른 측면에 위치해 있으면서 많은 자연 혜택을 나누고 있다. 풍부한 화산 토양과 고도, 그리고 그들의 커피를 개성화하는데 도움을 주는 아주 뚜렷한 그 지역만의 국소기후, 또한 파나마 농부들은 지리적인 혜택도 누리고 있어 선적이 용이하다. 세계 무역의 큰 부문이 파나마 운하를 통과하고, 그리고 파나마는 스위스 다음으로 세계에서 두번 째로 은행 업무가 활발한 곳이다. 비록 파나마의 중간 소득은 낮지만 사회 기반 시설은 세계적 수준이다. 더욱이 재배자들에게는 앞을 내다 보는 핵심 리더들의 집단이 있다. 그들은 좋은 교육을 받았고, 그들 중 많은 사람들이 영어로 말할 수 있다. 코토와 커디의 리카르도 코이너, 엘리다 에스테이트의 윌포드 라마스터스, 그리고 핀카 레리다의 조니 콜린스는 모두 노리에가*가 통치하던 시절에 북아메리카에서 거주하면서 공부했다. 에스메랄다의 프라이스 피터슨은 펜실베이니아대학의 전직 신경화학 교수이며, 유기농 농업의 전문가인 마리오 세라친은 농경학 박사이다. 마이라 루이즈와 그의 세 형제들은 모두 미국에서 공부했다. 루이즈 사업의 품질을 감독하는 마리아는 클리블랜드의 케이스웨스턴리저브대학에서 조직행동론으로 박사 학위를 받았다. 그 외에도 많은 인재들이 있다.

피터 줄리아노는 파나마 커피 산업을 전통적인 농업의 노하우와 매우 발달된 기술적 기법이 혼합된 혼성물로 보고 있는데, 그가 나에게 말했다.

"최고의 커피를 재배하는 프라이스 피터슨 같은 교육을 잘 받은 사람이 필요하다고 생각합니다."

피터는 지구 구석구석에 있는 농부들이 그들의 커피 품질을 향상시켜 줄 수 있을 것이라는 확신을 가지고 보케테보다 훨씬 불편한 곳에 사는 여러 곳의 커피 농부들을 찾아다녔다. 그렇지만 그는 아직도 극도의 좌절 상태에 있다. 그들의 농장을 체계적으로 변화하기 위해 훈련받지 않은 농부들에게 과학적인 세계를 보도록 장려하는 것은 끝없는 임무였다. 해마다 그는 같은 교육을 반복했지만, 그가 귀국하자마자 농부들은 그들이 항상 해오던 대로 다시 시작했다. 대부분의 사람들은 변화에 저항하지만, 저항하지 않는 사람은 지역 전통이 깊이 스며든 삶을 사는 사람보다 더욱 힘차게 변화한다는 것이 진리였다. 새로운 아이디어와 새로운 운영 방식에 대한 파나마 재배자들의 수용성은 세계 대부분의

---

*노리에가 : 파나마 군부지도자로 1983~1989년 통치, 1990년 미국에 생포되어 종신형을 언도 받았음.

다른 커피 농부들과 구분되고 있다.

그들과 같은 사람들이 있기에, 파나마 커피 산업의 지도자들이 COE에 참가하는 것보다 그들 자신의 커피 대회를 운영하려 드는 것은 놀랄 일도 아닌 것이다. 이러한 결정은 그들이 자신들의 대회를 운영한다는 유리한 면도 있지만, 다른 나라에서 COE를 개최하면 물류 작업을 해야 한다는 불리한 면도 있다.

커피 대회를 기획하는 것은 화려한 결혼식을 준비하는 것과 비슷하다. 일주일 동안 외부에서 온 손님들에게 식사를 접대하고, 파티에 참여하고, 여기저기 안내를 해야 한다. 대회 자체의 복잡한 물류를 관리하는 것은 또 다른 도전적인 일이다. 각 커피마다 고유한 품질의 특성을 빛내기 위해 완벽하게 볶아져야 하는 수백 가지의 샘플이 있다. 만일 과도하게 볶거나 덜 볶는다면 커피 맛의 특성을 잃게 된다. 작업하는 사람들과 자원봉사자들이 협력하여 개최 장소, 커핑 테이블, 전기주전자, 기능이 다양한 기술 장비, 회의실, 의자, 기록 장비, 심사위원별 이름이 새겨진 푸른 커핑 에이프런, 큰 과일 접시, 그리고 커퍼들의 입 안을 깨끗이 헹굴 수 있는 물병들을 점검해야 한다.

나는 그 지역의 특색을 몸으로 느끼고, 에스메랄다 농장주를 만나기 위해 대회 며칠 전에 파나마에 갔다. 나는 곧 보케테와 사랑에 빠졌다. 도심은 크지 않았고, 거리는 어렴풋이 예전의 서부 시대를 생각나게 했다.-많은 바와 선술집들-하지만, 그 마을 자체와 산으로 둘러싸인 근교는 눈이 부셨다. 내가 보는 곳마다 밝은 색깔의 봉선화와 히비스커스, 자카란다, 산호색 나팔꽃, 포인세티아, 그리고 대담하게 붉은 크리스마스 릴리가 야생 그대로 자라고 있었다. 4월 중순의 그곳은 활짝 핀 커피 꽃, 레몬그라스, 스위트 구아바의 향기를 풍기고 있었다.

나는, 높은 산에 위치해 있으며 대회에서 우승한 커피를 생산하는 커피 농장인 핀카 레리다 지역의 어느 조그만 호텔에 머물렀다. 나의 방은 아주 소박했다. 풍부한 온수가 샤워헤드에서 쏟아졌다. 문밖에는 아침에 안개가 걷히고 오후에 안개가 내려오는 것을 보는 벤치가 있는 테라스가 있었다. 내 방 뒤에는 산으로 이어지는 길이 있었다. 매일 아침 목에 쌍안경을 건 조류 관찰자들은 매년 파나마를 찾아오는 950종의 새를 탐색하기 위해 날이 밝아질 때까지 조용히 움직였다. 그 숲에는 잡히면 스스로 죽음을 택하는 것으로 알려져 있는, 무지개 빛깔처럼 변하는 아주 긴 꼬리를 가진, 녹색 자유를 사랑하는 화려한 케트살quetzal이 살고 있다.

완고하면서도 천성적으로 친절한 조니 콜린스가 자기의 커피 사업을 유지할 수입을 창출하기 위해 이 호텔을 지었다. 조니는 훈련받은 엔지니어인데, 레리다 농장과 외부 건물들은 모두 그의 완벽주의가 반영되어 지어졌다. 24만 그루의 커피나무는 아주 꼼꼼하게 줄지어 심어져 있는데, 그것들은 잘 꾸며진 정원에 썩 어울렸다.

조니는 역사 지식이 많은 사람으로, 나에게 파나마의 커피 역사가 파나마 운하의 역사와 어떻게 얽혀 있는지 설명해 주었다. 파나마에서 맨 처음 커피를 재배한 사람들은 대부분 1917년에 완성된 운하를 건설하기 위해 파나마로 이주해 온 엔지니어와 매니저들이었다. 예를 들어, 레리다 농장은 파나마 운하의 비상용 댐을 설계한 노르웨이 후손인 엔지니어 톨레프 바체 모니체에 의해 만들어져 운영되었다.

운하 공사가 끝나자 모니체와 그의 부인은 파나마 시티의 견디기 힘든 더위와 습기에서 벗어나 살기 좋고 아름다운 보케테로 이주했다. 그곳에서 그는 기술적 능력을 활용하여 언덕 위 높은 곳에 현대식 커피농장을 만들었다. -현재 조니는 모니체의 농장을 복구하여 박물관으로 바꾸고 있는 중이다. 그와 그의 아내 조레이다는 모니체가 그 자신과 아내를 위해 100년 전에 지었던 집에 살고 있었다.

레리다에서 맞이한 첫 날, 아침식사를 하면서 나는 작은 부엌에서 일하고 있는 조레이다와 세 명의 여자를 보았다. 그들은 친구처럼 다정하게 말하며 함께 웃었다. 조니는 그가 어느 곳이나 함께 데리고 다니는 얌전하고 털이 빛나는 두 마리의 개를 데리고 야외의 응접실에 있었다. 보케테에서는 개들도 행복해 보였다. 농장은 관리가 잘되어 있으며, 모두를 환영하고 있었다. 나는 조지 S. 카프만이 펜실베니아 벅스 카운티에 위치한 친구 모스 하트의 방대한 소유지를 방문했을 때, 그가 한 재치 있는 말이 생각났다. 카프만은 모스 하트가 만들어 놓은 농장을 둘러보고서 이렇게 말했었다.

"만약 신이 돈을 가지고 있었다면 신이 이 농장을 만들었을 것이다."

나는 조니가 그 거대한 농장을 유지하기 위한 자금을 가지고 있는지 궁금해졌다.-그는 얼핏 지나가는 소리로 호텔을 짓는 데 수십만 달러가 든다고 말한 적이 있다. 그리고 그는 또 6만 그루의 커피나무를 더 심으려 한다고 말했다. 나는 조니에게 그의 세 자녀들 중 누가 레리다 농장의 운영에 관심을 가지고 있는지 물었다. 조니가 말했다.

"글쎄요. 아들 하나가 사업에 매력을 갖고 있지만, 아들은 내가 겪었던 것과 같은 경제적으로 힘든 시기를 겪고 싶어하지 않습니다."

보케테의 많은 재배자들처럼 조니는 커피 사업를 지속하기 위해 중요한 경제적 희생을 해왔다. 이들 재배자들은 커피를 사랑했다. 그리고 북아메리카인들은 거의 가지고 있지 않은 과거와 현재 사이의 연속성과 장소를 느끼게 해주는 보케테의 삶의 방식을 사랑했다. 그들은 장기적으로 스페셜티 커피 가격이 수익이 날 만한 충분히 높은 수준에서 안정될 것이라고 생각했다. 그들은 커피 가격이 떨어지면 무슨 일이 발생할 것인지에 대해서는 거의 말하지 않았다.

"커피를 제외하고 우리들 자신의 현재와 미래를 위해서 지켜야 할 것이 또 있을까요?"

나는 그녀 가족의 커피 생산지가 보이는 작은 사무소에서 마리아에게 물었다.

"커피 농장은 후손들이 땅을 유지하는 것을 허용하고, 커피 재배는 우리의 고난의 시기를 함께 견디게 해주는 활동이지요. 그렇지 않으면 우리는, 여기에서 가지고 있는 모든 것을 잃을 것입니다. 만일 우리에게 매일 전화를 하는 개발업자들에게 우리의 역사, 우리의 과거, 우리의 집과 삶의 방식을 판다면, 그러면 어떻게 되지요?"

루이즈 가족은 보케테에서 거의 100년 동안 커피를 재배해 왔다. – 마리아의 할아버지 중 한 분이 수확 노동자였다. 현재 그의 가족은 1년에 300만 파운드에 가까운 70~80 컨테이너*의 질이 좋은 커피를 가공하고 있다. 그들은 자신의 땅에 커피를 재배하고, 그들의 파트너인 독립적인 재배자들로부터 커피를 구매한다. 그들은 카페를 소유하고 있으며, 또한 커피를 볶아서 국내와 해외시장에 판매하고 있다. 그들의 사업은 품질 위주로 추진되는 수직적으로 통합된 사업 모델이다.

---

*역주) 커피는 국제적으로 20피트 컨테이너를 이용하여 유통되며, 한 컨테이너에는 18톤의 커피를 싣는다.

하트 모양의 얼굴, 검은 머리카락과 눈썹을 가진 46세의 마리아는 작지만 강인한 인상을 주었다. 그녀는 커피 사업어 대해 '깊은 터널을 빠져나오면 밝은 빛이 비치는 방식'으로 이해하고 있었다. 그녀의 박사학위 논문은 사회적 변화를 창조하는데 초점을 두었다. 그녀가 말했다.

"누가 어떻게 국가 수준의 변화를 창조할 것인가? 이것이 나의 주제였지요."

그녀는 파나마 운하가 2000년에 국영화될 것이라는 것을 알고 작업에 착수했다면서 말을 이었다.

"나는 전체 사회에 이익을 가져다 줄 과정을 추진하기 의해 사람들이 어떻게 운하의 변화를 이용할 것인지 알기를 윈했어요. 그래서 지속 가능한 변화의 이론을 생각해 냈습니다."

다시 말하면, 그녀의 이론은 정부, 커피 재배자 그룹, 농부, 사업가들이 긍정적인 경제적, 사회적 성장과 발전을 증진시키기 위해 밟아야 할 단계를 이해하도록 도와주는, 폭넓게 적용될 수 있는 것이었다.

마리아는 그 변화가 쉽게 이루어질 것이라고 믿고 있었다.

"당신이 확실한 관점에서 관찰하고 사건을 본다면 변화를 만들 수 있습니다. 내가 배운 주요한 것은 언어의 역할입니다. 이야기를 하는 방식이 중요한 거지요."

그녀는 자신이 의미하는 것을 설명하기 위해, 마틴 루터 킹 목사가 사용한 언어와 억압에 대항해서 일어설 수 있도록 성경을 읽고 교회에 나가는 그들의 전통 방식으로 미국 흑인들에게 용기를 북돋아 주는 《구약성서》의 이야기를 지적했다.

"변화는 사람들이 알고 있는 것에서 밖으로 나와야 시작됩니다."

마리아가 말했다.

"현재의 당신 자신이 과거에서 나와야 합니다. 만약 그런 과거를 이해한다면 미래에 대한 가능성을 볼 수 있을 것입니다. 만약 그것을 알지 못하면 당신은 헛바퀴를 돌리듯 많은 시간을 허비하게 될 것입니다."

그녀의 말은 추상적으로 들렸지만, 그녀가 추진하는 사회적 변화의 방법과 변화를 창조하는 전략은 구체적이고 계량화할 수 있는 것이었다.

마리아는 그녀의 이론적 이해를 행동으로 옮기는 방법의 실례實例로서 노베 부글 인디언들이 그들의 부족 땅에 재배한 커피에 대해 유기농 인증을 받는 것을 돕기 위해 그녀가 계획한 모델 프로그램을 설명했다. 마리아는 노베 공동체의 구성원 한 명이 다른 사람들을 지도함으로써 결국 이 프로그램이 자체적으로 계속 실행되기를 희망하고 있었다.

노베 부족은 파나마 커피 산업의 중심에 있다. 그들 중 수만 명이 파나마와 코스타리카에서 수확자, 노동자로서 일하고 있다. 많은 사람들이 멀리 떨어진 공동체와 그들이 돈을 버는 중대형 농장의 사이에서 여기저기 옮겨 다니는 떠돌이 삶을 살고 있다.

노베 부족은 노베어로 말한다. 많은 사람들은 스페인어를 말하지 못하거나 유창하지 않다. 농업은 부족이 전통적으로 옮겨 다니는 삶의 방식의 큰 부분이 아니어서 그들은 농업의 노하우를 다음 세대로 전달하지 못한다. 이러한 지식의 부족은 그들 자신의 커피 사업과 그들을 고용하는 재배자들에게 문제를 안겨주고 있다. 1980년대에 있었던 일련의 소송의 결과에 따라 노베 부족은 그들의 보호구역, 자치구역, 높은 산악 지역에서 10만 에이커의 땅을 관리하고 있다.

노베 부족은 자치구역에서 커피를 재배하고 있는데, 품질은 보잘 것 없다고 마리아는 말했다.

"그들은 산에서 커피를 가지고 내려오지만 팔 수는 없어요. 몇 년 동안 수십만 파운드의 커피가 버려졌지요."

노베 부족의 커피 품질을 향상시키는 것을 돕기 위하여 평화 단체와 다른 개발 기구가 기획한 초기의 노력은 매우 큰 재앙이었다. 마리아가 말했다.

"다른 지역에서 성공적으로 재배된 커피나무지만, 노베 부족이 공급받을 수 없는 비료를 사용한 커피나무라면 그들에게 주는 것은 좋지 않아요. 그런 프로젝트는 노베 부족이 재배하려고 노력했던 품종이 그 지역에 적합하지 않다는 것을 알게 될 때까지 십 년 동안 시간과 에너지를 낭비했지요."

마리아는 노베 부족이 이러한 어려움으로부터 벗어날 수 있도록 도움을 주려면 어떤 전략이 필요한지 그녀의 지식을 있는 대로 동원하여 변화를 시도했다. 첫 번째 단계는 그녀가 돕고자 하는 사람들을 이해시키는 것이었다.

"당신들은 주의를 기울여야 합니다." 그녀가 말했다.

"당신들이 사회적 변화를 가져오고자 노력할 때, 한 종류의 사이즈는 모든 것에 절대로 맞지 않습니다. 예를 들어, 노베 부족과 같은 가족 시스템에서는 가장 어린 사람과 가장 나이든 사람을 포함한 모든 가족 구성원들이 각자 일하는 장소에서, 각자의 위치에 대한 대책을 강구해야 합니다."

노베 부족의 농법에서 유기농은 거의 사라졌다. 그러나 유기농 인증을 얻기 위해 그들의 농법을 유기농의 기준에 맞추는 문서의 증명이 필요했다. 마리아가 말했다.

"그들은 문자를 가지고 있지 않습니다. 그래서 나는 그들이 유기농 인증을 신청할 수 있도록 유기농 시스템과 관련이 있는 농사 작법의 영구적인 기록을 만들어야 했습니다. 우리는 사진을 찍으면 날짜가 기록되는 디지털 카메라를 사용하기로 했어요."

그러나 그녀는 노베 농부들이 그들의 농법을 기록하는 것을 기대할 수 없었다.

먼저 마리아는 교사들을 가르쳐야 했다. 마리아는 노베 부족과 함께 일하는 평화 단체와 다른 자원 봉사자를 위한 세미나를 열어서 그들이 노베의 세계관, 역사, 사고방식을 이해하는데 도움을 주고자 했다. 대부분의 자원봉사자들은 처음 그녀가 시도하는 접근 방법을 이해하지 못했다. 그래서 그녀는 같은 세미나를 세 번이나 열었다. 노베 부족들이 어떻게 세계를 경험하는지 자원봉사자들이 이해하였을 때 그들은 유능한 트레이너가 될 수 있었다.

가장 가까운 마을에서도 2시간이나 걸어가야 하는 노베 마을에서 2년간 살았던 평화 단체의 자원봉사자 그레고리 랜드리간이 마리아의 세미나에 참석했다. 그는 노베 사람들에 대한 마리아의 이야기를 처음 들었을 때, 그녀가 말하는 것을 이해할 수 없었다. 그는 세미나에 두 번 참석하고 나서 마라아가 말하는 요점을 이해하기 시작했다.

"언어의 문제는 사람들이 생각하는 것보다 훨씬 더 큽니다."

그가 배운 것에 대해 내가 묻자 그레그가 대답했다.

"사람들이 이해하지 못하는 것은 바로 말이 아니라 개념과 전체적인 접근입니다. 노베 부족들은 말로 배우는 것에 익숙하지 않아요. 그들의 배움의 체계는 운동감각이에요. 그들은 몸을 움직이는 것을 따라하면서 배워요. 그들은 행동으로 배우지요. 이것을 이해하기까지 오랜 시간이 걸렸습니다."

이전에 평화 단체의 자원봉사자들이 노베 부족들의 유기농 인가를 돕기 위한 프로그램을 진행하였다.

마리아가 말했다. "참가자들은 날짜가 적힌 일련의 사진들을 찍었는데, 그들은 이 사진들을 보고 시간이 흐르면서 어떤 변화가 일어나는지를 알 수 있었지요."

그 사진들은 노베 부족의 유기농 과정의 증거를 입증했을 뿐만 아니라 노베 농부들에게 확실한 농법의 효과를 보여주었다.

"예를 들어, 그들은 그들의 눈으로 시간이 흐르면서 어떻게 식물이 자라는지, 어떻게 가지를 치는지, 어떻게 커피 작물들에 이득이 되는지를 볼 수 있어요. 그들은 빨간 체리가 어떻게 생겼는지를 볼 수 있지요."

카메라는 비싸지 않다면서 마리아가 말을 이었다.

"내가 접근하는 근원적인 태도는 존중입니다. 각 개인과 그룹이 합리적인 세계관을 가지고 있다는 것을 받아들여야 합니다. 그런 다음 정중하고 효과적인 그들의 시스템으로 들어갈 방법을 찾아야 합니다."

마리아의 이론은 내가 원산지로 여행하면서 여러 번 보았던 중요한 문제에 적용될 수 있었다. 내가 갔었던 모든 장소에서 질문은 똑같았다. 스페셜티 라벨을 붙일만한 커피를 생산하기 위해 소규모 자작농과 노동자들이 체리를 채집하고 가공하는 방법을 어떻게 변경하도록 장려할 것인가? 이것은 제프가 니카라과에서 라스 브루마스 재배자들과 고심했던 것, 멘노가 에티오피아 전역에서 대썼던 것, 그리고 피터가 산 라몬에서 직면했던 것과 똑같은 문제였다. 이것은 모든 커피 재배 현장에서 사실상 중요한 문제이다. 외부인들은 커피가 어떻게 재배되어야 하는지에 대해 농부들에게 여러 가지 제안을 하지만 그들의 메시지가 어떻게 받아들여지는지를 명확히 이해하려 들지는 않는다.

마리아와 이야기를 나누면서 스페셜티 커피 사업에 대한 나의 이해와 커피인들이 직면하고 있는 문제에 대한 이해를 넓혔다. 그 문제는 전통에 묶인 농부들과 노동자들의 반항이 아니었다. 아마도 문제의 일부는 스페셜티 구매자들에게 존재하고 있을 것이다. 마리아에 따르면, 농부가 더 나은 커피를 재배하고 더 나은 삶을 살도록 도와주기 위해서는 구매자들이 농부들의 입장에서 농부들을 이해하고 배려하는 마음이 절대 필요하다. 그러한 이해가 없다면, 구매자들은 농부들의 행동에 강한 영향을 줄 수 없다.

원산지에서 게이샤에 대해 좀 더 많은 것을 알아내려고 할 때였다. 나는 피터슨 가족을 만난 적이 없었고, 실제로 게이샤 나무를 가까이에서 본 적도 없었다. 그래서 농장주 프라이스 피터슨이 그의 아내 수잔과 함께 살고 있는 목가풍의 낙농장인 팔미라에 점심 식사 초대를 했을 때, 나는 너무 기뻤다. 피터슨 가문의 커피를 시장에 판매하는 레이첼 피터슨은 경진대회를 준비하느라 마을에 있었다. 그녀는 두 아이와 함께 푸에르토리코에 거주하는데, 지금은 봄방학이라 세 명 모두 팔미라에서 머무르고 있는 중이었다. 가족 모두가 농부인 다니엘 피터슨은 결혼해서 그의 아내와 함께 마을 다른 편에서 살고 있는데, 그도 우리들의 점심에 참석하였다.

나는 피터슨 가문의 오랜 친구인 커피 품질 연구소의 데이비드 로슈와 함께 팔미라까지 차를 운전하여 올라갔다. 데이비드는 파나마에서 오랜 시간을 지내 왔다. 나는 그에게 정신이 혼미해 질 정도로 많은 질문을 퍼부었다. 내가 파나마의 1인당 소득에 대해 묻자, 그는 자신은 경제학자가 아니라 농경학자라고 큰 소리로 외쳤다. 나는 고함을 듣는 것을 좋아하지 않지만, 모든 질문에 대한 그의 관점을 이해할 수 있었다. 그리고 그가 피터슨가家의 목사관까지 꾸불꾸불 끝없이 돌아가는, 구덩이가 파여진 먼짓길을 가로지르며 렌트카를 힘들게 운전하는 중이라는 것을 인정해야 했다.

우리가 도착하자 레이첼, 데이비드, 다니엘은 커피를 추출하기 위해 목재 패널로 지어진 화려하고 아름다운 피터슨의 커핑룸으로 떠났다. 커핑룸의 맨 위층은 하얀 창틀의 농장 내 주택이 있어 날씨가 맑은 날에는 차로 한 시간 거리의 태평양을 볼 수 있었다.

키가 크고 우아한 백발의 프라이스가 그의 정원으로 안내했다. 그는 매우 소탈한 사람으로, 산을 마주 보고 있는 높은 목초지에 자리 잡은 이곳에서 게이샤와 유전적으로 관련이 있는 커피를 실험 재배하고 있었다.

"이런 연구는 최근에 와서야 시작했지요. 약 15년 정도밖에 되지 않아요."

그는 나에게 커피 유전학를 연구하게 된 과정을 설명했다.

"그때까지 우리는 작업할 유전적인 자료가 너무 없었기 때문이지요."

프라이스와 수잔은 팔미라에서 30년 이상 살아 왔다. 프라이스의 말에 의하면, 두 사람 모두 농업에 대해서는 아무것도 모르는 '도시의 아이들'로 자랐다. 은행원인 프라이스의 아버지는 은퇴하면 그곳에서 살겠다는 생각으로 1960년대에 팔미라를 구입했다. 그러나 그는 생각이 바뀌어 은퇴를 꺼리고 농사에는 관심이 없었다. 1970년대 초, 프라이스는 펜실베이니아대학의 종신 교수였는데, 그와 수잔은 여행 벽을 가지고 있었다.

"우리는 여름에 이곳에 몇 번 내려왔었는데, 이곳에서 정말로 즐거운 시간을 보냈어요. 농장에 대해 아버지는 점점 좌절하고 있었지요."

수잔은 생활을 청산하고 농사를 짓기로 결정했다.

"내가 펜실베이니아대학의 학과장에게 사직하고 파나마로 가겠다고 이야기하자, 학과장은 '우리는 당신의 자리를 1년간 그대로 비워 놓겠습니다. 당신이 다시 돌아올 것이라고 확신하니까요.'라고 말했습니다. 우리는 농부로서 경험이 없었는데, 이곳에서 미국에서 해오던 방식대로 하려고 하지 않았기 때문에 그것이 가장 큰 이점이 되었어요. 우리는 이곳에서 이웃들로부터 배워야겠다는 생각을 했지요."

처음에 그들 부부는 소를 키우고 채소를 재배했다. 그들은 돈벌이가 되는 것으로 입증된 사업인 낙농업으로 전환했고, 같은 이유로 25년 전에 커피 재배를 시작했다. 게이샤가 큰 성공을 거두고, 2005년부터 커피 사업의 생산성이 조금씩 나아지고 있지만 낙농업 운영은 여전히 그들의 커피 사업을 유지해 주고 있었다.

프라이스는 그의 실험 정원에서 재배되고 있는, 라벨이 조심스럽게 붙혀진 36그루 정도의 커피 품종을 가리키며, 그중 불그스름한 청동색 잎이 달린 나무를 보라고 재촉했다. 그런 다음 그는 나의 머릿속에 있는 먼지 더미를 귀 바깥으로 불어 날릴 만한 중요한 사실을 말했다. 에스메랄다 농장을 유명하게 만든 게이샤가 초기의 역사적 기록에 기술된 게이샤와 같은 나무가 아니라고 프라이스는 이론적으로 믿고 있었다. 다시 말해서, 하나가 아닌 두 종의 게이샤가 있다는 것이었다.

프라이스는 이 두 개의 게이샤 이론을 설명하면서, 초기의 식물학적 기록에는 게샤Gesha에서 온 품종이 청동색 빛깔의 잎, 열등한 맛, 상당한 항균성을 가지고 있다고 기술되어 있는데, 파나마의 게이샤는 녹색 빛깔의 잎과 아주 훌륭한 맛을 가지고 있으며, 코스타리카와 파나마의 커피 재배자들이 가장 무서워하는 전염병인 '수탉의 눈'이라 불리는 균을 제외한 나뭇잎 녹병균에 대해 저항력이 있다는 것을 특별히 언급하였다.

원래의 게이샤와 새로운 품종의 게이샤는 서로 닮지 않았는데, 한 품종이 언제 어떻게 다른 품종으로 바뀌었는지 아무도 알지 못하고 있다. 프라이스는 '훌륭한 보관의 사슬chain of custody'이라 부르는 인증 제도에 의해 게이샤가 에티오피아에서 세계를 돌아 파나마까지 이동한 경로를 추적하고 있었다.

프라이스가 말했다. "하지만, 상세한 DNA 분석을 해보아야 이 신비한 기원의 진실이 밝혀질 것입니다."

모든 조사 결과에 의하면, 게이샤의 이야기는 1931년 영국 외교관이 커피 씨앗과 커피콩을 채집하기 위해 에티오피아 남서부에 있는 게샤 근처의 숲으로 들어가면서 시작되었다고 한다. 1932년 채집된 씨앗 중 약간의 씨앗이 에티오피아에서 케냐로 보내졌다. 1936년 탄자니아의 리아문고에서, VC 496으로 확인된 영사의 씨앗 꾸러기에 게이샤 나무에 대한 언급이 있다. 1956년에는 누군가가 게이샤 나무의 새로운 세대가 재배되는 코스타리카로 씨앗들을 보낸 것으로 보인다. 1960년대에 게이샤 씨앗은 파나마로 보내졌다.

에티오피아의 짐마에 위치한 농업 조사 연구소에서 2004년부터 2006년까지 근무했던 프랑스 생물학자 장 피에르 라브이가 그곳에서 공식적인 기록을 확인했고, '훌륭한 보관의 사슬'을 제공했다.

에티오피아 남서부에 게이샤가 진화했을 것으로 추측되는 마을이 세

곳이나 있다는 것을 발견한 사람은 라브이였다. 첫 번째 마을은 케파 지구의 카파 지방에 있는 게샤이다. 두 번째 마을은 마기 골디야 지구의 카피 지방에 있는 게샤이며, 그리고 일루바보르 지방에 세 번째의 게샤 마을이 있다.

하지만, 라브이의 가장 놀랄만한 발견은 최초의 게이샤 씨앗들이 어떻게 모이게 되었는지 관계를 밝힌 것이다. 2006년 프라이스에게 보낸 이메일에서 그는 1931년 커피 씨앗을 채집하기 위해 숲 속으로 들어갔던 영국 외교관은 "아마도 다양한 나무에서 씨앗을 대량으로 모았을 것"이라고 적었다. 아주 초기부터 다양한 나무에서 채집된 씨앗들은 대량으로 섞어 함께 보관되어 '게샤'로 분류되었다. 프라이스가 이야기를 꺼냈다.

"나는 에티오피아에서 영국 외교관의 이러한 업적 때문에 그를 존경했는데, 알고 보니 그는 기벽이 있고 허세부리는 사람이었어요. 그의 동료들은 그가 토착민들을 선동하고 항상 극적인 상황을 원하는 것에 대해 비난했어요. 내가 에티오피아에서 커피에 대해 배운 바로는 많은 나무들은 같은 재배 품종으로부터 나오지 않았을 것 같아요.* 그는 아마 최소한 여러 재배 품종들을 수집했고, 그 씨앗들을 함께 섞어서 보관했을 것입니다."

이것이 다른 특성을 가진 두 개의 나무가 어떻게 아프리카에서 새로운 세계로 똑같은 경로를 따라 가고, 게이샤라 불리게 되었는지에 대한 설명이 될 것이다.

유전 과학은 최소한 에스메랄다 농장의 사랑스럽고 작은 게이샤 커피

---

*역주) 에티오피아는 오랜 자생 기간을 가진 커피들이 곳곳에 산재해 있어서 산마다 마을마다 커피의 유전자 구조가 다르다고 보아야 할 정도로 다양한 커피들이 있다.

콩들이 제기한 몇몇 동질성 문제들에 대한 부분적인 대답을 제공하기 시작할 것이다. 식물 유전학의 발전에 따라 그 식물이 어떻게 진화했는지 알 수 있다. 프랑스와 코스타리카의 생물학자들은 2002년 발표한 논문에서 AFLP*라 불리는 유전적인 기술을 이용하여 다양한 커피 품종들이 어떻게 발달했는지, 어디에서 서로 분리되었는지를 알게 해주는 커피 품종의 진화를 표시하는 나무도표를 만들었다고 발표했다.

과학자 팀은 버본Bourbon과 티피카Typica 2종을 포함하여 새로운 세계에서의 모든 커피로부터 전해진 35~40개 커피 품종을 사용해서 새로운 품종을 만들었다. 그들이 만든 다양한 품종의 대부분은 에티오피아에 기원을 두고 있다.

어떻게 이런 작업이 이루어졌는지를 설명하면서 프라이스가 말했다.

"50개의 가지가 왼쪽에서 오른쪽으로 펼쳐진 나무도표를 상상해 보세요. 왼쪽 너머에 새로운 세계의 커피 품종들이 있습니다. 버본, 티피카를 비롯한 모든 교배종들은 그 품종들로부터 번식되었지요. 이들 커피들은 모두 매우 밀접한 관계를 맺고 2,000년 동안에 진화된 것입니다. 그리고 왼쪽에서 오른쪽으로 펼쳐진 나머지에 에티오피아 커피들이 있습니다. 이들 커피들은 최소한 수만 년 전에 진화했는데, 어쩌면 그보다 훨씬 더 이전에 진화했을지도 모르지요. 이 나무도표의 오른쪽으로 3분의 2를 가면 에티오피아에서 온 커피들이 있는데, 그곳에서 당신은 게이샤를 보고, 게이샤와 유전적으로 비슷한 6종의 커피를 보게 될 것입니다."

프라이스는 이러한 커피들을 그의 실험 정원에서 재배하고 있었다.

---

* AFLP(amplified fragment length polymorphism) : 유전체 내의 여러 DNA 조각을 증폭하고, 이것을 전기영동으로 관찰하는 연구 기법.

프라이스가 말했다.

"우리는 코스타리카의 열대농업연구 고등교육센터CATIE에서 온 사람들로부터 그 씨앗들을 얻었어요. 우리는 씨앗을 발아시켰고, 그것을 옮겨 심었고, 이제 들판에서 재배하고 있지요. 핵심은 게이샤보다 훨씬 맛이 좋은, 유전적으로 비슷하면서 맛이 좋으며, 더욱 넓은 지역에서 자라는 커피를 찾는 것입니다. 어쩌면 이러한 커피는 유전학적으로 사라졌을 것입니다."

프라이스는 계속 말을 이었다.

"지금까지 우리는 단지 35개 품종으로 작업을 해왔어요. 우리는 AFLP 분석을 35종의 커피에서 CATIE가 수집한 800종의 모든 에티오피아 품종으로 확대하려고 합니다."

그러기 위해 프라이스는 연구소 혹은 대학교와 관계를 맺어야 할 것이다. 프라이스가 앞으로 더 진행할 수 없을 때까지 어떻게 자금을 조달할 수 있을지는 확실하지 않다.

프라이스는 말을 마치고, 그의 샘플 커피나무 중 하나를 보여주려고 방향을 돌렸다.

"이것이 흥미로워요."

프라이스가 근처의 나무들보다 2배나 크고 녹색 잎이 무성하게 빛나는 나무를 보여주면서 말했다.

"E-238로 부르는 진화적인 품종입니다. 이 나무는 마치 박쥐가 지옥에서 벗어나 날아가는 것처럼 미친 듯이 자라고 있어요. 아마 성공하게 될 것으로 보입니다. 그렇지 못하면, 이 나무가 자라서 열매를 수확하고, 커핑할 수 있을 때까지 2년 동안 아무것도 알 수 없을 것입니다."

프라이스와 나는 점심을 먹기 위해 집으로 들어갔다. 우린 피터슨의 크고 둥근 테이블에 앉았는데, 데이비드 로슈는 게이샤가 커피의 유전적 연구의 본질을 완전히 바꾸었다고 말했다. 지금까지 커피 연구는 브라질의 연구소에서 만들어진 카티모Catimore와 케냐에서 연구원들이 만드는 데 20년이 걸린 교배종인 루이루이 11과 같은 질병에 저항하고 더 높은 생산성을 가지는 다양성을 찾는 것에 관한 것이었다.

"이들 2종의 커피는 논쟁의 여지가 있지만, 질병에는 강한데 맛은 조금 없다고들 말해요."

케냐인들은 이 생산성 높은 식물이 전통적인 케냐의 품종만큼이나 맛이 좋다고 주장하면서, 루이루이 11에 대한 문제에 매우 민감했다. 하지만, 동의하는 커피인들은 거의 없었다.

데이비드가 말했다. "지금은 게이샤 때문에 유전적 연구의 초점이 맛으로 방향이 바뀌었어요."

데이비드가 큰 관심을 가지는 주제들 중 하나는 품종고 떼루아*의 관계였다. 케냐 또는 과테말라에서 자란 게이샤와 파나마에서 자란 게이샤는 맛이 같을까? 데이비드가 그런 결함을 개선하는 조치를 하고 있지만, 10개의 다른 환경에서 자란 10개의 다른 품종들을 평가해야 하는 연구 협약서를 작성할 수 있을지는 아직까지 아무도 모른다.

프라이스가 데이비드의 말을 듣고 말했다.

"나는 가끔 궁금해요. 만일 우리가 에티오피아에서 이 커피를 생산하고 있다면, 사람들은 그것을 특별하게 생각할까요? 어떤 사람들은 게이샤가 물로 씻은 이르가체페의 깔끔하고 선명한 꽃향기의 맛을 가지고 있다고 말해요. 하지만 나는 그렇게 확신이 안 들어요. 윌렘 부트가

---

*떼루아(terroir) : 프랑스어로 토양이란 뜻. 식물을 재배하기 위한 요소, 즉 태양, 토양, 지질, 습도 등을 말함.

에티오피아 사람들에게 게이샤를 주었는데, 그들은 커핑을 해보고 깜짝 놀랐다고 말했어요. 그들은 자기 나라에서 어떤 커피도 게이샤와 같은 맛을 느껴본 적이 없었지요. 나는 정말 이해할 수 없어요."

며칠 후, 나는 다니엘 피터슨이 안내하는 하라미요 농장 시찰에 파나마 경진대회의 심사위원들과 함께 참가했다. 팔미라에서 하라미요까지의 거리는 까마귀가 나는 것으로 5마일이지만, 직접 운전해서 갈 때는 산 하나를 내려가고 또 하나를 올라와야 했다. 그리고 거기까지 대략 30분이 걸렸다. 게이샤 나무들은 스키 슬로프만큼이나 가파른 산허리에 심어져 있었다.

나는 실망스러운 나무들의 모습을 발견했다. 가늘고 키가 큰 나무들의 모습은 커퍼들이 커피를 묘사하기 위해 사용하는 화려한 언어의 의미를 전혀 느끼지 못하게 했다. 그것은 마치 당신을 미치게 할 수 있도록 향기로운 즙을 가진, 세계에서 가장 달콤한 복숭아가 키가 크고 비쩍 마른 소나무들 사이에 열려있는 것 같았다. 내가 이렇게 느낀 점을 다니엘에게 말하려고 할 때 그가 입을 열었다.

"확실히 이 나무는 다른 커피나무들과 다르게 보여요."

키가 크고, 성격이 공정하고, 골격이 우람한 다니엘은 마치 그의 첫아기가 구루병에 걸린 듯이 놀랐고, 약간 마음에 상처를 받은 것처럼 보였다. 그가 계속 말을 이었다.

"길고 가늘어요. 그리고 나무의 콩들도 역시 그렇고요. 이것은 매우 특별한 나무에요. 다른 작물들이 시들고 죽는 바로 그곳에서 번성해요. 1월 2~3주 동안, 1시간에 60~70마일로 세차게 부는 바람이 이 나무들을 내리쳤는데, 아무렇지 않아요."

게이샤는 12~15피트 높이로 자란다. 그러나 햇빛이 통과하기 위해서는 다른 커피나무에 비해 더 많은 공간을 필요로 한다. 게이샤의 높이와 게이샤가 자라는 가파른 산허리 때문에 게이샤를 재배하는 것은 힘이 든다. 가지 치는 것은 악몽이다. 키 큰 나무들은 사다리를 필요로 하지만, 사다리는 가파른 산허리에서 안정되게 유지할 수 없다. 게이샤 가지에서 체리가 열리는 마디 사이에는 3인치의 틈새가 있다. 이것들은 개량종 커피 생산량의 50%를 생산하는 나무로 성장할 것이다.

몇몇 사람들은 다니엘의 게이샤 발견은 우연이라고 말하지만, 거기에는 더 많은 재능, 인내력과 행운보다는 연구가 수반되어 있었다. 프라이스가 하라미요 농장을 구입하였을 때, 다니엘은 모든 농장의 커피나무들에 대한 조직적 연구에 착수했다. 그는 1400m 높이의 지역에서 게이샤를 발견했는데, 게이샤는 더 높은 지역에서도 잘 자랄 것으로 보이는 수확량이 낮은 몇 종의 다른 품종과 섞여서 자라고 있었다. 그는 그 나무들을 모두 커핑했다.

"1400미터에서 게이샤의 맛은 일정하게 나타나지 않았어요. 어떤 때에는 맛이 좋았고, 어떤 때는 썼어요. 우리는 그곳에서 4개의 품종을 선택했습니다. 게이샤가 우리의 마음을 사로잡았죠. 나는 커핑의 주성분에 대해 큰 희망을 가졌어요. 우리는 2년이 지나, 여덟 곳의 각기 다른 지역에서 작물을 수확했어요. 하지만, 적절한 고도가 아니면 그 맛은 일정하지 않았습니다. 우리가 이 국소기후에서 수확했을 때, 마침내 우리는 알았지요. 와! 드디어 찾았던 것입니다."

처음 다니엘은 게이샤 나무의 가지를 칠 때 꼭대기의 가지를 잘라내었다.-그는 가장 쉬운 방법이라고 생각했다.-그러나 효력이 없었다. 이제 그는 노동 집약적인 방법을 사용하면서 선택적으로 가지를 치고 있다.

"우리는 여전히 이 나무에 대해 배우는 중입니다."

다니엘은 게이샤 나무에 살충제를 제외한 합성 비료를 사용한다. 선택적으로 사용되는 살균제는 게이샤가 자라는 국소기후가 매우 습하기 때문에 필요하다. 그는 땅의 성분을 개선하기 위해 닭 비료를 첨가한다. 에스메랄다 농장은 열대우림동맹*에 가입되어 있다. 인증은 농부들이 DDT를 포함하여 '12개 오염 목록'에 올라 있는 20개 정도의 유독한 화학제품을 제외한 몇몇 합성 비료를 사용하는 것을 허용한다.

다니엘이 말했다. "다행스럽게 우리는 커피에 살충제를 사용할 필요가 없어요."

게이샤는 평상에서 햇볕에 건조한 후 발효하지 않고 점질粘質을 제거한다. 이 방법은 파나마의 대부분 지역에서 사용되고 있는데, 발효하는 것보다 안전하기 때문에 이제 그 밖의 지역에서도 채택되고 있다고 다니엘이 보고한 것이다.

"발효 방식은 위험해요. 만일 한밤중인 2시에 커피가 충분히 발효되었다면, 그때가 점액을 씻어야 할 시간이에요. 그러나 관계자는 얼음처럼 차가운 물에 손을 넣기를 원하지 않기 때문에 다음날 아침까지 기다리기로 결정하겠지요. 기본적으로 할 수 있는 것은 없어요. 그래서 커피를 망치게 될 것입니다."

다니엘의 말이 계속 이어졌다.

"점질을 제거하기 위해 우리가 사용하고 있는 발효하지 않는 기술은 10년이 되었어요. 오랫동안 우리의 구매자들은 발효가 없는 가공 과정을 받아들이지 않았지요. 그래서 우리는 눈을 가리고 커핑을 했었는데,

---

*열대우림동맹(Rainforest Alliance) : 세계 친환경 비영리 기관

발효 없이 점질을 제거한 커피가 더 맛이 좋았어요."

모든 사람들이 발효가 고품질 커피의 맛을 내는데 효과가 거의 없다는 다니엘과 파나마 재배자들의 의견에 동의하는 것은 아니다. 내가 피터 줄리아노에게 발효하는 것과 발효하지 않는 것에 대해 질문을 하자 그는 '적절하게 발효를 가하면 커피에 아름다운 특성을 더해준다.'는 것을 믿는다고 말했다. 그의 의견에 의하면, 발효 과정을 건너뛰면 파나마 커피의 품질은, 심지어 게이샤일지라도 중립적'이 된다. 그는 거기에 부정적인 면이 있다고 인정하지만, 발효는 깊이와 감흥을 커피에 더해줄 수 있다.

"만약 저장 탱크가 더럽거나 발효 과정이 너무 오래 지속되면, 커피가 쓰레기 주스 같은 맛이 날 수 있어요."

발효를 하면 더 많은 노동이 필요한데, 노동 비용은 최소 임금이 1시간에 94센트이며, 게다가 계속 오르고 있어 파나마에서는 확실한 문제였다. 레이첼은 수확 시즌의 정점인 11월에서 3월까지, 대부분이 노베족 인디언인 천 명의 노동자들과 그의 가족들이 히라미요-팔미라에 있는 두 개의 집단 커피농장에서 생계를 잇고 있다고 말했다.

피터슨은 다른 재배자들처럼 거주할 집, 조리 시설, 화장실, 건강관리, 그리고 넓은 범위의 사회적 프로그램들과 음식을 제공했다. 임신하거나 양육하는 엄마들을 위해 탁아소를 만들었다. 탁아소는 인증된 선생님들을 직원으로 두고 있다. 노베 부족이 사는 산의 조건은 극히 험해서, 그들은 피터슨의 농장에서나 의료 치료를 받을 수 있다.

"몇몇 예수회가 이곳에 와서 머물면서 그들에게 트레이닝 프로그램을 실시하고 있는데, 그것도 역시 도움이 됩니다. 채집자들은 익은 체리 30파운드를 따는데 1.75달러 이상을 받고 있어요. 반면에 게이샤를 따는 노동자들은 오직 가장 잘 익은 열매만 따도록 하기 때문에, 그들에게 게이샤의 낮은 생산성을 보충해 주기 위해 두세 배의 임금을 주고 있지요. 가지 치기와 보수 관리, 다른 일을 하는 노동자들은 최소 임금의 10~15퍼센트를 더 받고 있어요."

이러한 노동 비용 때문에 게이샤는 집단 농장에서 생산된 커피의 4%를 겨우 차지하고 있다. 경매 중에 많은 게이샤가 2007년 1파운드에 130달러에 팔렸고, 그해 대부분의 게이샤는 1파운드에 12.50달러에 팔렸다.-이것은 경매 전에 상대적으로 낮은 가격이 매겨졌다. 2007년 피터슨은 커피 득점이 84~88점 범위에 있는 그들의 다른 고급 스페셜티 상품인 다이아몬드 마운틴을 1파운드에 약 2달러로 팔았다. 커핑 득점이 82~83점의 범위에 있는 세 번째 스페셜티 커피 상품은 대부분 공정무역보다 높은 가격으로 스타벅스에 팔렸다.

레이첼이 말했다. "이렇게 더 낮은 가격으로 커피를 판매하면 생산과 사회적 프로그램의 비용을 댈 수 없어요. 우리가 급여를 주는 선생님들, 음식과 의료 비용, 아이들에 대한 장학금, 그리고 보너스 등의 보상을 재배자가 1년에 두 번 제공하고 있어요. 만약 생산자들이 비용을 댈 수 없으면, 먼저 사회적 프로그램이 영향을 받게 될 것입니다."

그녀의 말은 재배자들의 금고에 달러를 쏟아주는 유혹을 불러 일으키는 게이샤가 자원이 풍부하지만 수익 증대가 필요한 지역 주민들에게 무엇을 의미하는지를 강조하는 것이다.

베스트 오브 파나마(Best of Panama Competition)는 공식적으로 수요일 오전 9시에 시작되어 토요일 오후까지 이어졌다. 그곳에서는 매일 저녁 파티가 열렸다. 목요일에 조니 콜린스와 조라이다는 레리다 농장에서 뷔페 파티를 개최했다. 산이 내려다보이는 테라스에 칵테일과 오르되브르가 마련되어 있었다. 서늘한 저녁이 되자 우리는 저녁 식사를 위해 안으로 이동했다. 나는 내 접시를 채워서 레이첼 옆의 긴 소파에 앉았다. 우리는 자신들에 대해서, 가족들에 대해서, 아들들을 키우는 문제에 대해 이야기했다. 수요일과 목요일에 커핑하는 동안 레이첼을 보아왔는데 그녀는 매우 엄격한 감각과 커핑 기술 테스트를 통과했다는 의미인 Q커퍼였다. 파나마의 재배자들고 국제적인 감정가들로 구

윌렘 부트의 농장 풍경, 뒤에 보이는 산이 바루화산이다.
산의 정상에서는 동쪽으로 캐리비안, 서쪽으로 태평양이 보인다. ⓒ사진/유필문

성된 패널들이 그녀의 말을 진지하게 받아들이는 것처럼 보였다. 그녀는 나를 똑똑하고 친절하지만 조심스럽게 느꼈다고 말했다. 앉아서 이야기를 하자 어색함이 어느 정도 사라졌다.

다음날 저녁에도 파티가 열렸다. 커피 산업의 리더인 리카르도 코이너의 매력적인 집에서 파티가 열렸다. 그는 몇 곳의 농장과 작은 카페 체인, 항공 회사와 버스 회사를 소유하고 있었다. 언덕 높은 곳에 자리 잡은 그 집 베란다에서 내려다보는 전망은 아주 좋았다. 라이브 음악이 있고, 서비스는 완벽하고, 풍부한 음식과 술이 있었다. 나는 뷔페 테이블 앞에 서서 웬디와 담소를 했다. 체격이 작고 날씬하며, 얇게 비치는 하얀 셔츠를 입고 있는 그녀는 워싱턴주 벨링햄에 본거지를 두고 있는 토니스 커피의 중역이다.

웬디는 자신이 윌렘 부트의 원정대에 참가하여 에티오피아 3곳의 게샤 지역을 탐사한 유일한 여성 커피 전문가라고 말했다. 그녀는 에티오피아 커피 전문가들을 서부의 구매자들에게 소개하는 U.S AID에 참가하기 위해 윌렘이 조직한 참가단에 합류하여 그곳을 여행했다.

우리는 방을 가로질러 멘노 사이먼을 보았다. 그는 에티오피아 커피의 공급자이고, 베스트 오브 파나마의 심사위원으로 봉사하고 있다.

"멘노와 함께 에티오피아에 갔었는데, 좋은 사람이에요."

내가 말하자 웬디가 대꾸했다.

"그는 좋은 사람이죠, 맞아요. 하지만 나는 커피를 원하는데, 언제 도착할는지 그에게서 솔직한 대답을 들을 수 없어요."

웬디는 불쾌한 표정을 지으며 말했다. 까닭을 몰라 내가 물었다.

"무슨 의미예요?"

"그에게 수확이 거의 끝났을 때인 2월에 커피를 주문했는데, 지금은

4월 중순인데도 커피는 아직 도착하지 않았어요. 지금까지 내가 아는 바로는 선적도 되지 않았어요."

로스앤젤레스의 그라운드워크에서 일하는 릭 레인하트가 우리에게 합류했다. 그는 그해 베스트 오브 파나마의 수석 심사위원이다.

"나도 마찬가지예요."

웬디의 말에 릭이 맞장구를 쳤다.

"나도 바로 내 커피를 원해요. 멘노에게 자연 건조되고 세척된 이르가체페를 주문했는데, 바로 그 커피가 필요합니다."

웬디와 릭이 멘노의 커피를 기다리는 유일한 로스터들이 아닌 것이 밝혀졌다. 피터, 제프, 듀안이 2월에 여러 컨테이너의 에티오피아 커피를 멘노에게 주문했는데, 4월 중순이 되어도 주문품 중 어느 것도 배에 실려 있지 않았다는 것을 나중에 알았다

사람들은 세계에서 가장 비싼 커피를 판매하는 그 여성이 3년 연속 명성과 행운을 가져다 준 그 대회를 즐겁게 보낼 것이라고 생각할 것이다. 그러나 그녀는 그렇지 않다. 베스트 오브 파나마가 열리는 동안 레이첼은 수상에서 탈락할지도 모른다는 불길한 예감으로 가득 차 있었다.

에스메랄다 농장의 게이샤는 지난 3년간 1위를 차지하였다. 2006년 경매에서는 생두 1파운드당 50달러를 받았는데, 그 가격은 당시 스페셜티 커피 가격의 40배에 해당하는 것이었다. 에스메랄다가 무대에 등

장하면서 커피 세계에서는 피터슨의 '수입'을 계산해 오고 있다. 2006년 경매에서 1,000파운드 정도의 커피가 1파운드당 50달러에 판매되었다는 사실에 주의를 기울인 사람은 거의 없었다. 최고의 게이샤가 벌어들인 5만 달러 중 30%인 1만 5,000달러가 경매를 개최한 비용으로 파나마 스페셜티 커피협회에 돌아 갔다.

레이첼의 말에 의하면, 2007년에는 커피에 자신의 이름을 붙이지 못하고 있는 무명의 게이샤 재배자에 의해 에스메랄다 농장이 권좌에서 내려올 가능성이 크다고 했다. 그 재배자는 박스에서 점프를 하면서 "이것 봐!" 하고 외칠 것이라고 말했다.

보케테는 작은 지역이며, 대부분의 커피인들은 농부로서 자신들의 역할을 잘 알고 있었다. 최소한 그들은 자신들이 하는 일을 생각하고 있다. 그들은 아무것도 가진 것 없이 스페인에서 보케테로 와서 정상을 향해 노력하고 있는 사람들이다.

40세의 레이첼은 키가 크고, 당나귀 꼬리처럼 묶은 금발이 잘 어울린다. 금으로 만든 작은 링 귀걸이를 착용하였는데 유복한 가정에서 자란 사람처럼 보였다. 그녀는 트로피를 가지고 집에 가기를 기대하고 있었다. 레이첼은 지난 1년 동안 자기 가족의 커피를 시장에서 판매해서 그 기간 동안 가격을 40%나 올렸다. 그녀는 대담했다. 하지만, 그녀의 용기는 그녀 가족의 커피에 문제가 발생하거나, 근심거리가 생겼을 때 나오는 것임이 틀림없다.

레이첼은 1주일에 3번 축구 경기를 한다고 했는데, 이기고 지는 것이 운동선수들처럼 친숙한 것 같았다.

"사람들은 때때로 질 때도 있어야지요. 아버지와 남동생은 올해도 필사적으로 이기기를 원해요. 그러나 나는 그렇지 않아요."

그러나 1주일이 지났을 때, 테이블 위의 두 게이샤는 감정가들의 애정을 받기 위해 최후까지 경쟁을 했고, 레이첼은 점점 긴장하는 것처럼 보였다. 돈, 국제적인 관심, 명성, 지위, 그리고 긍지가 걸려 있었다.

대회 기간 동안 국제적인 패널들에 의해 31개 커피가 평가되었다. 니카라과의 COE처럼 베스트 오브 파나마에 참가한 커피들은 이름이 가려져 커핑되었다. 커피들은 숫자로 표시된 코드가 지정되어 아무도 누가 어떤 커피를 재배했는지 알지 못했다. 그러나 능숙한 커퍼들 −레이첼은 매우 숙련된 커퍼이다 −은 그들 자신의 커피와 이웃의 커피를 확인하기 위한 이름표가 필요하지 않았다. 게이샤처럼 뚜렷한 맛의 프로파일을 가지는 커피는 나와 같은 비전문가라도 커핑 테이블 위에서 고를 수 있다. 그러나 하나의 게이샤를 다른 것들과 구별하는 것은 쉽지 않다.

베스트 오브 파나마 첫날, 커핑 테이블에서 나온 첫 번째 게이샤는 심사위원들을 황홀하게 만들었다. 릭은 커핑룸 2층에 자리잡은 SCAP 본부석 테이블에 앉아있는 심사위원들에게 몸을 돌렸다. 그는 커피에 대한 감정가들의 의견을 요구했다. 감정가들은 점수를 매긴 다음 커피 맛을 묘사했다.

'아니스*, 우조*, 시럽syrupy, 검은 후추, 화려한 치자나무, 산딸기, 달콤한 멜론, 사과, 에티오피아의 자연산 이르가체페 같은, 딸기 젤리, 살구, 파인애플, 과일 바구니' 등의 표현이 나왔다.

점수: 93, 95, 92, 93, 94, 95, 99.25, 95, 92, 90, 90, 93, 93.5, 94, 96, 95, 92, 91.5, 95, 92.5. 감정가 한 명은 89점을 주었다.

---

* 아니스(anise) : 지중해에서 나오는 약용, 향료 식물.
* 우조(ouzo) : 그리스의 독한 술.

릭은 나중에 나에게, 그 커피는 세척되지 않은 최상급 이르가체페 같은 맛이 났다고 말했다. 그는 첫 번째 게이샤가 레이첼의 것이라고 생각하지 않았다.

다음날 오후, 다른 게이샤가 평가에 나왔을 때, 90점보다 더 높은 점수를 받았다. 칭찬은 정도를 벗어나지 않았다.

그 커피는 입에 착 달라붙는 꽃향기가 나는 수정체로 평가되었다. 분명히 최상의 커피였다. 그러나 맨 처음의 게이샤보다는 근소한 차이로 낮게 평가된 듯했다.

레이첼은 첫 번째 게이샤가 다른 재배자의 것이라는 릭의 의견에 동의했다. 그러나 확실하지는 않았다. 혼동의 원인은 피터슨의 홈 로스팅 기계의 결점에서 기인했다. 그것은 매우 좋지 않다. 비록 대회 전에 자주 레이첼과 다니엘이 에스메랄다 샘플을 로스팅하고 맛을 보았는데, 그들은 결과에 만족하지 않았다. 게이샤는 대부분의 스페셜티 커피들처럼 로스팅에 매우 민감하다. 대회에 참가한 모든 커피는 프로바트의 소형 고급 로스터에서 로스팅된다. 레이첼과 다니엘은 커피가 최적으로 로스팅되었을 때 그들의 게이샤가 어떤 맛이 날 것인지 알 수 없었다.

다니엘은 레이첼과 함께 걱정을 나누었다. 다니엘이 말했다.

"우리 게이샤가 본래 가지고 있는 맛을 벗어난 것 같아."

대회 마지막 날은 금요일과 토요일에 가장 높은 점수를 받은 16종의 커피들이 다시 커핑되었다. 토요일 오후에는 등수를 결정하기 위해 가장 높은 점수를 받은 8종의 커피가 마지막으로 한번 더 커핑되었다. 이 커피들은 온라인 경매로 판매될 것이다. 심사위원들과 최고의 경쟁자들의 토론을 듣기 위해 SCAP 본부에 몰려온 많은 군중들이 보였다. 소문에는 최고의 점수를 받은 2개의 커피가 모두 게이샤라고 했다.-몇몇 감정가들은 세 번째로 높은 점수를 받은 커피가 게이샤 블렌드라고 생각했다. 그러나 조니 콜린스는 나에게 그렇지 않다고 말했다. 모두가 두 게이샤의 신비에 당황하는 것 같았다.

"어때요?"

나는 심사위원들이 최종 결정을 시작하기 전에 레이첼에게 물었다. 그녀가 대답했다.

"그냥 그래요."

평가의 마지막 단계에서 2개의 게이샤는 등수가 바뀐 것 같았다. 레이첼, 다니엘, 릭이 아마도 에스메랄다 커피일 것으로 확인한 토요일 오후 첫 번째 게이샤는 다소 극적이지 않았다.

점수는 훌륭했다. 90, 95, 92, 92, 91, 92, 96, 91, 93, 94, 93, 94, 93, 91, 90, 93, 92, 96-그 높은 점수는 릭에 속해 있다. 누군가 말했다.

"훌륭한 게이샤로군요."

"이것은 첫 번째 게이샤였나요, 아니면 두 번째 게이샤였나요?"

다른 심사위원이 물었지만 아무도 몰랐다. 심사위원들 또한 이 두 개의 게이샤에 대해 혼란스러워했다.

"사랑스러운 커피, 밝고, 깔끔하고, 상큼해요. 플레이버와 바디감이 약간 아쉽지만 정말 훌륭해요……."

그런 후 게이샤의 정상적인 범위를 벗어난 점수에 대한 토론이 시작되었다. 점수: 94, 95, 94, 96, 97, 96, 95, 96, 93, 93, 95, 98-윌렘 부트의 평가 점수-94, 96, 94, 92, 100. 100점!

사람들이 정말 자주 보지 못하는 점수였다.

"시럽 맛이 나고 그리고 장엄해요."

파나마 221

"아주 진한 과일맛, 포도맛, 사랑스럽고, 믿어지지 않아요, 더 많은 밀도, 더 잘 익은 베리……"

다시 한번 심사위원들을 위해 컵 안에 신神이 나타났다.

파나마인들이 심사위원들에게 맥주를 나누어 주었다.

대회는 끝났다. 밤에 열리는 연회에서 우승자와 등수가 발표된다.

그날 저녁 연회에서 레이첼이 내 옆에 앉았다.

"우리는 최선을 다했어요. 내년에는 이길 수 있을 거예요."

검은 실크 바지와 구슬로 장식한 상의를 입은 레이첼이 짓궂게 미소 지으며 이렇게 말했다.

"그들이 2위로 우리 이름을 부른다면, 나는 올라가서 상패 받는 것을 거부하겠어요. 다니엘은 그렇게 할 수 있어요."

우리는 저녁을 먹었다. 그리고 와인을 마셨다. 우리는 15,000명의 보케테 주민들에게 직접 감사를 표시하기 위해 행사의 주최자들을 기다렸다. 마침내 수상자들이 발표되었다. 미스 아메리카 대회처럼 뒤에서 부터 불렀다.

14위, 13위…… 3위. 2위! 2위 수상자는…… 피터슨이 아니었다.

1위 수상자는 에스메랄다 농장의 스페셜 게이샤였다. 그들은 다시 한 번 해냈다. 레이첼은 환호했다. 다니엘은 소리치며 팔을 높이 쳐들었다. 그들은 4번 중에 4번을 이겼다.

도매 구매자들에 대한 온라인 경매가 끝나고 한 달이 지난 후 에스메랄다 농장의 스페셜 게이샤는 1파운드당 130달러에 팔렸다. 그 가격은 정말로 전례가 없는 가격이었다. 그러나 스페셜티 사업을 운영하는 사람들은 피터슨의 질주가 영원하지 않을 것이라는 것을 알고 있었다.

2년 후 내가 파나마에 갔을 때, 커피 재배자 그라치아노 크루즈가 나에게 말했다.

"모든 것이 완전히 변하게 될 것입니다. 경매에 5개의 게이샤가 더 나올 것입니다. 그 후에는 15개의 게이샤, 어쩌면 20개의 게이샤가 더 나오겠지요. 우리가 그것을 모두 얻게 될 때에는 극소기후라는 뜨거운 실험이 기다리고 있을 것입니다."

몇 주 후, 제프 와츠가 전화로 말했다.

"파나마에 있는 모든 사람들은 지금 게이샤를 재배하고 있어요. 그것은 영화 스타워즈에서의 모든 복제 인간들이 싸우러 나오는 고전적인 전투 장면을 연상케 하지요. 이 시장에서 무슨 일이 일어날 것인지 무척 궁금합니다."

포틀랜드, 오리건 Portland, Oregon

미국의 커피 애호가들에게 스페셜티 커피의 중심지를 물어보면, 많은 사람들은 스페셜티 커피의 상업적 모선母艦인 스타벅스가 탄생한 곳으로, 미국인들에게 에스프레소의 기쁨을 처음 알게 한 시애틀이라고 대답할 것이다. 골수 커피광들에게 같은 질문을 한다면 그 커피 맛에 통달한 사람들은 당연히 시애틀에서 남쪽으로 조금 떨어진 곳에 있는 태평양 북서 지역의 어느 도시 이름을 댈 것이다. 오리건주 포틀랜드, 스페셜티 로스터와 소매 상인들이 세계에서 가장 값비싼 커피를 공급한다고 주장하는 스텀프타운 커피Stumptown Coffee의 고향이다. 또한 포틀랜드는 사회적 의식이 있는 스페셜티 수입업자인 서스테이너블 하비스트, 스페셜티 커피 산업을 밀접하게 추구하는 4개의 잡지-《바리스타Barista》, 《로스트Roast》, 《프레시 컵Fresh Cup》, 《임바이브Imbibe》, 그리고 《벨리시모 커피Bellissimo coffee》, 전 세계에서 스페셜티 커피를 열망하며 몰려든 팬들에게 카페 운영의 기법과 에스프레소 만드는 법을 가르치는 커피 컨설턴트들과 트레이너들의 고향이다.

포틀랜드에서 스페셜티 커피는 지역의 모든 특산물—소량의 양조 맥주, 윌러멧 계곡 포도원의 포도주, 풍요한 과일, 치즈, 물고기, 근처 농장의 풀을 먹인 육류, 그리고 그 지역에서 볶은 커피—를 찬미하는 생기 넘치는 주방 문화 안에 깊숙이 간직되어 있다. 이러한 지역 특산물에 대한 선호는 경제적, 세대적 분수령을 넘어 이어지고 있다. 유행을 추구하는 힙스터hipster들과 상류 시민층은 요리의 중심지로 떠오르고 있는 포틀랜드의 명성에 다같이 열광적이다. 이러한 지역적 주인의식은 다른 도시에서는 상상할 수 없을 정도로 지역 거주자들에 의해 열광적으로 받아들여지는 포틀랜드 커피 문화로 귀착된다. 예를 들어, 그 지역에서 로스팅된 스페셜티 커피와 그 지역에서 산출된 진미가 함께 나오는 '페어링' 저녁식사가 이틀 저녁 연달아 행사가 매진되는 곳이 그밖에 어디에 있겠는가? 이러한 '페어링' 저녁식사는 포틀랜드에서 가장 높게 평가되는 레스토랑 중 하나인 나바르에서 2006년 8월에 생겨났다. 나바르의 주방장과 스텀프타운의 오너 듀안 소렌슨이 계획한 메뉴에는 와인이 포함되어 있다.

그 저녁식사에서 파나마 에스메랄다 농장의 스페셜 게이샤 리저브 커피는 생강빵, 거위 파이와 함께 제공되고, 에티오피아의 이르가체페 커피는 프와그라foiegras와 세라노 햄의 테린terrine과 조화를 이룬다. 그리고 7가지의 코스 요리가 있다. 코스 요리에는 설탕에 절인 사탕무와 함께 니카라과의 로스 델리오스 커피가 포함되며, 초콜릿 무스로 훈제한 히커리*와 함께 에티오피아의 시다모 커피로 끝을 맺는다. 최근에

---

* 히커리(hickory) : 북아메리카산 호두나무의 열매.

어느 포틀랜드의 주방장과 또 다른 스텀프타운 고객은 에스메랄다를 이용해서 스테이크 럽steak rub을 만들었다. 회사의 운영 책임자인 맷 라운즈베리는 나에게 말했다.

"스텀프타운 커피는 도시의 지역 특산물을 먹는 미식가의 가치 체계와 완전히 얽혀 있습니다."

사람들은 포틀랜드에서는 절대로 태양이 빛나지 않는다고 말한다. 그러나 내가 2007년 5월 초에 방문했을 때 날씨는 맑고, 산들바람이 불어오고, 기온은 약 화씨 60에서 65도 정도로 완벽에 가까웠다. 포틀랜드의 이런 매력으로 인해, 나는 태양이 1년 중 8~9개월은 햇빛을 적게 비추어도 좋을 것이라고 생각했다. 그렇지 않으면 포틀랜드는 포틀랜드가 아닐 것이다. 그것은 로스앤젤레스일 것이다.

나는 빠르게 고급화되고 있는 바세린 지역의 멋진 도심지에 위치한 에이스호텔에 짐을 내려놓기 위해 시간에 맞추어 도착했다. 에이스호텔은 나와 같은 평범한 비즈니스 여행자를 만족시켜 주었다. 내가 묶을 방을 살펴보았다. 청결한 정돈, 발톱 모양의 발이 달린 욕조, 8층 아래 자유 분방한 거리의 멋진 경치가 마음을 흡족하게 만들었다. 방을 살핀 후 에스프레소 교육의 신동神童인 스텀프타운의 스티븐 빅을 만나기 위해 급히 떠났다. 그는 영리한 재간둥이로서 많은 친구를 가지고 있으며, 한쪽 귀에 다이아몬드 귀걸이를 하고 있었다. 나는 일 년 전에 니카라과에서 스티븐을 만난 적이 있었다. 시애틀 바리스타 챔피언 경력의 스티븐은 아직 서른이 되지 않았는데, 항상 무슨 일이 일어나고 있는지를 알고 있는 기민하고 완벽한 관광 가이드였다.

나는 렌트한 차의 키를 스티븐에게 건네주고 포틀랜드의 스텀프타운 순회를 시작했다. 우리는 스텀프타운의 로스터리와 스텀프타운의 카페

5곳 중 4곳을 들러 보았다. 다섯 번째는 내가 묵고 있는 에이스호텔의 안에 위치해 있다(스텀프타운과 에이스호텔은 퍼즐 조각처럼 서로 잘 맞추어져 있어, 어디에서 한 회사가 끝나고 다른 회사가 시작하는지를 말하기가 어렵다). 스티븐은 스텀프타운의 모든 것에 대해 쉬지 않고 말해 주었다. 포틀랜드 시市가 외곽으로 나가는 대신 시내 중심지를 성장시키려는 재개발 전략과 스텀프타운이 1999년 설립된 이래 기여한 역할에 대해 설명했다.

태양은 계속 빛나고 있었지만, 동부에서는 저녁식사 시간이었으므로 나는 배가 고팠다. 우리는 많은 소문을 낳고 있는 새로 생긴 레스토랑인 로켓으로 향했다. 우리는 몇 가지 요리를 주문하고, 옥상에 있는 테라스에서 도심의 공중 케이블을 보면서 식사를 했다. 그 첫 번째는 새우로 만들어진 바구니 안에 담긴 작은 아보카도 샐러드였다. 그 요리는 절반의 아보카도에 새우를 넣는 기존의 방식을 무시한 것이어서 나의 예상을 뛰어 넘었는데, 나는 곧 이것이 포틀랜드의 특징이라는 것을 알게 되었다.

포틀랜드에서 환경 의식은 중요하다. 자전거 역시 중요하다. 포틀랜드 사람들은 자신들이 오리건주의 어떤 도시보다도 긴 자전거 도로를 가지고 있다고 자랑스럽게 이야기한다. 자전거는 또한 포틀랜드 지역에서 번성하는 커피 중심의 힙스터 문화에서 눈에 띄게 나타나고 있다. 나는 이것을 에스프레소 바가 40미터나 늘어서 있는 네바다주의 블랙록 사막에서 열린 버닝맨 축제에서 스티븐이 자전거를 동력으로 하는 에스프레소 기계를 설명할 때 배웠다.

저녁식사 후, 우리는 도심 상업 지역에 위치한 스텀프타운 카페에 들렀다. 이 가게는 커피뿐 아니라 와인과 맥주를 제공하는데, 바의 맞은

편 긴 벽을 채우고 있는 커다란 유리 공예 전시로 인해 실내가 매우 멋졌다. 우리는 시큼한 벨기에 에일*이 발효된 로덴백 맥주를 나누어 마셨다. 나는 좋은 음식과 음료를 갖춘 도시의 미덕을 따르며 포틀랜드의 라이프스타일에 익숙해질 수 있을 것 같았다.

그 다음날 아침, 에이스호텔의 내 방에 룸서비스로 쟁반에 스콘과 '르완다 무사사 –파인애플 주스, 메이어 레몬, 싱싱한 꽃의 특성'이라고 적힌 작은 카드와 함께 스텀프타운 커피가 유리 물병에 담겨져 배달되었다. 에이스호텔의 카페는 로비의 오른쪽에 있었다. 짙은 목재로 화려하게 장식된 카페에는 4대의 클로버 에스프레소 기계가 설치되어 있었다. 한 잔의 커피를 바로 뽑을 수 있는 이런 멋진 기계의 가격은 한 대에 11,000달러이다. 고기능 클로버를 통해 바리스타는 고객이 주문하는 모든 커피를 만들 수 있었다. 이러한 아름다운 스테인리스 기계를 한 카페에 4대씩이나 설치하는 것은 쇼맨show man의 연출이다. 이것은 듀안의 작품으로 타잔이 정글에서 외치는 소리와 같다.

2006년 시장에서 히트한 클로버는 3명의 캘리포니아 젊은이들- 최근 스탠포드를 졸업한-에 의해 고안되었다. 2008년 초에 200대의 클로버가 전 세계적으로 팔렸다. 이 값비싼 기계는 뒤이어 새로운 유행을 발전시켰다. 어떤 팬들은 이 기계를 그리스도의 재림을 영접하는 듯이 헌신적인 열정으로 맞이하였다. 많은 사랑을 받고 있는 라 마르조꼬La Marzocco의 에스프레소 기계만큼 매력적이고 불가사의한 이 커피 추출 시스템은 프로렌스에서 수공으로 제작되었다.

스테인리스로 만들어진 클로버는 가장자리가 곡선으로 잘 디자인되었으며, 외형이 샤브Saab 자동차을 닮았다. 추출 시간, 추출 속도, 온도

---

* 에일(ale) : 맥주의 일종으로 라거보다 독하다.

포트랜드, 오리건　229

를 조절할 수 있는 컴퓨터가 부착된 작은 텔레비전 크기의 클로버는 바리스타를 마주 보며 카운터에 놓여져 있었다. 그 위에는 직경 6인치의 둥근 구멍이 있는데, 가루 커피는 그 구멍에 넣어지고 뜨거운 물이 끼얹어진다. 그런 다음, 축축한 가루는 진공관으로 빨려 들어간다. 진공의 힘은 커피가 필터로 걸러지고, 기계 아래로 나와서 컵으로 들어가게 한다. 전체적인 작동 시간은 약 1분 정도 걸린다.

듀안은 클로버가 커피를 한 잔씩 따로 뽑거나, 특별히 한 잔 또는 소량의 원액의 미묘함을 돋보이게 하는 데 있어서는 다른 추출 방법보다 더 낫기 때문에 클로버를 선호하고 있다. 그는 클로버에 대해 "사람들은 좀 더 미묘하고 향기로운 맛, 미세한 단맛, 향기와 감귤의 맛을 느끼게 될 것입니다."라고 말했다.

스텀프타운의 운영과 마케팅을 담당하는 맷 라운스버리는 클로버에 대해 이렇게 말했다.

"고객들이 이 에스프레소에서 드립커피를 선호하도록 바꾸는데 일조를 했습니다."

맷은 스텀프타운 고객들이 다양한 커피 중에서 선택을 해야 하므로, 고객이 주문하면 바로 한 컵을 추출하는 클로버의 기능을 큰 장점으로 본다면서 말을 이었다.

"우리는 미리 추출하여 유리 물병 또는 보온병에 준비된 '오늘의 커피'를 가지고 있지 않아요. 고객들은 우리의 35가지 커피 중에서 마시고 싶어하는 커피를 선택해야 하지요. 이로 인해 우리는 고객들과 커피에 대해 이야기할 기회를 갖게 됩니다. 그들이 커피를 선택하면, 우리는 그들을 위해 즉석에서 한 컵을 추출하지요. 커피를 고르고 기다리는 의식의 시간은 실제로 고객들이 컵 안에 있는 커피 맛에 집중하게 합니다."

제프 제스먼드는 고객들에게 공개된 스텀프타운의 커핑룸 아넥스the Annex를 운영한다. 그곳에서 커피 원두를 도매로 사려는 고객들을 위해 다양한 품종의 맛을 보여준다. 제프가 말했다.

"아넥스에서 우리는 이전의 커핑에서 얻은 커피를 다시 똑같이 만들기 위해 클로버를 사용합니다. 그것이 벤치마크죠. 스텀프타운이 첫 번째 클로버를 구입했을 때 바리스타들은 이것을 커피 로봇이라고 부르면서 신중을 기했으나 그것이 전부는 아니었어요. 이것은 아주 소중한 기계로서 사용자들이 좋은 커피를 만들지, 아니면 평범한 커피를 만들지는 그들이 얼마나 잘 훈련이 되어 있는지에 달렸습니다."

그렇지만 제프는 각각의 커피를 돋보이게 하는 클로버의 올바른 조리법을 얻는 것이 매우 어렵다는 것을 알고 놀랐다. 몇 가지의 커피는, 최적의 맛을 내는 방법을 알아내기 위해 커피 원두 갈기, 뽑아내는 시간, 1회 투여량 등의 과정을 50~100번씩 반복해서 작업했다.

제프가 말했다. "어떤 사람들은 커피를 너무 많이 마셔야 한다고 불평하지요. 새로운 커피가 나올 때 우리는 가급적 적은 양을 시음하려고 합니다. 어떤 때에는 8온스의 컵에서 22그램 정도의 적은 양을 시음하기도 하지요. 우리는 커피 원두가 낭비되는 것을 원하지 않습니다. 그리고 커피가 재배되는 지역과 재배에 따른 모든 노동을 존중하기 때문에 이렇게 하고 있어요."

클로버에 대해 그가 말했다.

"우리는 일하면서 배우고 있어요. 고객들이 다양한 조제법에 대해 어떻게 반응하는지 알기 위해 변화를 시도하고 있지요. 또한 우리는 커피 생두의 나이가 맛에 어떤 식으로 영향을 미치는지 알아내기를 원하고 있습니다."

나는 제프가 클로버의 올바른 조제법을 알아내기 위해 50~100번 실험을 한다는 이야기를 듣고 궁금해서 피터에게 전화를 걸어 물었다.

"커피 가이들이 어떤 사람들인지 당신도 잘 알고 있지 않습니까?"

피터가 대답했다.

"우리는 커피 맛을 결정하는 여러 가지 변수를 조작해 보는 것을 좋아합니다. 그것은 우리들만 하는 것입니다. 클로버를 조작할 수 있도록 당신 바로 앞에 놓으면, 바리스타라면 당연히 만지기 시작할 것이고, 그리고 끙끙 앓겠지요. 정확하게 작동되지 않는 클로버는 필요하지 않습니다. 그들은 다양한 프렌치 프레스를 만들기 위해 너트를 만지며 시간을 보낼 것입니다."

피터는 여전히 클로버의 팬이었다. 그가 말하기를, 훌륭한 커피는 마시고자 할 때 한 잔이 바로 추출되어야 한다고 했다.

"커피를 미리 추출해서 주유소, 호텔 로비, 또는 프렌치 바닐라를 파는 엉터리 커피숍에서 보온병 같은 것에 저장하는 것은 스페셜티 커피의 미의식과는 맞지 않아요."

피터의 말은 계속 이어졌다.

"클로버, 프렌치 프레스, 그리고 할로겐을 열원으로 사용하는 2만 달러의 일본제 사이펀이 샌프란시스코의 블루 바틀 카페에서 사용되고 있다는 것은 좋은 일입니다. 이렇게 다양한 커피 조제 방법은 고객들을 혼란하게 하지요. 고객에게 충격을 주지 않는다면, 그들은 그저 예전에 마시던 커피를 기대하면서 아무런 생각 없이 커피숍으로 들어가기 때문에 그것은 중요합니다. 우리는 그들에게 이곳이 색다른 종류의 커피를 판매하는 색다른 커피숍이라는 사실을 알려주기 위해 극적인 뭔가를 하기 시작했어요. 그것을 클로버가 아름답게 해냈지요."

클로버의 기능이 잘 맞춰지면, 클로버는 지극히 좋은 커피를 만든다. 나는 대개 우유를 곁들인 모닝커피를 마신다. 에이스호텔에서 내 방으로 배달된 르완다 무사사는 클로버로 추출되었는데, 너무나도 생생하게 맛있었다. 나는 카드에 적힌 파인애플 맛은 느낄 수 없었으나, 레몬과 꽃 향이 풍기는 맛은 사랑스럽고 상쾌하게 다가왔다. 스콘도 역시 나쁘지 않았다. 고품질 커피의 소매업자들은 모두 빵의 품질에 대해 고민하고 있다. 가장 좋은 빵이라 할지라도 2~3시간 내에 커피보다 더 빨리 신선함을 잃어버리기 때문이다.

아침식사 후, 나는 호텔 근처의 상업 중심 지역인 펄 지역에 있는 서스테이너블 하비스트를 방문했다. 그곳에서 서스테이너블 하비스트의 설립자로서 많은 정보를 알고 있는 40대 중반의 데이비드 그리스월드를 만났다. 서스테이너블 하비스트는 1년에 거의 1,000만 파운드의 공정무역 유기농 커피를 팔고 1,700만 달러의 수입과 100만 달러의 예산을 운영하는 회사이다. 이 회사는 생산자에 대한 트레이닝과 농부들이 스페셜티 로스터들의 기준을 맞추도록 도와주는 해외 사무소에 회사가 벌어들이는 수입의 거의 반-또는 1년에 약 50만 달러-을 사용한다. 데이브는 연간 100만 달러의 예산으로 라틴아메리카와 동아프리카에서 커피 품질을 높이는 방법을 가르치는 5명의 농업 경제학자들과 4곳의 해외 사무소 종업원 24명을 지원하고 있다.

처음에 그는 약간 자신의 일에만 몰두하는 사람으로 보였다. 그는 스페셜티 무역과 관련된 모든 경제적 세부사항의 장막을 제거하는데 긍정적이며 강한 의지를 보이고 있었다. 그가 고안한 정교한 소프트웨어를 사용하여 그는 투명성에 대한 정의를 다시 내렸다. 그의 회사의 모든 경제적, 수입 데이터는 웹상에 있다. 예를 들면, 인텔리젠시아 또는 카운터 컬처와 같은 엘리트 로스터에게 커피 원두를 파는 멕시코 농부는 농장에서 멕시코의 도정소, 멕시코 트럭 운전기사, 멕시코의 창고, 컨테이너 하주, 뉴욕 항구, 뉴저지의 창고, 더햄의 카운터 컬처의 로스팅 기계 또는 시카고의 인텔리젠시아, 그리고 1파운드에 6~7달러를 지불하는 도매 고객으로 이어지는 시스템을 통해 커피가 이동하면서 벌어들이는 돈의 흐름을 온라인으로 정확하게 파악할 수 있다.

지금까지 12명의 엘리트 로스팅 회사 대표들과 이야기를 나누었는데, 아무도 데이브만큼 기꺼이 커피 사업의 근본적인 세부사항들을 알려주려고 하지 않았다. 그밖에 어떤 사람도 나에게 재무 상태를 보여주거나, 그들이 지불하고 벌어들이고 있는 것에 대해 정확히 말해준 사람은 없었다. 예를 들어, 내가 쫓아다녔던 젊은 스페셜티 로스터들 중에서 어느 누구도 그들이 소유한 소규모 회사의 특이한 재정 상황이나 창고에 대해 말한 적이 없다. 서스테이너블 하비스트 또는 캘리포니아 페털루마에 근거지를 둔 볼카페 스페셜티 커피와 같은 수입업체는 커피를 구매하고, 창고 보관을 포함한 물류의 모든 일을 해결한다. 그리고 스페셜티 가이들이 필요로 할 때마다 조금씩 보내고 계산서를 청구한다.

데이브는 제3 물결의 커피인들이 가지고 있는 열정과 흥분을 공감하고 그들의 사업 모델을 높이 평가했다. 소규모 로스터인 카운터 컬처, 인텔리젠시아, 스텀프타운은 결제를 잘하고 있다. 그들은 커피의 소매가격이 올라야 한다고 생각하고 있었다. 커피 농업이 중앙 아메리카와 그 외 지역에서 살아남기 위해서는 1파운드에 12~13달러의 소매 최고 한도를 깨뜨려야 한다는 목표를 가지고 있으며, 꼭 해야 한다고 그는 말했다. 이러한 높은 가격으로 사고 파는 모델은 스페셜티 회사들의 공개적인 거래에 어려움이 있다. 대형 스페셜티 회사들은-그는 나에게 그 회사의 이름을 대지 말라고 요구했다.-농부들과 우호적으로 지내고자 할 것이다. 그러나 결정적일 때 그들은 주주들을 위해 낮은 가격으로 구입해서 높은 가격으로 판매해야 한다고 믿고 있었다. 이러한 회사들이 도덕적이라고 할지라도, "일반적으로 원가를 낮추고 우리가 얻는 마진을 낮추는 방법을 찾아 움직인다."라고 데이브는 말했다.

"구매자들은 월스트리트의 단기적 압력과 가난한 농부들을 부양하려는 장기적 관심 사이에서 꼼짝 못하고 있는데, 이것이 최근 우리의 경제 시스템이 당면한 도전입니다. 우리의 가격을 대형 다국적 수출입 회사와 비교하면, 이 '바닥을 향한 경주'는 경쟁을 어렵게 만들고 있습니다. 우리는 농장에서 광범위한 교육을 하고 있으며, 원산지에서 진행되는 작업을 디지털 사진으로 찍기 위해 비디오 작가를 보내고 있습니다. 우리의 구매자들은 가게에서 이 사진을 활용하여 소매 고객들에게 커피가 어디에서 오는지, 어떻게 자라는지를 가르쳐 줄 수 있습니다. 고품질 커피가 더 많은 비용이 드는 이유, 소규모 엘리트 로스터들이 옹호하는 입장 등 고객들을 이해시킬 수 있는 이야기를 달하면 법인 구매자들은 '그래요, 맞아요. 데이브, 당신은 훌륭해요. 하지만 우리는 가격을 다국적 기업에 가까이 맞춰야 해요.'라고 말하지요.'

데이브가 엘리트 스페셜티 회사들에게 제기하는 문제는 소규모 농부들을 대표하는 협동조합에 대한 그들의 태도였다. 그는 협동조합과 함께 일하기가 어려울 수 있다는 것을 인정하면서 침울하게 말했다.

"아무도 모호한 이야기는 원치 않아요."

데이브는 협동조합은 배척되거나 제거되기보다는 지지받아야 한다고 믿고 있었다. 그는 이렇게 덧붙였다.

"농부들에게 건강, 교육, 커피 작물학, 도정, 그리고 그 이상의 분야에서 열두 달의 용역을 제공하기 때문이지요. 협동조합은 가끔 정부 기관이 닿지 않는 먼 지역에서 사회적 용역을 제공하고 있어요. 만일 협동조합이 폐쇄되면, 농부들은 결국 이해관계자 대신 소작인으로 전락하게 될 것입니다."

다시 말해서, 농부들이 개인적으로 움직이고, 가격을 잘 받든 그렇지 않든 개인적으로 구매자에게 판매할 때에는 그들은 사회적 혜택에 접근할 수 없게 된다. 반면에, 협동조합의 구성원이 되면 재배자들은 실질적으로 투자자가 된다. 그들은 경기가 좋을 때와 특히 그들의 도움이 가장 절실한 불경기에 더욱 의존할 수 있다.

데이브는 스페셜티 가이들이 올바른 마음을 가지고 있다고 믿고 있었다. 그러나 그들은 항상 처음에는 역사적, 경제적인 배경을 충분히 이해하지 않는다. 내가 포틀랜드 방문 후 몇 달이 지나서 경제가 쇠퇴하고, 수송비가 증가하고, 신용이 경색될 때 그는 더 큰 의미있는 문제를 제기했다.

"만약 스페셜티 로스터 회사들이 도산한다면, 그들과 계약한 농부들에게 무슨 일이 발생하겠습니까? 물론, 로스터는 농부들에게 영구적으로 높은 가격을 지불하기를 약속해 왔습니다. 그러나 그것이 무슨 보장이 되겠습니까? 회사들이 실패하고 협동조합이 제공하는 이익이 없다면 경기가 혹독해졌을 때 농부들은 어떤 보호를 받을 수 있겠습니까?"

그 후 나는 맷 라운즈베리를 다시 만나서 포틀랜드의 미시경제에서 국제 거시경제까지 이야기를 나누었다. 스텀프타운의 마케팅 최고 책임자인 그는 MBA 학위를 가지고 있는 30세의 멋쟁이였다. 말끔하게 면도하고 핑크색 셔츠를 입었는데, 몸에 다양한 문신과 피어싱을 하고 스텀프타운에서 일하는 깡마른 음악가들과는 구분되었다.

맷과 나는 스텀프타운의 도매 고객 중 한 명을 만나기로 했다. 우리는 유망한 소매 사업 지역인 번사이드에 위치하고 있는 카페 겸 베이커리인 크리마로 갔다.

그는 스텀프타운에서 커피를 파는 크리마와 같은 독립적인 카페와 시민들의 경제 발전을 우호적으로 돕고 있는 스텀프타운의 직영 카페 5곳을 언급하면서 지역사회와 스텀프타운의 관계를 강조하였다. 더욱이 스텀프타운은 내부적으로 종업원들에게 충분한 혜택과 상당한 임금을 지불하고 있다.

"우리의 바리스타들은 대부분 이 도시에 주택을 소유하고, 행복한 가정을 꾸리고 있어요. 커피에 관해서, 우리는 7개 나라의 커피 경매에 참가해서 최고 가격의 기록을 모두 깨뜨렸습니다."

스텀프타운이 커피를 로스팅하고 판매하는 방식은 어느 누구보다 뛰어나다고 맷은 확신했다. 그러나 회사를 전국적으로 확대할 계획은 가지고 있지는 않았다. 너무 거대해지는 것은 포틀랜드 방식이 아니라고 말했다.

"고객들이 우리를 지켜보고 있어요. 만일 우리가 너무 커지면 그들은 우리의 팽창하는 '제국'에 대해 불평할 것입니다."

지역적 선호를 유지하면서 스텀프타운은 사업과 시장을 쫓아가지 않는다. 사실, 맷이 말하는 이야기를 들어보면 스텀프타운은 '반시장적'이다.

"우리는 잠재적인 소매 고객들을 만나 의견을 듣습니다."

그는 커피를 우려서 판매하는 레스토랑과 커피숍을 예로 들어 말했다.

"만일 그들이 설비와 트레이닝에 투자하고서도, 우리의 기준을 달성하지 못하면 우리는 그들을 받아들일 수 없습니다. 우리는 매일 로스팅하고 배달합니다. 그리고 고객들에게 7~10일 이내로 사용할 것을 강조합니다."

우리는 로스터리 근처에 위치한 스텀프타운 판매 사무실에 들렀다. 로스터리는 단정했다. 거래 관계에 있는 사람들 중 한 명으로 팔에 코끼리 문신을 자랑하는 샤리 백웰이 문제를 가지고 맷에게 다가왔다.

와이오밍주의 산속 고급 휴양지인 잭슨홀에 있는 몇몇 베이글 상점에서 50파운드의 커피 주문을 원하고 있다면서 샤리가 말했다.

"그들은 스텀프타운의 감각을 가지고 있는 베이글 순수주의자들입니다. 그들은 토스터를 가지고 있지 않아요. 그래서 베이글이 구어진 그 날 모두 소비되는 것을 바라지요. 그들은 다음날 받는 커피의 항공화물 요금을 흔쾌히 지불하고 있습니다."

"보낼 수 없어요." 맷이 단호한 목소리로 말을 계속했다.

"나는 우리가 모르는 사람들에게 임의로 50파운드의 커피를 보내지 않아요." 샤리는 난처한 표정을 지으며 입을 열었다.

"나는 그 사람들에게 이미 말했어요. 그들은 정직한 사람들로 보였습니다."

샤리의 말을 맷이 받았다.

"좋아요. 내가 그들과 전화를 해보지요."

우리는 차로 다시 내려왔다. 맷이 잭슨홀의 펄스트리트 베이글스에 전화할 때 나는 그곳에 있었다. 맷은 헤드셋을 착용하고 있었기 때문에 오로지 맷의 말만 들을 수 있었다.

"우리는 다른 주州에는 도매로 판매하지 않아요. 당신이 커피를 우려내릴 수만 있다면, 나는 오히려 당신에게 팔고 싶군요⋯⋯ 2곳의 가게라면, 드립 커피 진열장인가요? 한 주에 50파운드요? 프렌치 로스트는 우리가 기대하는 유력한 로스트에요⋯⋯ 청결에 대한 의식은? 커피를 뽑고 나서 설비들을 깨끗이 씻는가요? 에어팟(airpot)을 청결하게 하나요? 규칙을 위반했다는 의미가 아닙니다. 그러나 우리는 7~10일간의 신선함을 주장합니다. 대단하지요! 우리는 고테말라에서 농부들에게 지불하는 금액의 상한을 깨뜨렸어요. 웨웨테낭고의 핀카 인헤르또⋯⋯ 그 커피는 놀랍죠. 그 재배자가 지금 과테말라에서 우리를 방문하고 있어요. 몇 가지 정보를 보내드릴게요⋯⋯ 좀 더 이야기하고 싶네요. 나를 당신의 핫리스트에 올려줘요. 3시까지 보낼게요⋯⋯ 당신은 우리가 함께 사업하고 싶은 사람이군요."

맷은 와이오밍주의 잭슨홀에 있는 두 개의 베이글 숍이 한 주에 50파운드의 커피를 우려서 팔 수 있을지를 염려하면서 대화를 시작했다. 스텀프타운은 고객들에게 커피를 여러 달 동안 보관하면 향이 빠져나가고 맛이 써지기 시작하므로 자사의 커피를 빨리 사용하기를 요구한다.

맷이 그 카페는 에스프레소를 팔지 않으며, 매주 유능한 로스터로부터 공급받은 커피를 내려서 주는 것을 특징으로 한다는 것을 알았을 때, -그가 언급했던 '드립 커피의 표본'-그는 그 가게들이 한 주에 50파운드의 커피를 사용할 수 있을 것으로 믿게 되었고, 그의 반감은 줄어들었다.

맷은 커피 만드는 기계뿐 아니라 에어팟을 포함한 추출된 커피가 공급되기 전에 저장되는 보온병이나 유리 물병의 청소 습관에 대해 물었다. 그러한 용기들은 커피를 보온기에서 오랫동안 끓여야 하는 구식의 방식과는 다르게 조리할 필요 없이 커피를 따뜻하게 유지해준다. 맷은 나중에 이렇게 말했다.

"청결은 우리가 매일 다루는 것이죠. 아무리 커피가 좋다고 하더라도 커피를 우려내리는 기계 장치와 에어팟airpot을 특별한 세제로 정기적으로 닦지 않으면, 커피를 맛보는 것이 아니라 단지 때 묻은 에어팟을 맛보는 것이 됩니다."

맷은 잭슨홀 베이글 가게가 스텀프타운의 기준에 따라 실천하고 있는 것에 만족했을 때, 그는 그의 음조를 바꾸고 그들에게 커피를 판매하는데 적극적이 되었다. "나를 당신의 핫 리스트에 올려줘요."라는 말은 그가 그들의 적극적인 공급자 리스트에 있기를 원한다는 뜻이었다. 그는 커피에 대해 올바르게 행동하게 될 가치 있는 고객이 되었다는 데에 만족했다.

스텀프타운이 에이스호텔에서 주최한 파티가 열린 그날 저녁, 나는 핀카 엘 인헤르토에서 온 농부들을 만났다. 그들은 이제 방금 스텀프타운이 잭슨홀로 보낸 50파운드의 커피를 재배한 농부들이었다. 그들은 알트로 아귀레 시니어와 주니어—서른 살의 젊은 아귀레는 영어를 쓰지만, 그의 아버지는 그렇지 않았다. 그 아버지와 아들은 지난주 로스앤젤레스에서 열린 SCAA 연례 회의 참석을 위해 미국에 왔다. 그런 후 그들의 가장 중요한 고객을 방문하기 위해 포틀랜드로 왔다. 재배자들이 방문하자, 스텀프타운과 최고의 로스터들은 그들과 단골 도매 고객들이 재배자들을 만날 수 있도록 비공식 집회를 여러 차려 열어 주었다.

나보다 한 주 후에 스텀프타운을 방문한 에스메랄다 농장의 대니얼 피터슨은 생산물의 최종 소비자들을 만나는 것이 얼마나 도움이 되었는지를 나에게 말했다.

"재배자들로서 볼 때는 당신들은 이 커피 체인의 재배자들로부터 너무 멀리 있습니다. 농부들은 커피가 어떻게 만들어지고, 팔리는지 모릅니다. 커피 재배 농부들은 실제로 어둠 속에 있습니다."

알트로 주니어와 대니얼은 나이가 비슷했다. 그들과 이야기하고 난 후, 스페셜티 커피의 세 번째 물결은 커피 구매자들보다 더 넓은 범위를 포함할 것이라는 생각이 들었다. 어쩌면 영어를 사용하고, 커피를 일용품이 아니라 가치 있는 장인의 작품으로 보려는 30대의 스페셜티 재배자들을 포함할 것이다.

알트로는 자신들에게 더 많은 돈을 벌 수 있는 기회를 준 듀안이 얼마나 고마운지 나에게 말했다.

"그는 우리에게 커핑하는 법을 가르쳐주었는데, 이제 우리는 커핑 시험실을 운영하고 있습니다. 우리 종업원들은 커핑하는 방법을 배우고 있습니다……. 듀안은 계속해서 우리가 더 많은 것을 하도록 밀어주고 있습니다. 이제는 우리 농장의 여러 가지 다양한 커피 품종에서 100% 버번 품종을 따로 분리하고 있습니다."

그날 저녁 에이스호텔의 연회장에 뒤섞여 있는 사람들 중에 메사추세츠 액턴에 있는 떼루아Terroir 커피의 조 오웰이 있었다. 그는 가장 잘 알려진 두 번째 물결의 사람들 중 한 명이며, COE의 설립자였다. 나는 그를 니카라과에서 만난 적이 있었고, 액턴에 있는 그의 로스팅 공장도 방문했었다. 조지와 그 외 서너 명의 사람들은 로스앤젤레스에서 열린 SCAA 회의를 마치고 포틀랜드로 날아 왔다. 이러한 모든 것은 스페셜티 커피계에서 스텀프타운의 위상을 보여준다. 조지와 듀안은 스타일이나 배경에서 아주 큰 차이가 난다. 조지는 뉴잉글랜드 출신으로 예일대에서 교육을 받았는데, 언젠가 파리에 카페를 여는 것을 꿈꾸고 있었다. 듀안은 커피의 로큰롤rock-and-roll 악동惡童이다. 그러나 이러한 속성은 두 사람이 우정을 맺으면서 사소한 것들을 서로 맞추어 나가려는 그들의 노력에 문제가 되지 않았다. 조지는 그가 이전에 무시했던 클로버 커피 메이커가 스페셜티 세계에 뭔가 중요한 것을 제공하고 있다고 생각하고 있었다.

멘노 사이먼도 파티에서 맥주를 마시면서 어울렸다. 멘노는 여러 달 전에 스텀프타운, 카운터 컬처, 인텔리젠시아, 그라운드워크, 그리고 에티오피아에 있는 많은 다른 소규모의 로스터들로부터 주문받은 에티오피아 커피를 여전히 구하지 못하고 있었다. 그러나 그것이 스텀프타운 동료들과의 우정을 방해하지는 않았다.

파티는 끝났다. 그날 저녁은 따뜻했고, 한 무리의 커피인들이 에이스 호텔 앞 인도에 서서 대화를 나누고 있었다. 나는 조지를 비롯해서 몇몇 사람들과 이야기를 나누었다. 조지는 커피 애호가이자 커피의 열광적인 팬이었다. 그는 재즈 애호가들이 마일스 데이비스와 찰리 파커의 작곡가별 레코드 목록을 공부하는 것과 같이 스페셜티 커피를 공부했다. 그는 모든 커피 가이들의 이름을 외쳤다.

"피터, 제프, 듀안, 듀안, 듀안!"

그는 이렇게 외쳤다.

"듀안은 신神입니다!"

다음 날 아침 나는 조엘 폴락과 함께 커피 로스팅을 할 준비를 하였다. 그는 스텀프타운의 로스터 출신으로 스텀프타운의 지분을 매입하여 소액 주주가 되었다. 그는 대량 판매 시장의 커피 회사들은 사람의 간섭을 거의 필요로 하지 않는 자동화된 기계에서 한 번에 몇백 파운드씩 커피를 로스팅한다고 말했다. 스텀프타운과 다른 최고급 회사들은 유럽에서 수입하여 다시 새로 개조된 주철로 만든 기계로 소량을 로스팅하는 옛날식 방법을 선호했다.
 스텀프타운은 모두 독일에서 만든 프로바트Probat 로스팅 기계를 사용하고 있었다. 로스팅 기계들은 자동차 매니아들이 고풍古風스런 승용차에 아낌없이 투자하는 것과 같은 넘치는 열정으로 내부와 외부를 닦아서 신제품처럼 보였다. 독일의 프로바트 회사는 박물관 전시를 위해 스텀프타운의 로스터 기계들-1919년부터 제작된 골동품-가운데 하나를 사려고 노력했으나 듀안은 팔지 않았다. 스텀프타운의 대형 기계는 100파운드 단위로 커피를 로스팅하는데, 디비전 거리에 있는 카페에서는 26파운드 정도의 적은 단위로 소형 프로바트를 가동하고 있었다.
 스페셜티 로스팅은 모험적인 사업이다. 잘못되면 값비싼 많은 양의 커피들이 연기로 사라진다.
 커피 가이들은 평소 그들의 로스터가 산업용 크기의 세탁 건조기를 닮았다고 말했다. 커피가 위로 들어가면 앞 해치로 나온다. 모든 로스팅 기계는 커피콩이 열 속에서 휘날리는 큰 드럼이 있다. 대부분의 스페셜티 로스터는 두 가지 열원을 사용한다. 기계의 많은 기능이 전기로 가동되지만, '로스팅'은 조절하기 쉽고 즉시 끄는 것이 가능한 가스 불꽃으로 한다. 중앙 드럼 안에 있는 공기는 가스에 의해 화씨 450도 정도까지 데워지고, 일련의 전기 동력을 받는 내부의 교반 날개가 고르게 볶아지도록 커피콩을 내던져 휘날리게 한다.

전문가들은 커피 볶는 것을 옥수수 튀기는 것에 비유한다. 커피 생두는 튀기지 않은 옥수수처럼 수분을 많이 함유하고 있다.

커피 무게의 9.5%~13.5%는 평범한 H_2O이다.* 열이 물을 기화시켜 어마어마한 팽창력과 함께 커피콩 밖으로 내보내면, 커피콩은 튀기는 냄비 속의 옥수수 낱알같이 된다. 그것들은 계속 부푼다. 압력이 커피콩 안쪽 길게 이어지는 홈을 따라 형성되면, 옥수수 낱알과 같은 커피콩은 벌어지면서 터지는 소리를 낸다. 커피는 폭발하지는 않지만 로스터들에게 가장 중요한 '첫 번째 딱' 하는 소리를 내며 터지면서 갈라진 틈을 보인다. 채프(chaff)라 불리는 얇은 껍질들은 커피콩이 튀어 오를 때 커피콩 바깥을 떠다닌다. 여기서 볶는 것을 중단하면, 이것을 라이트 로스트라고 한다. 이것은 대체로 가볍게 로스트된 게이샤와 같이 꽃향기가 나는 커피의 맛을 잘 보여준다. 커핑하려는 커피도 역시 가볍게 로스트하는데, 진하게 로스트하면 커피의 타고난 특성이 없어지기 때문이다.

'첫 번째 딱' 하는 소리를 내며 터지고 난 후에는 로스팅 과정이 빠르게 진행된다. 로스터가 세심한 주의를 기울이지 않으면 순식간의 커피를 망치게 된다. 그 과정을 지켜보기 위해 로스터는 길고 좁은 봉 형태의 샘플 뜨는 도구를 기계의 본체 안으로 밀어 넣어 한 스푼의 커피콩

---

*역주) 잘 관리된 커피는 이 정도의 함수율을 유지한다. 공식적으로는 9~13%로 알려져 있지만, 정확하게 관리되지 않으면, 함수율이 5% 미만으로 떨어지기도 한다. 이렇게 되면 아무래도 상큼한 신선함을 느끼기 어려운 커피가 된다.

을 덜어낸다. 로스터는 색깔을 보기 위해 커피콩을 체크하고, 빠르게 기계 안으로 다시 밀어 넣고, 원하는 정확한 효과를 얻기 위해 제어 장치를 조절하는 과정을 계속해서 반복한다. 애그트론Agtron이라 부르는 특별한 장비는 지속적으로 로스트 강도를 판독해 준다. 커피를 볶으면 커피는 계속해서 팽창한다. 커피가 로스터 안에서 계속 볶아지면, 커피콩은 다시 튀게 될 것이다. 그것은 커피콩이 두 번째 갈라지는 것이다. 어떤 스페셜티 커피들은 두 번째 크랙이 있기 전에 로스팅 기계에서 꺼낸다. 진하게 로스트하려면 좀 더 오랫동안 로스팅을 해야 하는데, 이때 두 번째로 파열이 일어나는 것이다.

조엘은 배달할 주문품을 로스팅하고 있었다.

"시간과 온도를 언제 줄이느냐가 문제입니다."

그가 1959년형 소형 프로바트를 기품있게 다루면서 말했다.

"두 번째 크랙에 접근하여 감귤과 꽃 향의 풍미를 조금 잃기 시작하면 온도를 내려야 합니다. 그렇지만 충격을 주지 않는 것이 좋습니다. 만약 온도가 급격하게 떨어지면 다양한 맛을 잃게 됩니다. 우리가 하는 것은 첫 번째 크랙을 결정하는 큰 변수와 두 번째 크랙을 결정하는 적당한 변수를 입증하는 것입니다. 우리는 커피의 진함과 달콤함 사이의 균형을 찾고 있습니다. 첫 번째 크랙에서는 최고급의 감귤 맛이 나고, 두 번째에는 포도주의 풍미와 시럽 같은 단맛이 납니다."

이 순간을 결정하는 것은 좋은 신맛을 감별하는 로스터의 높은 능력에 달렸다. 조엘은 계속해서 말했다.

"요점은 커피 고유의 특성을 밝히는 것입니다. 너무 오래 볶으면 커피가 일반적으로 초콜릿 맛과 단맛을 너면서 신맛을 잃습니다. 그리고 복합적인 맛은 감소합니다. 아침을 위한 브라우니* 같은 맛이 날 것입니다. 첫 번째와 두 번째 크랙 사이에 온도를 단계적으로 부드럽게 떨어뜨리는 것이 좋습니다. 달콤하고 복잡한 맛이 나게 하는 것이 좋습니다. 만약 로스팅되고 있는 전체 커피에서 이상이 발견되지 않더라도, 우리는 진행 과정을 알아보고자 샘플 봉으로 커피콩을 빼서 살펴보아야 합니다. 커피콩은 볶으면 팽창됩니다. 연기는 커피콩의 내부를 캐러멜화하는 마지막 단계를 알려줍니다. 당분이라는 갈변(褐變)이 없었다면 달콤한 맛이 스며든 커피의 개발이 어려웠을 것입니다. 사람들은 색다른 맛을 추출하기 위해 첫 번째 크랙과 두 번째 크랙을 섞는 것을 원합니다. 예전에는 로스팅 방법에 대해 절대로 이야기를 하지 않았지요."

조엘은 마치 기밀을 누설한 것처럼 약간 놀란 표정을 지었다.

나중에 맷 라운스버리는 스텀프타운이 로스팅 방법과 기술에 대해 너무 많은 정보를 알리지 않는 데에는 다른 이유가 있다고 말했다.

"앞으로 우리의 미래는 최고의 커피를 만드는데 달려 있습니다. 우리는 커피가 항상 변하기 때문에 우리의 블렌드와 커피를 로스팅 하는 방법에 대해 너무 많이 이야기하지 않으려고 노력합니다. 우리는 계절에 맞는 커피를 로스팅 합니다. 그리고 어떤 커피 원두라도 그 날 혹은 그 주에 사용할 수 있도록 커피의 올바른 로스팅 방법을 찾는데 끊임없이 노력하고 연구합니다. 사람들은 항상 말합니다. '저런, 블렌드가 바뀌었네요.' 물론 바뀌었죠. 나는 사람들이 자주 찾는 블로그에서 우리의 브렌드와 로스팅에 관한 자료를 읽습니다. 그들은 우리에 대해 잘 알고 있는 것처럼 보입니다. 그렇지만 기본적으로 우리는 블로그에 들어가지 않으려고 합니다."

조엘은 소형 로스팅 기계로 돌아가서 다른 배치*의 커피 로스팅을 마

---

*브라우니(brownie) : 아몬드가 든 납작한 초콜릿

쳤다. 커피 원두가 드럼에서 그가 작은 브러시로 털어낸 킨 냉각통 위로 쏟아졌다.

"만일 로스팅 중에 조심스럽게 닦아내지 않으면, 신선한 음식을 더러운 접시에 담는 것과 같습니다. 냉각통은 깨끗하게 닦아야 합니다. 냄새가 나거나 잔여물이 묻어 있는 어떤 것도 사용할 수 없습니다."

커피 원두는 냉각통에서 깨끗한 보관통으로 간다. 로스팅 과정에서 수분과 혼성 화합물의 유실로 커피콩의 중량은 15%~22%가 감소된다. 그리고 당을 캐러멜화 하는 것과 같은 다양한 화학 반응이 일어나는 과정에서 물과 이산화탄소를 만들어낸다. 조엘이 다른 커피콩을 준비하면서 말했다.

"커피를 로스팅하기 위해서는 여러 가지 감각을 사용해야 합니다. 이것은 빵을 잘 굽거나 와인을 만드는 것과 같은 것입니다. 모두 감각과 후각에 달렸습니다. 로스팅하는 결과에 따라 어떤 커피가 컵에 담겨 나올 것인지 생각해야 합니다. 예컨대 수마트라에 대해 잘근잘근 씹어서 뭔가가 잔뜩 우러나온 느낌이 입안을 꽉 채우는 진한 맛을 원한다면, 그렇게 로스팅해야 합니다."

더 많은 커피콩들이 로스터의 뜨거운 드럼 속으로 쏟아 부어졌다. 내 코는 냄새를 맡느라 분주했다. 초록의 볶지 않은 커피의 향은 불쾌했다.

"약간 썩은 냄새가 나는 버터를 바른 팝콘의 냄새 같아요."

내가 말하자 조엘이 입을 열었다.

"아니에요. 그건 옥수수 수염이 타는 냄새 같지요. 수마트라는 열매에서 생선 소스를 찌는 듯한 냄새가 나지요."

＊ 배치(batch) : 로스터 속에 한 번 넣는 양

그는 볶지 않은 커피콩의 냄새에 대해 많은 특성이 있다는 말을 했다.

이제 거의 첫 번째 크랙 단계가 되었다. 8분 30초가 지나자 조엘이 커피를 체크했다. 그리고 커피를 샘플 봉으로 가득 떠서 유심히 살펴보고, 기계 안에 다시 집어넣으면서 계속해서 체크했다.

"커피는 볶는 것이지 굽는 것이 아니라는 것을 확실히 알아야 합니다. 커피를 구우면 너무 천천히 익게 되지요. 그것은 신맛과 향을 빼앗아서 굴뚝으로 보내는 것입니다. 살짝 튀긴 양파처럼요. 커피콩은 태우거나 불로 끓이는 것이 아니라 캐러멜처럼 만드는 것이 좋아요."

나는 조엘에게 왜 기계의 온도 정보를 체크하지 않는지를 묻자 그가 대답했다.

"감각을 사용하는 법을 배워야 해요. 우리는 결코 우리가 하는 것을 당연한 일로 생각하지 않기를 원하지요. 우리는 스텀프타운에서 로스터에 대해 토론하기 위해 한 주에 한 번씩 모임을 가져요."

그는 다양한 커피의 맛에 대해 설명하면서, 대마초 맛이 나는 인도네시아의 레이크 타와Lake Tawar에 대한 이야기를 재미있게 해 주었다.

실제로 스텀프타운의 상당수 사람들은 나에게 능글맞게 웃으면서 레이크 타와는 대마초 맛이 난다고 말했다. 대마초는 확실히 이곳에서 주요 관심사로 보였다.

대마초와 커피의 결합은 처음에 나를 당황하게 했다. 일반적인 통념으로 대마초는 '게으른 사람의 마약'이라고 말하곤 한다. 그러나 스텀프타운의 사람들은 집중해서 오랜 시간 일하고, 정말로 열심히 일했다. 그들은 자신들이 하는 일에 완전히 정신을 잃고 사랑에 빠진 것 같았다.

"대마초 맛이 나는 카페인의 균형을 맞추려면 위쪽과 아래쪽의 눈금을 조절해야 하는가요?"

내가 묻자 그가 대답했다.

"당신이 놓친 것이 있어요. 맥주에 대해 말하면, 포틀랜드는 소규모 음료의 제조가 아주 활발하게 발달된 곳입니다. 그것은 카페인과 마약, 그리고 맥주를 말하죠. 북서부 지역에 사는 사람들은 모두 기분이 저하되어 있어요. 우리는 겨우내 햇빛을 받지 못합니다. 모두 계절적으로 감정적인 병을 앓아요. 겨울은 우울하죠. 마을 전체가 스스로 치료하고 있어요."

우리가 이야기하고 있을 때 스텀프타운의 수석 커퍼인 짐 켈소가 조엘의 제조법을 수정했다.

"균형은 카페인, 맥주, 실습, 커핑과 6피트의 마리화나용 물 파이프의 분무와의 사이에 있습니다."

그날 오후 이후, 나는 스텀프타운의 실습 주방에서 스티븐 빅과 함께 시간을 보냈다. 스티븐은 그곳에서 곧 개점하는 작은 레스토랑의 소유주와 2명의 웨이터에게 에스프레소와 카푸치노 만드는 방법을 가르치고 있었다. 라 마르조꼬* 사용하는 법을 배우는 것은 기타를 숙달하는 것과 같다. 그것은 어렵고, 손과 눈의 뛰어난 조화, 기술, 지식, 실습, 음악에 대한 천부적인 재능을 필요로 한다. 웨이터들은 무척 빠르게 숙달되었다. 자동차 경주 운전자들과 같이 그들은 기계와 하나가 되기 시작했다. 그러나 작은 레스토랑 주인에게는 다른 이야기였다. 이 곰 같은 사람은 60세 정도로 보였는데, 자신을 '타고난 손재주 없는 사람'이라고 설명했다. 사람들은 아마 그가 에스프레소를 뽑아주는 것을 바라

---

*라 마르조꼬(La Marzocco) : 이탈리아 피렌체에서 제작된 에스프레소 기계, 최고급 상업용으로 알려져 있다.

지 않을 것이다.-다음에 그런 사람들이 카푸치노를 만들면, 스페셜티 가이들이 '바쁜 레스토랑에는 에스프레소 기계가 적합하지 않다.' 라고 생각하는 이유를 알게 될 것이다.

스티븐은 우유의 거품을 낸 후에 기계의 증기봉*을 닦는 것이 매우 중요하다고 말했다. 그리고 그는 우유에 공기를 섞어넣어 우유 거품을 만드는 것에 대해 말했다. 훈련 기간 동안 예비 바리스타들은 유기농 우유와 세계에서 가장 비싸게 공급되는 커피콩을 사용하여 카푸치노를 만들고 또 만든다. 만드는 과정에서 실패한 커피는 바로 싱크대에 버려졌다.

다음 차례는 맥주였다. 나는 사우스 벨몬트에 위치한 포틀랜드의 전설적인 술집 호스브래스 펍에서 친환경 구매자인 알레코 치고우니스를 만날 예정이었다. 스텀프타운은 그 오래된 목재 바와 함께 이 지역 맥주를 전문적으로 개발한 많은 역사를 가지고 있다. 듀안은 호스브래스의 소유자인 돈 영거에게 회사를 설립할 수 있도록 자금을 빌려주었다. 그리고 매주 금요일 오후, 스텀프타운의 모든 직원들은 그곳에서 '정례 미팅' 을 가졌다. 듀안은 모든 사람의 맥주 값을 지불했다. 그것은 듀안의 몫이다. 돈은 항상 그가 지불했다.

내가 호스브래스에 도착했을 때는 6시가 다 되어서 바는 혼잡하고 시끄러웠다. 이제 30세가 된 알레코는 살결이 희고, 중간 정도의 키에 불그스름한 머리카락을 가지고 있었다. 스페셜티 세계에서 그는 떠오르는 스타였다. 알레코는 아주 집념이 강한 사람인데, 듀안은 애정을 담아 그를 '작은 망치 가방' 이라고 불렀다. 듀안이 덧붙여 말했다.

"알레코는 세계에서 가장 관심을 받는 커피 로스팅 회사의 구매자가

---

*증기봉 : 수증기를 내뿜는 막대. 스팀완드라고 한다.

된다는 것에 흥분되어 있어요."

언젠가 커피 컨설턴트인 앤 오터웨이는 듀안의 자신감—어쩌면 그의 자아—을 '우주에서 새로운 것, 지켜보아야 할 것'으로 평했다.

알레코에 대한 듀안의 언급은 알레코의 채용이 논란이 되고 있다는 것을 간접적으로 말해주었다. 듀안은 L.A 그라운드워크의 릭 레인하트에게서 젊은 친환경 구매자를 스카우트했다. 재능을 알아보는 안목을 가진 릭은 코스타리카에서 알레코를 발견하고, 소위 사람들이 말하는 2류에서 벗어날 수 있도록 지도했다. 인텔리젠시아가 그라운드워크의 본거지인 로스앤젤레스에서 카페와 로스터리 개점을 준비하는 것과 경쟁력을 높이기 위한 커피 프로그램을 강화하는 것을 가르치기 위해 릭은 알레코가 커피 구매자로서 자신의 커피 프로그램을 운영하도록 훈련시켰다. 그런데 1년이 안 되어 듀안이 그를 스카우트한 것이다. 릭은 고급 스페셜티 세계의 발전소인 인텔리젠시아가 데리고 있는 최고의 커피 가이를 잃은 것에 불쾌해 했다. 알레코는 당혹스러워 했다.

"나는 그 분을 사랑하고 존경합니다. 그러나 내가 스텀프타운의 제의를 거절할 방법이 없었어요."

나는 에티오피아에서 알레코를 잠깐 만난 적이 있는데, 실제로 이야기는 하지 못했다. 그의 옆 의자에 앉아서 맥주를 주문하고, 몇 가지 질문을 했다. 그는 수다쟁이로 느낄 만큼 말이 많았다. 자신도 그것을 알고 있었다.

알레코는 필라델피아에서 자랐다. 그리스 이주민인 그의 아버지는 성공적인 커피 로스팅 회사를 소유하고 있었다. 그는 15세 때 커핑을 배웠다. 그의 아버지는 명석한 사업가라고 알레코는 말했다.

"그러나 아버지의 사업은 굉장히 상업적이었지요. 가격에 민감한 생필품 사업이에요. 그건 재미없어요."

대학 졸업 후, 알레코는 코스타리카로 가서 4년 동안 수출업자로서 생산자 측에서 일했다. 그가 맡은 일로 1년에 7~8개월을 농장과 도정소를 방문하는데 보냈다. 그의 스페인어는 유창했고, 그리스어와 약간의 프랑스어를 할 줄 알았다.

그곳은 내가 실제로 커피 트레이닝을 시작한 곳이에요. 나는 커피를 커핑하는 것에 대해 잘 알고 있다고 생각했지만, 내가 아는 것은 아무것도 없었어요. 나는 부족한 것을 배웠어요. 커피에 있어서 더 작은 미묘한 차이를 어떻게 몸에 익히는지를 배웠죠. 커퍼로서 정말 견실해지기 위해서는 적어도 5년의 경험이 필요해요. 나는 항상 커피의 새로운 맛을 익히고 있습니다."

그의 말은 계속 이어졌다.

"커핑에 있어서 옳은 것이 있고, 틀린 것이 있어요. 사람들은 커피의 커핑이 주관적이라고 말하는데, 그렇지 않아요. 커피는 매우 객관적이에요. 커피에는 꽃 향의 맛과 그렇지 않은 맛, 신맛과 그렇지 않은 맛, 단맛과 그렇지 않은 맛, 입안에서 진한 느낌의 맛과 그렇지 않은 맛이 있어요. 하지만 어떤 사람들은 맛을 감지하고 어떤 사람들은 감지하지 못해요."

내가 물었다.

"1년 중에 그렇게 많은 여행을 하면서 외로움을 어떻게 견뎠어요?"

"내가 매력을 느끼는 것은 부룬디나 페루에 가서 비행기에서 내리는 것, 힘이 나는 것을 느끼는 것, 내가 나가려고 하고, 나가서 그 다음 차나 트럭에서 10시간을 보내고, 지금까지 보았던 중에 가장 더러운 장소에 머무르고, 아침으로 기니피그를 먹을 것을 아는 것과 그들의 생산물을 더 가치있게 만들어서 전체 공동체에 영향을 줄 기회를 갖게 되는 것을 아는 것입니다. 그것이 믿을 수 없을 만큼 힘을 주고 있어요. 나는 세계 무대에 충격을 가져다 줄 것입니다."

커피의 매력에 빠져 외로움을 느낄 겨를도 없다는 말이었다.

우리는 에티오피아의 혼란한 정국에 대해 조금 이야기하였다.

"나는 암하라 말을 배울 필요가 있어요." 라면서 알레코가 덧붙였다.

"그래야 어떻게 되어가는지 알 수 있거든요. 산업은 정부에 의해 운영되고 있고, 시스템은 믿을 수 없을 정도로 부패했어요."

"부패하고 부적절하다는 것은 알고 있지 않았나요?"

내가 묻자 그가 대답했다.

"그들이 암암리에 돈을 빼가고 있어 엉망이 되었어요. 그리고 모든 커피는 커핑되기 전에 팔리고 있으며, 커피가 운송되기 직전에야 겨우 커핑을 하지요."

"그 말은 스텀프타운이 무작정 커피를 구매하고 있다는 건가요?"

"모든 사람이 커피를 무작정 구매하고 있어요. 오로지 경매만 있을 뿐이지요. 에티오피아에는 경매에서 구매를 독점하는 여섯 곳의 허가된 수입업자들이 있어요. 거래는 제시간에 앞서 시작되어서, 사람들은 무엇을 구매하려는 것인지 알게 되지요."

"만일 커피가 커핑되지 않았다면, 사람들은 좋은 커피를 구매했다는 것을 어떻게 알지요?"

"사람들은 알지 못해요. 완전한 도박이에요."

"이 모든 과정에서 멘노는 어떤 역할을 하나요?" 내가 물었다.

"그는 최고의 품질에 대한 출처를 명시해 왔어요. 그는 그것을 찾을 수 있는 사람이에요. 그렇지만 사실 작년에 그의 커피는 두 달 늦게 도착했어요. 올해는 벌써 세 달이나 늦었는데 커피는 여기에 없어요. 나는 친구로서 그를 사랑하고, 커피 가이로서 그를 존경하지요. 하지만, 그는 말라위, 코스타리카, 파나마에서 일하고 있고, 에티오피아에는 아주 거대한 야수가 있어요. 그가 조절할 수 있는 범위를 많이 벗어난 것으로 보입니다."

"커피가 도착하면 맛은 어때요?"

"잘만 되면 아주 맛이 가지는 않아요. 금년에도 커피는 여전히 그 나라에 있는데, 매일 많은 습기를 흡수하면서 그곳에 있지요."

우리는 스페셜티 산업에 종사하고 있는 사람들에 대한 이야기를 했다.

"피터와 제프는 나의 형제들 같아요."

그들과 함께 여행을 했고, 가까이 지내고, 커핑 트레이닝을 같이 받고, 같이 활동하기 시작했다는 것을 언급하며 말했다. 그가 말하기를, 그들은 서로 직업적으로 아주 존경하고 배려하고 있다고 했다. 마치 피를 나눈 형제들처럼.

"우리는 실제로 경쟁적이에요. 만일 다른 사람을 빼내어서, 그들 보다 앞에 첫 번째가 되어, 우리 모두가 원하는 커피를 계약할 기회가 온다면 나는 그렇게 할 거에요. 그들도 마찬가지일 것입니다. 그렇지만 피터는 아마 그렇게 하지 않을 것입니다. 그는 조금 덜 치열한 편이에요. 나와 피터는 오랜 친구죠. 듀안과 피터 역시 오랜 친구지요. 그러나 거기에는 차이가 있어요."

알레코는 온두라스에서 온 커피를 두고 서로 경쟁하여 생긴 균열을 언급하면서 말했다.

"세계가 점점 더 작아지고 시장이 더욱 작아질수록 경쟁은 더욱 심해

질 것이고 본격적으로 경쟁하게 될 거에요."

다른 스페셜티 구매자들이 표현해 왔던 생각이다. 스피셜티 커피의 수요가 증가할수록 최고급 커피를 위한 경쟁은 추해질 것이다. 알레크의 말은 계속되었다.

"스텀프타운의 관점에서 우리는 최상의 커피를 확보해야 합니다. 우리는 1등이 되어야 하고, 최고의 커피를 처음으로 얻는 더 필요한 것들을 할 것입니다. 우리는 더 많이 지불할 것이고, 커핑을 던저 할 것입니다. 필요로 하는 것은 무엇이든지요. 피터는 나에게 커피에 관한 가장 훌륭한 학생이며, 가장 훌륭한 연설가입니다. 그의 말은 분명하고 열정적입니다. 그리고 그는 훌륭한 커피를 구입하고 있어요. 그러나 사업을 하는데는 어려운 점이 있을 것입니다. 왜냐하면 그와 카운터 컬처는 엄정하게 도매업을 하거든요."

소매인 경우에는 더 쉽다고 알레코는 설명했다. 왜냐하면 소매는 기준을 가지고 공급하기 때문이다.

"사람들이 우리 카페에 오면 커피와 사랑에 빠져요. 그들은 스텀프타운의 모든 것과 사랑에 빠지게 되지요."

더욱이 커피를 사고 사업을 성장하는데 더 많은 현금을 투자해야 하므로 이윤은 소매에서 더 크게 남는다.

"카운터 컬처는 좀 더 비용을 절감하려고 노력하고 있습니다. 그렇게 해야 합니다."

알레코의 말을 듀안이 받았다.

"나는 카운터 컬처에 의해 고무되지 않아요. 반드시 그들이 최첨단의 무엇을 하고 있다고 생각하지 않아요. 인텔리젠시아는 환상적인 일을 하고 있어요."

나는 알레코에게 인텔리젠시아와 제프에 대해 물었다.

"제프 와츠는 스페셜티 세계에서 최고의 락스타에요. 그러나 우리는 모두 제프를 걱정하고 있어요. 우리 모두 염려하고 있지요. 그것은 그의 삶의 방식이에요. 그의 행동은 열광적이지요. 그는 무모하고 자유분방하게 살고 있어요. 그가 정점으로 올라가면 떨어지고 다치게 될 것입니다. 그렇지만 나는 훨씬 더 절제된 견해를 가지고 있어요. 사람들은 최정상보다 낮은 상태에 안주하는 것을 바라지 않을 것입니다."

알레코는 잠시 생각에 잠겼다가 말을 이었다.

"제프는 유명인이에요. 그는 항상 사업에서 사람들로부터 지지받는 자존심을 가지고 있기 때문에 그가 자신의 방식으로 사는 것이 쉬워요. 모든 사람들이 그와 가까이 지내고 싶어하지요. 사람들은 몹시도 그에게 커피를 팔고 싶어합니다."

제프는 다른 한편으로 스페셜티 산업의 발전에 진정으로 관심을 가지고 있으며, 1년에 몇백 시간을 스스로 일을 하는 데에 쏟고 있는데, 알레코는 그 점을 보지 못하고 있었다. 알레코가 말했다.

"SCAA에 듀안과 나는 가입하지 않았어요. 거기에는 모두 허튼소리 하는 사람들 뿐이에요. 로스터 길드는 다르죠.(피터는 로스터 길드의 전임 조합장이고, 제프는 현재 조합장이다.) 그러나 나는 언제쯤 로스터 길드의 일이 그들의 사업에서 벗어날 것인지 스스로 묻곤 합니다. 스텀프타운의 우리는 그렇게 할 여유가 없어요."

SCAA에 소비하는 시간과 로스터 길드 작업에 대한 질문은 피터와 제프가 가끔 그들 자신에게 하던 질문 중 하나였다. 그러나 지금까지 그들은 각자 스페셜티 산업을 육성하는 역할을 하기로 결정했고, 떠오르는 인재들의 발전을 돕는 것은 몇백 시간 소비하는 만큼의 가치가 있는 일이었다. 알레코와 듀안은 동의하지 않았다. 알레코의 말은 계속되었다.

"나에 대한 모든 것은 커피에 관한 것입니다. 내 인생의 대부분은 커피에요. 그것이 나의 취미이고 직업이에요. 나는 커피를 사랑합니다. 이것이 내가 살아가길 원하는 방법이에요. 그리고 이제 우리는 커피세계의 메카인 시애틀로 가고 있어요."

처음 듀안이 회사를 확장하려고 했을 때, 그는 샌프란시스코로 가려고 생각했었다. 그러나 포틀랜드로부터 585마일 떨어진 샌프란시스코는 너무 멀어서 관리하기가 힘들었다. 스텀프타운은 실제로 샌프란시스코의 분위기를 알 수 없었고, 듀안은 샌프란시스코에서 스텀프타운과 연락이 닿을 수 있는지 알 방법이 없었다. 차로 단지 세 시간 떨어져 있는 시애틀이 훨씬 더 적합해 보였다.

확장은 계속되었다. 2개의 새로운 카페와 새로운 로스터리를 열어서 스텀프타운은 단숨에 종업원 수를 두 배로 늘렸다. 맷 라운스버리가 말했다.

"간밤에 우리는 또 40명의 종업원을 채용했어요. 이전에는 시애틀 바리스타들의 급여가 많지 않았어요. 그러나 이제 그들은 보호받고 모든 혜택을 받게 될 것입니다. 이번에 우리는 처음으로 사업자금을 차입했어요. 처음으로 우리들 대신에 진정한 외브의 건축팀을 활용하였어요. 우리가 다른 사람에게 프로젝트 관리를 요청한 건 처음입니다. 이 모든 것들을 하는 데에 100만 달러 정도 들었어요. 우리는 항상 창의적으로 자금을 조달하고 있습니다. 우리는 수 년 동안 함께 일하고 있는 우수한 지역 은행이 있고, 적극적인 상환 계획을 가지고 있습니다."

카페와 로스터리가 지어지는 동안, 엘리베이터 통로 위의 공간 중 한

군데에 침실을 만들고 시애틀에서 일주일에 2~3일을 지냈다. 남는 시간에 그는 커피와 그 커피가 자란 농장에 대한 정보를 넣어서 스텀프타운 커피 패키지를 다시 디자인했다. 시애틀에 카페가 개점되자, 듀안은 바 뒤에서 바리스타로 일했다. 시애틀의 증축이 진행 중이던 2007년 5월, 내가 방문했을 때 듀안이 말했다.

"나는 완고하고 높은 목표를 가지고 있는 보스입니다. 매일 일하러 나오고, 거의 휴가를 가지 않았어요. 이 회사의 모든 것은 혼자 해왔죠. 누군가에게 내가 하지 않았던 것을 부탁하지 않을 것입니다. 앞으로 알레코의 여행 스케줄이 험난하다는 것을 알고 있어요. 그러나 그가 합류하기 전까지 나는 한 달에 일주일씩 여행을 했어요. 나는 최고의 로스터였고, 최고의 바리스타였습니다. 나는 회사에 대한 목표와 꿈을 가지고 있습니다. 우리는 발전해야 하기 때문에 유동적이어야 합니다. 우리는 4년 전 우리 카페에서는 실력을 발휘할 수 없어요. 모든 것은 계속 발전해야 합니다. 커피 준비, 클로버, 고객 서비스, 사람들은 게을러지기 쉬워요. 이것은 힘든 일이에요. 사람들이 웃는 것을 원하지 않거나 100명의 고객들에게 라떼를 만들 때도 있어요. 그렇지만 우리는 하여야 했습니다. 우리는 고객 서비스, 커피의 농도를 계속해서 개선시켜야 하고, 카페 디자인과 청결을 개선해야 합니다. 우리가 당연하게 받아들여야 하는 것은 없어요. 그것이 내가 1주일에 7일을 일하는 이유입니다. 그것이 스텀프타운이 항상 최고로 가는 이유이고요."

듀안은 사업을 해외로 확장하는 꿈을 가지고 있었다. 그는 마리화나가 합법적인 암스테르담에 호기심을 갖고 있었고, 암스테르담의 커피가 매우 보잘것없다는 데 놀라고 있었다. 그와 멘노 사이먼은 그곳에 카페를 개점하는 것을 함께 구상하고 있었다. 듀안은 이렇게 말했다.

"나는 내 아이들을 유럽에서 살게 하고 싶어요. 그리고 암스테르담은 포틀랜드보다 아프리카에 훨씬 더 가까이 있어요. 거기에는 케냐와 에티오피아로 가는 항공편이 매일 있지요. 나는 좋아하는 취미가 거의 없어요. 그래서 더 많은 일이 필요합니다. 그곳에는 할 일이 훨씬 더 많을 것입니다."

듀안은 에티오피아에 확실한 매력을 가지고 있었다. 그는 그곳에서 더 많은 커피를 구매하고 싶어 했고, 그가 방문했었던 에티오피아 농부들에 대해 동정심을 가지고 있었다.

"그 사람들은 내가 살아오면서 보았던 가장 가난한 사람들이에요."

듀안의 성격이 복잡하다는 것이 나의 흥미를 끌었다. 그는 자신을 위해 일하는 사람들을 진심으로 좋아했다. 하지만, 거기에는 또 다른 면이 있었다. 그의 본성에 얼음처럼 냉정한 부분도 있었다. 내가 방문하고 나서 듀안이 수입업자로부터 주문했던 커피를 거절하고 사업상 관계를 끊었다는 이야기를 들었다.

포틀랜드에 근거를 두고 있는 《바리스타 매거진》의 편집자이자 공동설립자인 사라 알렌은 처음부터 듀안을 알아왔다. 그녀가 말했다.

"그가 사업을 시작했을 때 참으로 펑진했어요. 듀안은 펑크록 가수이고, 롤러블레이드를 타는 사람이에요. 그는 타협하지 않습니다. 그는 언제나 자신에게 진실합니다."

로스앤젤레스 Los Angeles

스텀프타운 방문을 마치고, 나는 인텔리젠시아의 비약적인 서부 지역으로의 확장을 확인하기 위해 로스앤젤레스로 날아갔다. 인텔리젠시아의 마케팅 철학인 노동 윤리, 완벽주의, 천재성은 잘 알려져 있으며, 로스앤젤레스와도 상당히 잘 어울렸다. 멋진 스타일의 청회색 로고를 붙인 회사의 깔끔한 새 오렌지색 포장이 그러했다. 매년 인텔리젠시아에 수백만 달러의 커피를 판매하며, 그 회사를 상세하게 알고 있는 커피 수입업자 팀 챕덜라인은 'L.A 사람들이 소비를 많이 하기 때문에' 인텔리젠시아가 고향인 시카고보다 로스앤젤레스에서 더 발전할 것으로 생각하고 있었다.

팀은 인텔리젠시아의 주요 경영진에게 "커피가 매력적인 생산품이므로 L.A와 같이 부유하고, 수입이 많으며, 스타일을 중요시하는 시장에서 번성할 것"이라고 설명했다. 그의 의견에 의하면, L.A에서 가장

활기찬 신개발 지역인 실버 레이크에 첫 번째 카페를 개점한 인텔리젠시아의 결정은 성공적이었다.

나는 로스앤젤레스에서 인텔리젠시아를 통해 에스프레소에 기반을 두고 있는 바리스타들의 멋진 신문화에 대해 좀 더 배우기를 희망했다. 설립자 더그 젤의 경쟁력은 인텔리젠시아의 DNA에 강하게 남아 있고, 인텔리젠시아는 스타 바리스타들의 아이디어를 가능한 모든 방법으로 활성화시킨다. 시카고에서 바리스타 자격증을 발급하는 학교를 운영하는 인텔리젠시아는 로스앤젤레스에 있는 3곳의 카페에서도 바리스타 학교를 운영하고 있다. 인텔리젠시아는 또한 바리스타 경쟁자들을 위한 훈련 캠프도 운영한다. 놀라운 일은 아니지만, 인텔리젠시아는 전前 U.S. 바리스타 챔피언인 맷 리들과 전前 중서부 지역 챔피언인 엘리 허드슨 매츠작을 포함하여 많은 챔피언 바리스타들을 배출했다.

인텔리젠시아는 교육과 고용을 통해 '바리스타 문화'를 육성하고 있다. 바리스타란 몸매가 날씬하고, 맵시 있고, 유행을 좇는 젊은 힙스터hipster들로서 바리스타 대회에 참가하고, 자신들의 커피 블로그를 통해 많은 개인적 팬들을 확보하고 있다. 이들 젊은이들의 스타일과 태도는 유럽과 아시아뿐 아니라 전 세계적으로 새로운 카페 문화를 만들고 있다. 스페셜티 세계에서 일부 바리스타들은 일류 요리사만큼이나 재능이 있다고 주장하면서 이런 젊은 멋쟁이들에게 박수를 보낸다. 사람들은 '힙스터 바리스타'라는 용어를 사용하는데, 그것은 에스프레소를 만들기에는 자신이 너무 멋지다고 생각하는 사람을 말한다.

로스앤젤레스로 여행를 떠나기 몇 달 전, 나는 처음으로 바리스타 챔피언십에 참가했다. 서부 지역 예선은 캘리포니아 페털루마에서 열렸다. 매년 전국에서 각 지역별로 10개의 지역 바리스타 대회가 열리며,

우승자는 전국 대회 참가 자격이 부여된다. 스페셜티 커피협회가 바리스타 대회를 조직하고 운영하는데, 전국 바리스타 챔피언십은 SCAA 연차 총회 기간 중에 열린다.

페털루마에서 나는 바리스타 대회 참가자 중에 인테리젠시아의 새로운 세대를 대표하는 카일 글랜빌을 만났다. 그는 이제 겨우 24세인데, 캘리포니아 전 지역의 교육 훈련을 맡고 있다.

로스앤젤레스 로스터인 그라운드워크 커피의 릭 레인하트도 역시 지역 챔피언십을 위해 페털루마에 머무르고 있었다. 그는 그 대회에 참가한 22세의 이튼 츠노를 후원하고 있었다. 이튼 츠노는 그의 에스프레소 프로그램의 이사이며, 그라운드워크에서 인텔리젠시아에 대한 반격을 담당하는 핵심 인물이다. 에스프레소는-어떤 종류의 커피보다도-젊은 이들의 게임이다.

대회에서 가장 매혹적인 것은, 대부분이 캘리포니아 출신인 32명의 등록된 바리스타 참가자들의 솜씨를 지켜보기 위해 페털루마 쉐라톤 호텔의 무도실에 모여든 동료, 친구, 가족, 연인, 개인적인 트레이너들, 커피 산업 종사자, 판매 상인, 열광적인 팬들이 응원하고 조롱하며 웃으면서 하나가 된다는 것이었다. 대회의 중요한 순간에 400명 정도의 사람들은 대회장 먼 끝에서 일어나는 활동을 보여주는 거대한 스크린 아래의 철제 접의자에 줄지어 앉아 있었다. 대회장에는 3개의 에스프레소 바가 설치되어 있으며, 대회장 뒤편에 있는 네 번째 기계는 관중들에게 에스프레소와 카푸치노를 무료로 제공해 주었다. 팬들은 나이, 신체, 재산 등 모든 계층에서 왔지만, 해진 청바지를 입고 다양한 피어싱과 다채로운 문신을 한 열광자들이 분위기를 주도했다.

barista 전문용어

바리스타 Barista
바리스타는 이탈리아 말로 에스프레소 샷 또는 에스프레소 음료를 만드는 사람을 일컫는다. 잘 훈련된 바리스타는 주문받은 모든 커피를 손으로 직접 만든다.

끓이는 시간 또는 뽑아내는 시간 Brew Time or Extraction Time
에스프레소 기계에서 1~1.5온스의 에스프레소가 컵으로 떨어지는 데는 20~30초의 시간이 걸린다. 이 결과를 얻기 위해 에스프레소 기계에서 200°F까지 데워진 물은 대략 8.5바대략 135 파운드 기압으로 그룹헤드라 불리는 장치를 통과하게 된다.

크레마 Crema
에스프레소 위를 덮고 있는 적갈색 거품. 잘 만들어진 샷은 크레마의 풍부한 층을 형성한다.

1회 분량 Dose
한 잔의 에스프레소를 만드는데 전통적으로 사용되는 1잔 분량(분쇄한 에스프레소의 양)은 6~7그램, 즉 2잔 분량은 12~14그램이다. 최근에는 1회 분량을 한 잔에 8~10그램으로, 두 잔에 16~20그램으로 늘리는 경향이 있다. 커피 사용량을 변화시키게 되면 커피의 맛이 강렬해 진다.

에스프레소 블렌드 Espresso Blend

에스프레소는 보통 몇 가지의 다양한 커피를 혼합하여 만들어진다. 우수한 로스터들은 그들의 블렌드 내용물을 비밀로 하는 경향이 있다. 블렌드는 새로운 커피들이 시장으로 나올 때 바꾸고 사라진다.

커피 갈기 Grind

커피는 주문을 받으면 비로소 갈려진다. 커피콩 안의 증발하기 쉬운 오일들은 공기 중에 노출될 때 산화되고 상한다. 그래서 바리스타는 1회 분량을 갈아서 바로 커피를 다져 에스프레소를 추출하는 것이 중요하다.

포타필터 Portafilter

포타필터 바스켓은 분쇄된 에스프레소를 담게 되어 있다. 포타필터 뭉치*는 포타필터 바스켓을 그룹헤드라 불리는 에스프레소 기계의 금속 부위에 끼워 넣어져서 상부에 밀착되게 한다. 포터필터 뭉치는 깨끗하고 따뜻하게 작동할 준비가 되어 있어야 한다. 그리고 도자기 컵이 에스프레소가 쏟아져 나오는 커피꼭지 바로 아래쪽에 놓이게 된다.

다지는 것 Tamp

'탬프'는 분쇄된 커피를 그룹헤드에 끼워 넣기 전에 포타필터 안에 있는 커피를 평평하게 하고 꽉 누르는 과정이다. 숙련된 바리스타는 탬핑을 할 때 커피를 더 압착하기 위해 카운터 위에 포타필터를 걸치고 체중을 실어 강하게 압착한다.

---

*역주 : 보통은 포타필터라고 한다.

스페셜티 커피협회는 매년 열리는 지역 대회를 후원하고, 대회 규칙을 정하고, 기술적 원조를 제공하며, 심사위원 교육을 담당한다. 바리스타들은 싱글 오리진 에스프레소 또는 그들이 선택한 에스프레소 브렌드를 사용해서 3가지 종류의 커피-전형적인 에스프레소 샷, 라떼 아트(에스프레소 음료 위에 디자인을 하는 것으로 로제타라고 한다.)가 있거나 없는 카푸치노, 그리고 다른 성분-술, 크림, 초콜릿, 레몬 제스트 등 모든 성분과 결합시킨 '스페셜티' 음료-을 각각 4개씩 샘플을 만들어야 하는데, 15분의 시간이 주어진다. 바리스타들은 그들의 커피, 에스프레소를 만드는 방법, 그리고 스페셜티 음료를 만드는 방법과 이유 등을 끊임없이 설명해야 한다. 6명으로 구성된 심사위원팀은 각 참가자들의 점수를 기록한다.-4명의 '감각 분야 심사위원들'은 커피를 삼킨다.(커퍼들이 커핑할 때처럼 뱉지 않는다.) 그리고 나서 음료의 맛과 향, 시각적 매력을 토대로 평가한다. 맛을 보지 않은 2명의 심사위원은 각 샷에 사용되는 에스프레소의 양, 탬핑, 포타필터에 담은 분쇄된 에스프레소를 강하게 압축하는 것 등의 기술적인 측면에 대해 점수를 기록한다. 냅킨 접는 것조차 평가된다. 가장 높은 점수를 받은 6명의 참가자들이 최종 결선에 진출하여 경쟁한다. 각 지역 대회의 최종 우승자는 SCAA 연차 총회에서 열리는 전국 바리스타 대회 참가 자격과 호텔, 항공 요금의 우대를 보장받는다. 그리고 전국 우승자는 세계 바리스타 대회에서 미국을 대표하게 된다.

나는 카일이 페털루마에서 경쟁하는 것을 보았다. 날씬하고 검은 머리에 파란 눈을 가진 카일은 이전에 연극을 전공하였는데, 긴장된 무대에서 침착성을 보이면서 배우처럼 자신의 작품을 만드는 기술을 설명했다. 먼저 자신만의 특별한 음료를 만들 때에는 탄젤로 주스와 설탕을 함께 휘젓기 시작했는데, 그는 이 과정을 '레이디 마멀레이드(영화 《물랑루즈》에 나오는 춤)'라고 불렀다. 그리고 이 재료들을 졸여서 농도를 진하게 하기 위해 작은 버너에 올리고 불을 줄였다.

다음 그는 돌아서서 4잔의 에스프레소를 만들었는데 돌리비안 오가닉과 브라질리안을 2 : 1의 비율로 혼합한-대부분의 에스프레소 브랜드는 약간의 브라질리안 커피를 포함한다.-인텔리젠시아 커피 브랜드를 사용하였다.

그는 샷을 만들어 네 개의 물 컵과 함께 쟁반에 둔 네 개의 작은 컵에 능숙하게 부었다. 그는 이것들을 심사위원들에게 보여주고 나서 카푸치노를 만들기 시작했다. 에스프레소와 거품이 이는 우유를 따를 때 그의 손이 떨렸다.

"긴장해서가 아니라 라떼 아트를 하기 위해 떨고 있어요."

그는 관중들에게 평온하게 말했다. 그는 심사위원들의 물컵에 차가운 물을 따른 후 카푸치노를 제출했다. 그리고 나서 그는 능숙하게 버너로 돌아와서 불을 줄이고, 유기농 크림을 넣고. 다양한 재료를 사용한 특별 음료를 완성하기 위해 레몬 제스트를 증기로 데워진 우유에 깎아 넣었다. 대회 규칙은 각 참가자에게 15분이 즈어졌다. 카일은 항상 연습해오던 대로 하여 13분 49초 만에 완성했다. 1분 이상을 남겨놓고 완벽하게 끝냈다.

카일이 프레젠테이션을 마친 후, 나는 쉐라톤호텔 로비에서 그와 이야기를 나누었다. 그는 시카고의 인텔리젠시아 바리스타 학교에서 대회를 준비해 왔다고 말했다. 하지만, 그는 실버레이크 가게를 위해 직원을 인터뷰하고, 고용하고, 훈련시키느라 바빠서 실제로 연습할 시간을 갖지 못했다고 했다.

"많은 사람들이 대량으로 해고되었을 때 나는 시애틀에 와서 8개월 동안 일자리를 구하려고 노력했어요. 가족들로부터 경제적 도움을 받지 않았지요."

마침내 그는 '조명이 어둡고 사람들이 너무나도 쌀쌀맞았던' 에스프레소 바 빅트롤라에 이력서를 가지고 갔다.

"빅트롤라에 있는 동료들은 나와 함께 어울렸어요. 나는 바를 담당했고, 기술을 배웠고, 하루 종일 에스프레소 샷을 만들고, 그것을 좋아했죠. 바에서 일어나는 작은 일들, 기계 레버를 당기는 시간과 속도 등 조작 방법에 따라 만들어지는 큰 차이, 탬핑*, 매우 예민하고 변덕스러운 에스프레소의 모든 준비 과정에 호기심을 갖게 되었어요. 에스프레소 만들기는 정말로 하나의 예술입니다. 다양한 종류의 커피를 만들려면 전문적인 기술이 필요합니다. 더 많은 교육을 위해 상사를 들볶기 시작했어요. 여름에 교육하는 일을 맡았는데, 한 사람당 100달러의 금액으로 한 달에 두 사람을 교육시켰어요. 나는 아직 1년에 12만 달러 밖에 벌지 못하지만, 내가 너무나 사랑하는 일을 하면서 돈을 벌고 있다는 것이 놀랍기만 합니다."

카일은 쉬는 시간에 에스프레소를 공부하기 시작했다. 그는 안드레아 일리의 대표 저서 《에스프레소 커피 : 품질의 과학》을 읽었다. 일리 카페의 장인匠人 안드레아 일리와 그의 부친인 에르네스토는 과학적인 정확성을 에스프레소 만드는 예술에 도입하여 존경을 받고 있다. 에스프레소는 이탈리아 말로 '빠른' 혹은 '더 빠른'을 의미한다.ㅡ커피를 만드는 더 빠른 방법과 같이.

에스프레소는 1903년 이탈리아에서 참을성 없는 카페 주인이 커피

---

* 탬핑(tamping) : 분쇄 커피를 필터 바스켓에 담아 일정한 압력으로 누르는 작업.

만드는 과정에 압력 요소를 첨가하여 생겨났다. 20세기 내내 이탈리아는 세계 에스프레소의 중심지였으나, 미국과 유럽의 스페셜티 커피 로스팅 회사들은 대부분의 스페셜티 커피를 소비하는 지역인 스칸디나비아를 세계 에스프레소 문화의 진짜 중심지로 명시해 왔다. 2006년 세계 바리스타 챔피언인 클라우스 톰슨은 코펜하겐에서 일하는 덴마크 사람이다. 카일과 많은 젊은 커피 가이들의 의견에 따르면 이탈리아인들은 스페셜티 세계에서 일어나는 변화를 따라가지 못했다. 그들은 커피의 질을 높이지 않았다. 그들은 신선함에 초점을 맞추지도 않았다.

카일은 "이탈리아의 페티시즘은 더는 가치가 없어요."라고 말하면서 에스프레소 리더로서 이탈리아에 대한 평가를 절하했다. 이탈리아인들이 일상적으로 잘 만들어진 에스프레소의 표면을 덮는 붉은 갈색 거품인 크레마를 높이려고 할 때, 그는 적은 양의 로부스타를 에스프레소 블렌드에 넣는 것을 꿈꾸지 않았다.

일리의 책을 읽은 후, 카일은 에스프레소 영감의 발상지를 더 가까이 보게 되었다. 시애틀에서 그는 지역 에스프레소 마스터인 데이비드 쇼머의 기법을 연구했다. 데이비드는 에스프레소 비바체의 소유자이며, 온라인 에스프레소의 자료 보관소일 뿐 아니라 기사記事와 교육 자료로 많이 활용되는 《에스프레소 커피 : 전문가의 기법》의 저자이다. 많은 다른 기술적인 접근에 따라 쇼머는 이탈리아에서 바리스타가 카푸치노의 상단에 로제타를 만들어내는 것을 본 이후 1990년에 라떼 아트를 미국 바리스타에 소개한 공로를 인정받았다.

데이비드 쇼머는 에스프레소를 패스트리 만들기와 유사한 요리법이라고 설명했다. 이 관점에서 바리스타는 성분의 본질적인 품질을 무엇보다도 강조했다. 그는 실제로 새로운 것을 만들기 위해 과학과 예술을 혼합했다.

《바리스타 매거진》의 프로파일에서 데이비드는 커피를 조제하는 기술의 중요성에 대해 이야기했다. 바리스타들이 자신들의 예술을 갖는 것이 매우 중요하다는 것을 강조했다. 최적의 온도를 결정하기 위해 착수했었던 실험을 논의했다. 포타필터에 채워진 커피가 최고 온도에 올라갔을 때 K-probe형의 온도계로 물의 온도를 측정하기' 시작했다. 그리고 1994년 플루크 디지털 온도계로 바꾸었다. 그 결과는 그를 놀라게 했다. 가장 좋은 에스프레소 기계조차도 화씨 6도 범위 안에서 물의 온도가 달랐다.

"가끔 에스프레소 샷이 좋을 때는 나의 커피는 시큼한 맛이 부드러운 맛으로 변했어요. 이런 결과의 원인이 온도의 차이에 있을 것 같다는 강한 의구심을 갖게 되었습니다."

1995년 라 마르조꼬에서 온 엔지니어와 일하면서 데이비드는 온도 변화를 제한하는 방법을 발견했다.

"주어진 샷에서 0.5도 이내의 안정성을 얻을 수 있었어요. 그러나 기계적인 자동 온도 조절 장치가 다음 2~3분의 사이클을 넘어가면 2도 범위의 오차가 발생했어요. 이 범위 안에서 작업을 할 때 에스프레소 샷들은 이상적인 색깔인 짙은 적갈색이었으며, 대부분이 달콤한 맛을 가지고 있었지요."

데이비드는 1도 내에서 온도를 조절할 수 있는 핵심 개발에 강한 집념을 보이고 있었다.

"2001년 재의 수요일*에 우리는 마침내 개발을 해냈죠."

라 마르조꼬의 기술적 도움으로 주문에 의해 만들어진 '쇼머 스타일'

---

*재의 수요일 : 사순절이 시작되는 첫날.

의 라 마르조꼬 에스프레소 메이커에 오메가 7000 시리즈의 온도 유지 자동제어 시스템을 갖출 수 있었다.

"커피를 준비하는데 눈물이 나왔어요. 아름다운 샷들은 캐러멜 같은 달콤한 맛을 내고, 가벼운 버터를 바른 느낌의 크레마는 나의 돌체 블렌드의 향과 정말로 잘 어울렸지요. 뒤돌아보면 나의 경력에서 가장 위대한 날이었어요."

카일과 데이비드 쇼머는 다같이 에스프레소에 대해 강한 애착을 가지고 있었다. 카일이 말했다.

"바리스타가 된 것이 너무 좋습니다. 그것은 선禪과 같은 일입니다. 나는 에스프레소 기계를 좋아하고, 커피를 좋아하고, 분쇄기의 진동을 좋아해요. 커피를 가는 정도가 너무 거친지 가는지를 보기 위해 내 손가락으로 커피를 가르며 감촉을 느끼는 것을 좋아해요. 그것은 대단히 낭만적이에요. 커피 한 컵마다 농부들과 함께 시작하는 놀라운 역사가 있습니다."

그는 에스프레소를 만들면서 빅트롤라에서 정식 직원으로 일하게 되어 대학을 그만 두었다.

2006년의 봄 SCAA 연회는 시애틀에서 열렸는데, 그날을 회상하며 이렇게 말했다.

"빅트롤라가 알려지자 사람들이 우리 에스프레소가 정말로 좋다면서 가게로 밀려왔어요. 그 주에 우리는 최고에 달했죠."

SCAA로 인해 카일은 인텔리젠시아를 포함한 여러 커피 로스터 회사로부터 스카우트 제의를 받았다. 그는 인텔리젠시아를 선택해서 8개월 동안 일했다. 그는 인텔리젠시아를 위해 일하는 것을 좋아했다.

"사람들은 우리가 모든 것에 돈을 쏟고 있다고 생각하는데, 그렇지 않습니다. 우리는 모두 필사적으로 일하고 있습니다. 더그는 창의성과 기업가 정신에 대해 보상을 해 줍니다."

바리스타로서 경쟁하는 것은 전체적인 인텔리젠시아 미션과 기업의 문화와 완벽하게 어울렸다. 카일이 말했다.

"나는 경쟁적이에요. 이기는 것과 최고를 추구하는 데 흥미를 느껴요. 더그는 그러한 면에서 나를 완전히 지지해 주었지요."

웨스턴 지역 바리스타 대회에서 카일은 부드러운 퍼포먼스로 6명의 최종 결승 진출자 가운데서 높은 점수를 얻었다. 그라운드 워크의 이튼 츠노도 최고의 6명 안에 들었다. 로스앤젤레스 서쪽에서 약 40마일 떨어진 계곡에 위치한 산 디마스의 커피 클래치에서 온 24세의 금발 여성인 헤더 페리도 역시 최종 결승 진출자 명단에 들었다. 페리의 퍼포먼스는 침착하고 세련되었는데, 페리는 이전에 웨스턴 지역과 국제 바리스타 챔피언십에서 모두 우승한 경력이 있었다. 그녀는 이번 대회에서도 역시 최종 우승자가 되었다. 카일은 2등을 했는데, 그가 처음 참가한 대회치고는 나쁘지 않았다. 헤더의 승리는 논쟁의 여지가 없었다. 그녀가 "판정으로 이겼다."라고 말한 것을 제외하고 그녀의 퍼포먼스를 비난하는 사람들은 거의 없었다. 하지만, 그녀의 에스프레소들은 좋아 보였지만 맛이 그렇게 훌륭하지는 않았다.

LA에서의 첫날, 나는 실버 레이크의 새 카페를 순방하려는 카일과 인텔리젠시아 동료 몇 명을 우연히 만났다. 나는 두 개의 건축 계획-카페와 로스터리-이 예산을 초과하고 있고, 당초 예정보다 크게 지연되어 있다는 이야기를 들은 적이 있었다. 나는 여행 가이드인 토니 코네크니가 그 건축 계획의 기획자가 하버드에서 디자인 기호학을 가르친 적이 있는 전문가라고 말한 이유를 곧 이해했다. 토니는 인기있는 블로

거이며 사진 작가인데, 지금은 인텔리젠시아에서 일하고 있지 않다. 토니에 따르면, 실버 레이크는 '커피숍 형태'를 탈피해서 디자인되었다. 이것은 건축가가 건축 형식의 상징적 의미에 관심이 있으며, 커피숍의 진부한 양식을 피하려고 했다는 것을 의미했다.

내가 그곳에 갔을 때 카페는 일부분만 완성되어 있었지만, 공사가 끝나면 화려해질 것으로 보였다. 바닥과 카운터 위에는 파란색과 흰색의 니카라과 타일로 장식되었고, 60명이 앉을 수 있는 유혹적인 외부 공간은 날씨가 더운 날 그곳을 찾는 사람들을 시원하게 해주는 냉방장치가 설치되어 있으며, 낭만적인 아치 형태의 길이 두 공간을 분리하고 있었다. 그렇지만 단점은, 아무도 카페와 로스터리가 만나는 장소로서 사생활 보장에 대해서는 고려하지 않는 것 같았다. ―나중에 제프는 인테리젠시아가 90만 달러의 비용이 들었는데, 그 비용에 매출손실은 포함하지 않은 것이라고 말했다.

실버 레이크에서 카페를 개업할 때, 계획은 우려낸 커피를 다양한 가격에 파는 것이었다. 고객들은 2달러의 고급 블렌드 또는 출하 시기와 맞으면 10달러의 에스메랄다 스페셜을 주문할지 모른다. 팸플릿에는 없을 수도 있다. 바리스타들은 고객에게 커피에 대한 교육을 하도록 훈련받곤 한다. 카일이 말했다.

"우리는 고객들이 바리스타들과 많은 이야기를 나누기를 원합니다. 우리는 개인 대 개인의 경험을 목표로 하고 있어요."

더그 젤은 대부분의 카페에서 바리스타의 절반은 실력이 없다고 설명했다. 그는 LA에서 보통 수준의 8명 대신 슈퍼스타를 4~5명 고용하여 잘 훈련시키고, 그들에게 많은 보수를 지급했다. 팁을 포함해서 실버 레이크의 바리스타들은 1년에 5만 달러의 수입이 기대되는데, 이는 커피 산업계에서 어떤 바리스타보다 더 많은 금액이었다.

인텔리젠시아 가이들과 나는 실버 레이크에서 15분 정도 떨어진 곳에 있는 새로운 로스터리로 차를 타고 갔다. 인텔리젠시아의 로스터는 가스와 전기 2가지 연료를 사용한다. 로스터가 가동되면 공장은 실버 레이크와 현재 계획 단계에 있는 두 번째 카페를 위해 커피를 로스팅하고, 포장하고, 선적할 것이다. 로스팅 시설 앞에 있는 커핑룸에는 높은 걸상과 인텔리젠시아의 매력적인 오렌지 포장이라고 말하는 옅은 옥색 가구가 있었다. 독일제 1942 고토 로스터의 번쩍이는 금속과 오렌지색 패널은 훈련소 교관의 벨트 버클만큼이나 윤이 났다.

27세의 스티븐 로저스는 인텔리젠시아의 마스터 로스터이다.

체로키 인디언 혈통이 일부 섞여 있는 스티븐은 남서부 지역의 가난한 가정에서 자랐다. 그는 추진력과 자존심, 그리고 자신만의 독특한 의식을 가지고 있었다. 그가 말했다.

"대학에 갈 돈이 없어 독학으로 공부를 했어요. 12세 때부터 18세까지는 대학 연극을 했어요. 33개 연극을 상연했는데, 나는 음향과 조명 부분에서 일했죠. 나는 내가 하는 어떤 것이든지 몰두했어요. 텍사스주의 수영 챔피언이었으며, 색소폰을 연주합니다. 그런데 불행하게도 어느 것 하나도 잘 하지는 못합니다."

스티븐은 그가 사용하는 고도 로스터를 내가 스텀프타운에서 보았던 프로바트 로스터와 비교했다. 프로바트의 내부에 있는 드럼은 열을 축적하는 이중 벽을 가지고 있다. 스티븐이 말했다.

"우리 기계는 하나의 벽을 가지고 있어요. 내가 가스를 조절하면 기계는 빠르게 반응하지요. 가스를 줄이면서 너무 빠르게 움직이면 기계는 내가 굽는 속도를 늦추고 있다고 즉시 간파해요. 내가 가스를 높이면 그 효과가 바로 나타나지요. 프로바트에서는 그 반응이 그렇게 빠르지 않아요. 여기에서 우리는 약간 더 많은 조절을 하고 있습니다."

나는 잠시 동안 스티븐, 카일, 토니와 다른 2명의 인텔리젠시아 바리스타들과 잡담을 나누었다. 그들 중 한 명인 라이언 윌버는 미니아폴리스에서 온 21세의 잘생긴 청년인데, 팔에는 커피 로스터의 문신을 하고 있으며, 귀에는 2개의 큰 금속 마개가 끼워져 있었다. (이런 마개와 '종족의 상처 문신'의 다른 형태들은 '도시 원주민 운동'을 실천하는 것이다. 이것을 신봉하는 사람들은 가끔 그들의 뺨이나 가슴을 찌르기 위해 대못을 사용하기도 한다.)

라이언은 벤쿠버 근처 워싱턴주의 복음주의 가정에서 성장하였으며, 자신을 복음주의 크리스천으로 여기고 있다. 고등학교 졸업 후, 그는 음악 프로덕션을 공부하고, 바리스타로서 직업을 얻기 위해 미니애폴리스로 왔다. 커피 일은 정말로 흥미를 가지게 했다.

그는 여전히 음악 프로덕션에 흥미가 있었지만, 학교 공부를 중단하고 커피에 열정을 쏟았다. 그는 이렇게 말했다.

"하루를 어두운 스튜디오 안에서 보내는 건 내가 바라는 일은 아니었어요. 나는 에스프레소 바 뒤에 있는 것을 좋아했어요. 나는 관심을 받고 싶어 하는 사람이라는 생각이 들어요. 커피에 대해 열정을 갖는 것은 매우 어려운 일이었지요. 모든 시간을 커피와 함께 지내야 되고, 항상 숙제로 남아있고…… 하지만 내가 좋아하는 일을 하고 싶었지요."

2006년에 라이언은 독자적으로 바리스타 대회에 참가했다. 그는 자신의 커피 블로그로 인해 떠오르는 탤런트로서 명성을 얻었다.

"내가 만든 라떼 아트의 사진을 블로그에 올렸지요."

블로그는 그를 인텔리젠시아로 이끌었다.

"더그는 내가 누군지 알고 있었어요. 그는 인터넷 서핑을 하는 사람이지요. 그는 포럼과 블로그를 통해 자기가 할 수 있는 모든 것을 배우고 있어요."

"더그가 당신에 대해 몰래 조사했나요?"

"그는 어떻게 되어 가는지 알기를 좋아해요. 내가 헌신적이고 열정적이라는 사실을 좋아했어요."

그래서 더그는 그에게 실버 레이크의 바리스타 자리를 제공했다.

"갑자기 모든 것이 해결됐어요. 나는 건강보험, 기업연금, 그 밖에 많은 것을 받았죠."

라이언은 믿을 수 없다는 듯이 말했다. 그는 2주 전에 로스앤젤레스에 도착했다.

"나는 한 순간 한 순간을 사랑하고 있어요."

그는 차를 가지고 있지 않았다. 차를 가지고 있다 해도 거의 사용할 수 없을 것이다. 그는 아파트를 구할 때까지, 더그가 종업원들이 부동산 가격이 비싼 로스앤젤레스로 이사 오는 것을 돕기 위해 실버레이크 근처에 임차한 방갈로에서 머무르고 있었다.

내가 머무르고 있는 웨스트 헐리우드호텔의 시설과 식사에 대해 불평을 했더니, 커피 가이들은 나에게 방갈로를 제공해 주겠다고 말했다. 나는 정중히 거절했지만, 그들의 개방성과 에너지, 그리고 자신을 만드는 전체적인 능력을 높이 평가할 수밖에 없었다. 이들은 특권을 받은 자들이 아니었다. 아무도 그들에게 많은 어떤 것을 주지 않았다. 화려한 인턴십도 없고 사립대학을 다니지도 않았다. 개인 교수, 정신과 의사, 삶을 잘 영위할 수 있도록 가르치는 코치도 없지만 그들은 중요한 일을 해오고 있었다.

다양한 사회적 현상에 잘 적응하고 있는 젊은 친구는 바리스타 세계에는 힙스터 스타일과 관련된 모든 것들이 갖추어져 있다고 말했다. 예민하고 반어反語적 관찰자인 그는 힙스터 스타일을 "인습적인 허세에 대한 잘난체하는 거부"라고 설명했다.

힙스터 문화는 상류층과 높은 지위로 인식되는 모든 것을 거부한다. 그래서 여성의 패션에서 힙스터적인 것은 1930년대의 가정복이다.

나는 바리스타 멋쟁이들과 로스팅룸에서 커피와 커피 회사들에 대해 이야기하면서 어울렸다. 잠시 후 우리의 이야기는 레스토랑 커피의 당면 과제로 바뀌었다. 커피 가이들은 레스토랑 커피가 얼마나 형편없는지 평가하는 것을 좋아했다. 토니가 말했다.

"문제는 경제적이고 문화적인 데 있어요. 레스토랑은 매우 근소한 마진으로 살거나 죽어요."

혼잡한 레스토랑에서 좋은 커피를 만드는 것은 어렵고 비용도 많이 든다.

"게다가 그들은 사람들이 꾸물거리는 걸 원하지 않아요. 그들은 테이블을 빨리 치우기를 원하죠."

그러나 고급 레스토랑의 상황도 변하고 있는 중이다. 인텔리젠시아의 로스터인 스티븐 로저스에 의하면, 최근에 유명한 레스토랑 프렌치 론드리는 아시엔다 라 에스멜라다 커피를 고객들에게 제공할 것이라고 발표했다.

내가 포틀랜드에 있었을 때, 스텀프타운의 맷 라운스버리는 태평양 북서부 지역에 있는 레스토랑에서 주목할 만한 변화가 시작되고 있다고 말했다. 그는 그 원인이 지역 주방장들, 지역 농부들, 지역 치즈 제조자들, 지역 와인 제조자들 사이에 나타나는 협력 관계에 있다고 생각했다. 그의 의견으로는, 지역 식재료에 초점을 맞추고 있는 요리사들이 '바이 로컬 buy local'의 중요한 구매 목록으로 그 지역에서 로스트된 커피를 생각하기 시작했다. 그는 포틀랜드 지역에서 스텀프타운의 커피를 잘 만드는 곳으로 다수의 레스토랑-히긴스Higgins, 와일드우드Wildwood, 파이프Fife, 르 피젼Le Pigeon, 클라크르위스Clark Lewis, 브라보 앤 컨츄리 캣 Bravo and Country Cat -을 들었다.

카일은 변화는 아직 일어나지 않았다는 것에 동의했다. 그도 역시 레스토랑 세계의 '얼리 어댑터*'들이 커피를 와인 서비스와 마찬가지로, 가능한 빨리 완성되는 것보다, 레스토랑과 셰프의 식감을 말해주는 정찬 경험의 요소로 생각하기 시작하는 것을 느끼고 있었다. 인텔리젠시아 커피는 찰리 트로터Charlie Trotter의 레스토랑과 앨리니어Alinea, 블랙버드Blackbird, 프론테라 그릴Frontera Grill, 노스폰드 카페North Pond Cafe, 커스텀 하우스Custom House와 그린 제브라Green Zebra를 포함하는 잘 알려진 다른 시카고의 레스토랑에서 제공되고 있다.

로스앤젤레스를 방문한 지 몇 달 후 더그 젤과 다시 이야기를 나누었는데, 그는 로스앤젤레스의 많은 대형 레스토랑-모자Mozza, 오스테리아 모자Osteria Mozza, 자르Jar, 소나Sona, 꼼사Comme ca 등-에서 인텔리젠시아의 커피를 팔고 있다고 알려주었다. 그 중에서 소나와 꼼사 레스토랑은 프렌치 프레스 서비스를 제공하고 있다.

나는 피터 줄리아노와 함께 호텔 체크인을 하였는데, 그는 동부 해안에서 카운터 컬처의 고품질 커피를 잘 소화할 수 있는 최고의 레스토랑을 찾고 있다고 말했다. 그는 뉴욕에 있는 크래프트 앤 테이스팅 룸 Craft and the Tasting room을 언급했다. 특히 볼티모어에 있는 우드

---

*얼리 어댑터(early adapter) : 무엇이든 맨 먼저 구매하고 경험해 보는 사람

버리 키친Woodbury Kitchen이라 불리는 레스토랑에 대해서는 흥분했다. 그곳의 셰프 겸 소유주인 스파이크 예디는 바리스타가 에스프레소 음료를 만들고 그리고 프렌치 프레스 커피를 위한 개인별 용기를, 고객들이 플런저를 누르고 컵으로 옮겨 부어야 하는 때를 알려주는 작은 타이머와 함께 테이블 위에 준비해 놓았다고 했다. 피터는 그 지역에서 공급되는 음식에 초점을 맞추는 레스토랑들은 그 지역에서 로스팅한 커피를 매우 긍정적으로 받아들이는 것처럼 보인다는 스텀프타운의 맷에 동의했다.

대부분의 레스토랑에서 커피 문제는 돈 문제로 귀착된다. 주방장들은 커피를 살 여유가 없고 그들은 남아도는 인력이 없다고 느끼는 경향이 강하다. 카일이 말했다.

"우리는 그들이 애쓸 가치가 있는 타협을 하도록 장려해야 합니다. 우리는 프렌치 프레스를 밀어붙여 왔어요. 이제 우리는 레스토랑들이 적절한 분쇄기를 구입하도록 장려하고 있습니다. 성능이 좋은 상업적 커피 분쇄기를 가지면 아주 깨끗한 커피를 얻을 수 있어요." 카일은 펫코 커피 분쇄기의 가격이 1,400달러라는 말은 하지 않았다.

그들은 모두 올바른 도구와 직원이 없다면 에스프레소 커피를 제공하지 않아야 한다는 것에 의견 일치를 보았다. 스티븐이 말했다.

"대부분의 영업장에서 만들어 파는 카푸치노는 우스꽝스러워요."

나는 그들에게 커피 문화의 제3 물결에서 에스프레소의 전체적인 지배력에 이의를 제기하면서, 내가 읽었던 커피 수입업자이자 전문가인 팀 캐슬이 쓴 기사에 대해 물었다.

팀은 "최근 커피에 대한 화제는 올바른 에스프레소에 대한 것"이라는 취지로 썼다. 에스프레소에 대한 강박관념은 로스터와 농부가 커피원두갈기, 탬핑, 온도 맞추기 등 그들의 작업을 완벽하게 하려는 집념으로 인해 사소한 것에 몰두하게 만든다는 것이었다.

팀의 에스프레소 기사에 대한 반응은 빠르게 나타났다. 그들은 심하게 팀을 비난했다. 들리는 바에 의하면 젊은 커피 가이들이 무리하게 획일화하려는 연장자들에 대해 비난하면서 세대 간의 싸움으로 비화되고 있다는 것이었다. 그것에 대해 팀은 이렇게 말했다.

"사람들은 내 기사를 매우 적대시하면서 받아들였어요. 게시판과 블로그에서 편견에 호소하며 나를 공격했어요. 정직한 어느 누군가는 지금의 에스프레소의 흐름은 농부의 공헌을 보여주거나 강조하는 최고의 방법이 아니라는 것을 알아요. 그것은 커피보다 바리스타의 솜씨를 돋보이게 하지요."

심지어 가장 좋은 상태에 있는 에스프레소는 기술 의존적인 커피 경험의 변형이다. 최악의 상태에서 충분한 혼합물을 넣을 때 커피는 부적절해 진다. 그들은 기사를 보고 비웃었지만, 커피가 항상 우선되어야 한다는 것에 동의했다. 바리스타의 퍼포먼스는 커피를 존중해야 한다. 그러나 그들은 스페셜티 산업이 에스프레소, 바리스타, 전체 커피숍 퍼포먼스 현상에 기이한 열정으로부터 이익을 얻는다는 것을 확신하고 있었다.

마침내 나와 다섯 명의 커피 가이들은 저속한 미술품과 매우 좋은 음식이 어울려 있는 버미즈Burmese로 점심을 먹으러 갔다. 나는 며칠 후에 바리스타 챔피언인 헤더 페리를 인터뷰하기로 되어 있었는데, 점심을 기다리는 동안 왜 모두가 그녀를 비난하는지 물었다.

헤더의 가족은 커피 클라치Koffee Klatch 로스터를 소유하고 있었다.

힙스터 세계관에서 추한 것이 아름답고 실패가 성공이라면, 성공하게 되었을 때는 무슨 일이 일어날까? 그것은 당신을 틀림없이 추악하고 가증스럽게 만들 것이다. 그렇지 않은가?

아마 그것 또한 헤더의 문제점이다. 그녀는 독립적인 도시의 젊은 세대 감각으로 인정받지 못했다. 그녀는 반체제적이 아니다. 그녀는 밸리에서 온 소녀이다. 그녀는 이기는 것에 관심을 두는 척한다. 그 소녀는 틀림없이 힙이 아니다.

카일은 로스앤젤레스에서 열린 U.S. 국제 챂피언십에서 헤더와 다시 한 번 경쟁했다. 첫 번째 라운드에서 그는 잘했다. 그는 그것을 그의 뼛속에서 느꼈을지 모른다. 그리고 나서 그가 특별히 높은 점수를 얻었다는 말이 흘러나왔다.

준결승이 끝나고 최종 6인의 발표를 기다릴 때 그는 지쳤다고 말했다. 밤 10시 그는 최종 여섯 명의 발표를 기다리면서 우두커니 서 있었다.

"나의 승리를 의심하지 않습니다. 바리스타 길드 파티가 곧 시작할 거에요. 내가 결승전에 없다면 비난받을지 몰라요. 만일 내가 결승전에 있다면, 나를 위해 환호해 주세요. 이것은 내가 처음으로 참가하는 대회입니다."

그는 결승전에 들어갔다. 그러나 그는 최고 5명에는 들지 못했다. 헤더 페리가 첫 번째였다. 그것은 캘리포니아의 산 디마스 커피 클라치 출신의 열성적인 헤더 페리가 2007년 8월 도쿄에서 개최되는 월드 바리스타 대회에 미국을 대표해서 간다는 것을 의미했다.

며칠 후, 나는 해멜로즈 대로大路에 위치한 르 팽 쿼티디앙Le Pain Quotidien의 옥외 테라스에서 점심을 먹기 위해 헤더를 만났다. 자연스러워 보이는 진한 금발인 그녀의 머리카락은 길게 풀려 있었지만, 머리카락이 그녀의 얼굴을 가리지는 않았다.

그녀는 선글라스를 끼고 약간 작은 상의를 입고 있었다. 그녀는 크고 강한 손을 가진 운동선수 같은 체격이었다. 그녀가 나에게 말하기를, 커피 클라치는 두 개의 가게, 두 개의 카트, 16명의 바리스타를 가지고 있는 가족 사업이라고 말했다.

"나는 커피 일을 항상 좋아합니다."

그녀의 말에 내가 말했다.

"당신은 훈련을 잘 받았더군요."

"내가 훈련받았다고요? 아니에요. 내가 경쟁적인가요? 그래요."

고등학교에서 그녀는 배구와 축구를 했고, 치어리더로 활약했다.

"나는 이기기 위한 것을 할 것입니다. 나는 선천적으로 산만하고 부주의하지만, 대회에서 경연을 할 때에는 시작하기 전에 모든 움직임에 대해 생각해야 해요. 모든 것을 어디에 놓을지, 심지어는 냅킨을 어떻게 접을지까지 생각해 두어야 합니다. 그것을 모두 모아서 전체 포장으로 만들려면, 퍼포먼스의 분위기를 더하는 모든 세부적인 것을 이해하는 데 많은 시간을 소비해야 해요."

그녀의 말은 계속 이어졌다.

"나는 이 대회를 위해 연습하는데 수백 갤런의 우유를 사용했어요. 감정이 고갈되고 어떻게 해볼 수 없는 좌절로 많은 눈물을 흘렸지만,

잘할 때까지 멈추지 않았어요."

왜 그녀가 이겼는지 이해할 수 있는 말이었다.

"나는 다른 어떤 누구보다 일을 열심히 했어요. 매 주말마다, 그리고 매일 저녁 일이 끝난 후에도 일했어요. 대회는 내 삶을 세 달 동안 몰두하게 했어요. 나는 이기기 위해 그 안에 있었죠. 올해 일을 줄일 수도 있었지만 나는 대회에 나아가기로 결심했어요. 나의 퍼포먼스가 나타나는 방식에 만족하고 있어요."

그녀는 어떤 희생이라도 할 것처럼 보였다. 그녀는 오토바이를 좋아하는 남자친구가 있는데, 트레이닝 하고 있을 때는 그를 자주 보지 못했다고 말했다.

"사람들은 당신이 판정으로 이겼다고 말해요."

나의 말에 그녀가 대답했다.

"경쟁하는 데는 수학적인 측면이 있어요. 출전자들은 득점표를 정확히 알아야 해요. 그리고 그 득점 기입표가 요구하는 기술들에 초점을 맞춰야 해요."

지역 바리스타 챔피언이자 바리스타 감정가인 닉 조는 경쟁하는 많은 젊은이들은 일을 해낼 때 그들의 기술을 보여주는 것보다 이미지를 그려내는 것에 더 마음을 쓴다고 나에게 설명했다. 헤더는, 닉에 대해 말하기를, 훨씬 잘 훈련받은 선수라고 말했다.

"그녀는 모든 면에서 퍼포먼스가 완벽할 때까지 계속해서 훈련했어요. 연습 기간 동안 연마했던 그녀의 도징dosing과 탬핑tamping의 기술적 숙련도는 기술 분야의 심사위원들로부터 좋은 점수를 얻었어요. 바리스타 기본 원리에 충실한 그녀의 기술은 커피의 맛을 향상시켰으며, 맛을 판별하는 심사위원들로부터 추가 점수를 얻게 되었지요."

그리고 그것이 전부가 아니었다. 그녀의 음료들은 아름다워 보였다. 그녀의 에스프레소 위에 있는 크레마는 두껍고 끈적거리며 스푼으로 눌렀을 때 다시 튀어 올랐다. 그녀의 우유 거품은 눈에 거의 보이지 않는 균일하게 작은 거품들로 만들어져 있었다. 기술적으로도 그녀의 작품은 흠이 없었다. 그녀는 커피나 우유를 낭비하지 않았다. 그녀의 작업장은 청결했고, 그녀는 항상 그녀의 세척포를 두는 곳을 알았다.

그녀는 유능한 바리스타일지 모르지만, 말이 그다지 많은 사람은 아니었다.

"당신은 내성적인가 봐요."

나의 말에 그녀는 이렇게 대답했다.

"아니에요. 나는 몰두형이에요. 흥미로운 것은 커피에요. 내 삶의 전부는 커피에요."

우리는 갈 준비를 했다. 그녀는 30~40마일 떨어진 밸리까지 차를 타고 가야 했다. 아마 로스앤젤레스 교통 상황으로 보아 두 시간이 걸릴 것이다.

"성차별주의에 대해서는 어떻게 생각해요?"

내가 묻자 그녀가 대답했다.

"여자들이 잘 해왔어요. 커피는 남자들의 일이지만 여자들이 더 잘해왔어요. 그렇지만 내가 절대로 이해하지 못하는 것이 있어요. 내가 어떻게 하는지에 대해서는 신경 쓰지 않는다고 말하는 남자들을 절대로 이해하지 못해요. 나는 경쟁하는데 아주 많은 시간을 쏟고 있는데, 단지 즐거운 시간 보내기 위해 대회에 참가한다는 이러한 아주 열의 없는 태도를 보이는 사람들을 보면 기분이 상해요."

인텔리젠시아를 방문한 후, 나는 그라운드워크 로스팅 공장을 견학하고 릭 레인하트와 그의 팀 중 몇 명과 커핑을 했다. 릭은 유능한 커피 가이이며, 그라운드워크를 위한 중대한 계획을 가지고 있었다.

   그 계획을 실행하기 위해 그는 회사를 지배할 필요가 있었고, 그라운드워크의 설립자로부터 경영권을 인수하기 위해 복잡한 재정상의 협상에 개입했다.

   그것을 보고 나는 그라운드워크와 인텔리젠시아와의 경쟁에 대한 글을 쓰리라고 생각했다. 그러나 로스앤젤레스에서 집으로 돌아온 몇 주 후에 릭으로부터 그라운드워크를 떠났다는 이메일을 받았다. 그는 비전이 다른 오너에 의해 해고되었다.

   나는 그 소식을 접하고 전혀 놀라지 않았다.

   내가 방문했던 오후에 릭과 대화를 했는데, 릭은 스페셜티 커피의 수익과 손실에 대하여 즉흥적인 생각을 말했다.

   "얼마간의 이익이 있었나요?"

   내가 물었다. 그것은 특히 신용 규제가 가하지고, 연료 가격이 인상되고, 수송비가 오르고, 달러가 하락한 2007년 여름에 적절한 질문이었다.

   "스페셜티계에서 이익을 내는 누군가가 있을까요?"

   그는 잠시 말을 멈추었다가 말을 이었다.

   "팀 캐슬은 스페셜티 커피에서의 진짜 물결은 주기적으로 일어나는 물결들을 종합해야 한다는 이론을 가지고 있어요. 규모가 작고 품질 지향적인 회사들이 성공하고 번성하면 더 큰 회사들이 그들을 인수해요.

팀은 스페셜티 회사들이 다시 일어날 것이라고 생각하고 있어요."

"그게 맞다고 생각해요?"

이 물음에 그는 대답하지 않았다.

나는 메릴랜드의 사무실로 돌아와서 커피 수입업자인 밥 펄머에게 전화했다. 그는 모든 커피 가이들과 함께 일하는 고품질 커피 수입회사 중 하나인 로얄 커피의 대표이다. 1970년대부터 커피 사업에 종사하고 있으며, 스페셜티 산업에 대한 장기적 전망을 가지고 있었다. 내가 그에게 물었다.

"당신은 인텔리젠시아, 스텀프타운, 카운터 컬처가 시간이 지나더라도 독립된 기업으로서 유지될 수 있을 거라고 생각하나요?"

"변화는 항상 갑자기 오지요. 많은 기업들은 스페셜티 커피를 전혀 갖지 못한 더 큰 기업들에 팔리게 될 거예요. 큰 기업들은 그들의 생산 비용을 낮추고, 그리고 가치를 가지고 있는 만큼의 가치가 있는 브랜드를 짜내는 계획으로 그들을 인수할 것입니다. 바로 그것입니다. 그리고 나서 그 순환은 모든 것을 시작해요. 다른 누군가는 기회를 봐요. 릭은 로스앤젤레스에서 그 기회를 봤어요. 나는 끊임없이 재기하는 것을 봤어요. 세 번째 물결의 사람들 중 대부분은 잘하고 있어요."

밥의 말은 계속되었다.

"그들은 뭔가 독특하고 특별한 어떤 것을 생산하기 위해 애쓰고 있지만, 품질에 모든 비용을 투자하는 것은 결과적으로 자본을 바닥내게 할 것입니다. 젊은 사내들이 세월이 흘러 나이가 들면 그들이 우선 해야 할 일들이 변합니다. 인생의 황혼녘에 회사로부터 제공받는 돈은 꽤 좋아 보일 겁니다. 누군가 당신에게 몇백만 달러를 제공하면 당신은 말할 거예요. '그래, 나는 이것을 받을 만한 몫을 했어요. 여기 200만 달러요. 여기 500만 달러요. 나는 그것으로 매우 잘 살 수 있어요.' 이것이 커피 커넥션의 조지 하우엘에게 일어난 일이어요. 그에게는 대가족이 있어요. 교육해야 할 아이들도 있지요. 그날의 마지막 질문은 당신에게 충성을 맹세한 사람은 누구인가? 당신의 가족에게는? 당신의 고객에게는? 이들은 쉬운 질문이 아니에요. 그렇지만 누가 알겠어요? 어쩌면 듀안이나 더그가 뭔가 다른 것을 할지 몰라요. 어쩌면 그들이 구글 스타일의 IPO*를 달성할 수 있고 독립을 계속 유지할지 몰라요."

밥의 말은 마치 그들 커피 가이들의 예상되는 몰락이 피할 수 없는 것처럼 생각하게 만들었다. 화려한 모든 것들, 열광적인 에너지, 가장 완벽한 커피를 찾고 볶는데 쏟아 붓는 모든 사랑은 영원히 지속될 수 없다. 지속될 수 있을까? 시간이 말해줄 것이다.

8월 도쿄에서 열린 세계 바리스타 대회에서 헤더 페리는 어떤 미국인이 받은 것보다 더 높은 2등을 했다. 그녀의 승리는 그녀에게 레일을 깔고, 그녀의 열차를 도와준 커피 산업계 사람들의 전체 팀으로부터 온 것이었다. 그녀의 퍼포먼스가 웹상에서 방송되는 것을 나는 보았다. 그녀는 언제나처럼 빛나고 부드러웠으며, 이번에는 부족했었던 정신의 관대함과 정중함이 스며 나오게 했다. 그녀는 퍼포먼스를 통해 커피에 대한 그녀의 사랑을 빛나게 했다.

이제 커피 세계에 있는 많은 사람들은 그녀를 사랑한다. 제프 와츠는 이렇게 말했다.

"그녀에게 얼마나 많은 의미가 있고, 그녀가 얼마나 힘들게 일했는지 확실해요. 그것이 정말로 사람들의 마음에 닿았어요."

---

* IPO(Initial Public Offering) : 주식 공개, 기업 공개

노스캐롤라이나, 더햄
North Carolina, Durham

7월 어느 목요일 오후, 노스캐롤라이나 더햄에 있는 카운터 컬처에서는 소매상과 도매상들에게 보낼 그 주의 마지막 커피를 차에 싣고 있었다. 카운터 컬처는 주말 내내 뜨거운 트럭 안에서 커피가 변질되는 것을 피하기 위해 금요일에는 보내지 않는다. 커피를 차에 싣고 나서 피터 줄리아노는 한 편의 영화를 보여줄 준비를 하고 있었다.

"목요일마다 우리는 모여서 교육을 합니다."라면서 피터가 설명했다.

"누구든지 서로 공유할 것이 있으면 어느 누구도 가르칠 수 있어요. 누구나 참여할 수 있고, 누구나 냉커피나 개발된 커피 브렌드에 대한 수업을 할 수도 있습니다. 우리는 감각으로 느끼는 교육을 많이 하고 있습니다. 와인이나 초콜릿 맛을 테스트해 보는 일종의 그런 교육들이죠. 지난 여름, 나는 대학 때 보았던 〈첫 번째 만남〉이라는 영화를 보았습니다. 파푸아뉴기니에 관한 인류학적인 영화였죠. 그 영화는 1930년대, 금을 찾던 호주 탐험가들이 바깥 세계의 존재를 전혀 모르고 있던 수천 명의 석기인들을 우연히 만나게 되면서 시작됩니다."

카운터 컬처가 그 영화에 나오는 사람들의 자손으로부터 커피를 사오고 있음을 부언하면서 피터는 이야기를 계속했다.

"나는 우리 직원들에게 우리의 커피가 생산되고 있는 바로 그 지역이 나오는 영화를 보여주었습니다. 우리 직원들은 하나의 일체감을 형성하고, 우리가 판매하는 파푸아뉴기니 커피를 성장시킵니다. 이런 문화적 탐험은 나의 인생에 힘을 주고 있습니다. 내가 사람들을 안내하여 우리가 파는 커피, 커피 농부들, 그리고 커피 재배 문화 사이의 관계를 알게 한다는 것에 묘미를 느끼고 있습니다."

〈첫 번째 만남〉 영화를 본다는 것은 피터가 순수하다는 것을 보여주었다. 그는 타고난 사회과학자이며 교사인데, 모든 상호 작용을 문화적 의미로 보았다.─로스터 길드의 술을 약간 곁들인 파티에서부터 뉴기니로 구매 출장을 간 2007년 11월 내내 이유는 모르겠지만, 그를 따라다니던 창을 가진 젊은 용사와 우연한 만남에 이르기까지.

이런 기질로 인해 그는 즐거운 시간을 보냈다. 피터는 장난스럽고 재미있는 로맨틱한 사람이다. 그래서 즐거운 시간을 갖는 것을 사랑했다.─그러나 머릿속에는 끝없이 무엇인가를 관찰하고 밝혀내려고 하고 있었다.

스페셜티 사업에서 "나는 무인도에 있는 교수처럼 여겨져요. 나는 분석해서 학문적인 것을 만들고 싶어하는 사람입니다."라고 피터가 말했다. 그는 스페셜티 커피의 모든 면을 분석하고 있다. 농업경제학, 농부들의 관계, 커피 가공, 커피 볶기, 커피 끓이기, 바리스타의 예술성 등 무엇이든지 말이다.

특히, 문화적 배경에 대한 피터의 이해는 커피 농부들과 함께 일하면서 형성되었다. 그래서 그는 커피 농부들에게 그들의 문화적 기준이나 가치에 대립되는 것들을 요구하지 않으려고 노력했다.

예를 들면, 거대한 니카라과 커피 협동조합인 세꼬까핀과 거래할 때, 그는 고압적인 자세를 취하지 않았다. 세꼬까펜은 산로만에 거주하는 25명의 농부들에게 제분과 재정적 지원을 해주는 곳이고, 그는 그 농부들에게 커피를 구매했다. 피터와 인텔리젠시아의 제프 와츠는 세꼬까펜의 관리자들이 방해자이면서 불투명하고, 어쩌면 정직하지 못한 사람들이라는 것을 알았다. 제프는 협동조합의 관리자들과 정면으로 충돌했고, 피터는 대립하지 않으려고 노력했다.

"나는 니카라과 생산자들이 스스로 선택하도록 했습니다. 어떤 방식이든 그들이 조종받는 것을 원치 않습니다. 그들은 공동체 안에서 살고 있지만, 나는 아니거든요. 산디니스타*에 의해 설립된 협동조합에 참여하는 것은 그들의 정치 현실에 참여하는 것입니다. 산디니스타 전쟁은 그리 오래전 일은 아니었죠. 협동조합 회원이 된다는 것은 내가 완전히 이해하기는 어렵지만, 농부들에게는 어떤 의미가 있거요. 그래서 나는 너무 심하게 밀어 붙이지 않으려고 주의하고 있습니다."라고 피터는 말했다. 세꼬까펜과 정면으로 부딪치는 대신에 피터는 중간 방법을 찾고 있었다.

"나와 거래하고 있는 산로만의 농부들은 90점 이상의 커피 가격은 조금 낮추고, 85~88점의 커피 가격은 조금 더 올려 줄 것을 요구합니다.

---

*산디니스타 : 1979년 소모사 정권을 무너뜨린 니카라과의 민족 해방 전선의 일원

그들은 최고 품질을 생산하는 농작인들이 너무 많이 가져간다는 것에 대해 마음이 편하지 않아요. 그들은 우호적으로 경쟁을 계속하길 원했고, 받는 값이 너무 크게 차이가 날 경우 발생할 충격에 대해 크게 걱정하고 있습니다. 미국적인 이기심이 니카라과 사람들에게는 선천적으로 없어요."라고 피터가 덧붙여 말했다. 피터는 재배자들의 걱정에 귀를 기울였고, 가격 체계를 변경하는 것에 동의했다.

"나는 최고의 커피를 구매하기 위해 장기간 유지될 수 있는 방법을 세우려고 노력하고 있습니다."

피터는 농작인들과 거래할 때, 오랫동안 길게 본다는 것이 때때로 좌절과 실패를 볼 수 있다는 사실을 인정했다. 그러나 피터는 그가 신뢰하고 있는 농작인들과 함께 기꺼이 어려움을 견디어 낼 것이라고 말한다. 물론, 카운터 컬처는 "어느 한순간의 최고가 되는 것 뿐만 아니라 오랜 시간이 지나도 최고가 되는 것", 그리고 "오늘의 훌륭함과 내일의 훌륭함이 반대 방향에서 끌어당기는 것"을 바란다고 피터는 말했다. 어떤 로스터들은 매년 같은 농작인들에게 커피를 구매하지 않는다고 한다.

"그들의 접근 방식은 '그들을 사랑하고, 그리고 떠나라' 는 것입니다. 그들은 단지 올해의 COE 우승자의 커피를 사기 위해, 그때만 매혹되는 척합니다. 그들은 모든 소녀들과 사랑의 도피를 하지만, 그들 중 어느 누구와도 관계를 맺지 않습니다. COE는 굳이 말하자면, 그들의 데이트 봉사 상품인 것입니다. 나는 그렇게 접근하지 않습니다. 나는 오히려 농부들의 일과 사랑에 빠지면서, 그들과의 관계를 발전시키려 합니다. 매년 그들과 단지 데이트를 하기 위해서 다시 가는 것은 아닙니다."

6월 하순 남동부 도로는 덥고 눅눅했다. 나는 카운터 컬처를 방문하기 위해 더햄을 향해 날아가고 있었다. 2007년 성장률을 20%나 초과 달성하고, 연 판매액이 거의 700만 달러에 달한 그 회사는 더햄 공항 근처의 최첨단 경공업 단지 내에 있었다. 피터는 그의 은색 PT 크루저를 타고 나를 데리러 왔다. 인텔리젠시아 저프 와츠는 BMW를 운전한다. 스텀프타운의 듀안 소렌슨은 차를 가지고 있지 않지만 그의 아내가 미니밴을 가지고 있다. 그는 차대신 오히려 11,000달러의 클로버 커피 추출기계를 하나 더 사는 편이 낫다고 말했다.

　우리는 다른 은색 PT 크루저 옆에 주차를 하고 안으로 걸어갔다. 나는 피터의 사무실 옆에 있는 커핑룸 구석에 나의 여행용 가방과 컴퓨터를 내려놓았다. 피터는 사무실을 사용하기는 했지만, 부엌으로부터 나오는 냄새가 커핑룸으로 스며들었고, 그 냄새로 진정한 커피 향을 식별하기가 어려웠다. 일을 하다 보니 공간이 섞여져서 피터의 사무실이 없어진 것이다. 그렇지만 그는 상관하지 않는 듯했다. 그는 더햄에 있지 않는 날이 더 많았다.

　카운터 컬처는 웅장하기보다는 깔끔하게 느껴졌다. 청결한 공간, 현대적이면서 산업적인 분위기, 수수한 다기실. 유일하게 호화로운 공간은 환한 불빛이 비추는 커피 시음실이었다. 일반인들이 카운터 컬처의 다양한 커피를 맛보기 위해 초대되는 곳이다. 피터의 사무실인 커핑룸도 역시 세련된 현대적인 가구들로 채워져 있었다.

커피를 볶고 포장하는 큰 상점 크기의 방 붉은 벽은 검은 주물로 된 로스터들-한 번에 100파운드의 커피를 볶는 스페인에서 온 Roure, 125파운드의 커피를 볶는 포르투갈의 Joper/Renegade, 아주 소량인 25파운드를 볶는 프랑스의 Sasa/Samiac-을 위한 멋진 배경이 되었다.

피터는 나에게 애그트론이라는 측광기를 보여주었다. 커피를 볶았을 때, 적외선의 반사율을 측정하여 볶음도의 정확성을 판독해 주는 기계이다. 약하게 볶아졌을 더 많은 빛이 반사되어 더 높은 수치를 얻는다. 피터는 이렇게 말했다.

"우리의 프렌치 로스트는 다른 커피들보다 더 진하게 볶는데 애그트론 점수가 40이 나와요. 반면에 케냐의 테구Tegu처럼 소량으로 소중히 볶는 것은 애그트론 점수가 68이 나옵니다. 여기서 만드는 모든 커피들은 제각각의 특징을 가지고 있습니다. 얼마나 오래 커피를 볶아야 하는지, 애그트론 점수, 내부 온도 등 모든 종류의 자료가 우리의 작업이 정확하도록 이끌어 줍니다."

카운터 컬처의 커퍼들은 수석 로스터인 티모시 힐의 지도를 받으며 커피를 매번 볶을 때마다 커핑을 한다. 그러나 한 가지 문제가 있다면서 피터가 말했다.

"우리가 커피 맛을 시음할 때는 로스팅을 하고 24시간이 지난 후인데, 커피는 이미 출고된 뒤입니다. 우리의 기준에 맞게 행동하고 있다는 것을 끊임없이 확인하는 것은 하나의 도전입니다. 우리 고객 중 두 사람, 예를 들면 워싱턴 D.C. 머키 카페의 닉 조, 뉴욕 9번가 에스프레소의 닉 커비는 커피가 나오면 우리에게 전화해서 그 커피가 아주 훌륭하다고 말하거나, 아니면 이렇게 말할지도 모릅니다. '음, 최근에 보낸 커피는 이상하네요.' 우리는 소매상이 아니기 때문에 고객이 알려주는 정보에 의존합니다. 매주 실시하는 커핑은 로스팅의 품질과 커피의 품질에 관한 중요한 정보를 제공합니다."

카운터 컬처는 200개의 다양한 블렌딩을 로스팅하고 있어 전산화된 추적 시스템이 더욱 중요하다. 스텀프타운의 듀안과 같은 순수주의자는 결코 한 명의 고객을 만족시키기 위한 한 개의 블렌딩을 만들지 않는다. 이런 많은 종류의 블렌딩은 전적으로 도매회사의 요구를 반영한 것이다. 카운터 컬처의 사업은 90%가 도매다. 비록 온라인으로 소매를 하지만 총매출의 10% 정도밖에 되지 않는다. 회사는 빠르게 성장하고 있으며, 언론에서는 카운터 컬처를 최고의 로스터 증의 하나로 인정하는 기사를 자주 보도하고 있다.

"우리는 고객들의 소망에 따라, 그들을 위해 특별한 커피를 볶을 것입니다. 결과적으로 다양한 맛에 관한 분석표를 얻게 되었습니다. 우리는 독재주의자가 아닙니다."

피터는 고객들이 개인적으로 더 좋아하는 맛과 비용 발생에 따른 요구 사항에 맞게 커피를 볶는 모든 블렌드에 대하여, 혼자서만 열광하지는 않는다는 의미로 재치 있게 말을 했다.

스페셜티 커피 도매 사업은 소매 사업보다 가격 면에서 더욱 민감하다. 이런 양상은 인텔리젠시아와 스텀프타운 역시 마찬가지다. 수년 전 스타벅스에서는 고객들이 커피 한 잔에 4달러를 지불하도록 만들었다. 커피 전문 카페를 운영하는 최고급의 도매 고객들은 최고액의 달러를 지불할 것이다.

"만일 최상층의 고객들에게 커피 가격을 파운드당 7.70달러에서 8달러로 올린다고 해도, 그것은 별것 아닙니다."라고 피터는 말했다. 카운터 컬처와 같은 회사의 자금에 영향을 미칠 만큼 비중 있는 수요를 만들어내는 고급 카페들은 별로 없었다.

"우리는 우리의 일을 할 수 있을 만큼의 일정한 매출이 필요합니다."

고가로 사오지만, 항상 고가로 파는 것은 아니기에 거기에서 발생하는 차액을 채우기 위해 카운터 컬처는 중간층 도매 고객들에게서 나오는 매출에 의존한다. 작은 식품점, 작은 레스토랑과 커피숍, 아침식사를 파는 식당, 이런 곳들은 최고급 커피를 살 수 없다. 카운터 컬처는 그들을 위해서 맛이 좋고 견실한 커핑 점수 84~85점의 커피 원두로 커피 블렌드를 만들어낸다.

피터는 이렇게 말했다. "하지만, 커피 가격, 우유 가격, 에너지 비용이 오르고 있어서 우리 고객들은 모든 면에서 압박을 받고 있습니다. 그들은 커피 가격을 더 지불할 수 없다고 하고, 우리 회사 입장에서 높은 가격을 유지하기 위한 해결 방안이 쉽게 나오진 않습니다."

커피 비용을 증가시키는 것은 많은 고객들이 유기농으로 인증된 커피를 더 좋아하는데 있다. 스페셜티 산업에서 유기농을 향한 움직임은 매우 빠르게 일어나고 있다. 아시아나 아프리카에서 농부들이 극히 드물게 인공 비료를 사용할 수도 있지만, 유기농 인증이 매우 대중화되고 있고, 라틴 아메리카에서도 점점 더 그 추세로 가고 있다.

"우리가 구매하는 커피의 75%가 유기농이며, 많은 농장이 유기농 재배로 변하는 추세입니다."

피터는 자신도 그렇게 믿고 있다고 덧붙여 말했다.

"나는 어디에나 흔하게 있는 질소, 칼륨, 인산염의 화합물(NPK) 등의 비료들이 이 지구를 망가뜨리고 있다고 생각합니다. 좋은 토양은 알다시피 퇴비에 있는 미량의 영양소를 필요로 합니다. 또 극소량의 셀레

늄과 크롬 원소도 필요로 합니다. 이런 성분들이 커피나무를 빠르게 자라게 합니다. 문제는 우리가 경영자의 입장에서 그 가난한 농부들에게 이런 성분들에 대해 어떻게 가르쳐야 할지 해결하지 못하고 있다는 것입니다."

다른 문제점들도 역시 있다고 피터는 인정했다. 그는 유기농 인증서가 비싸고, 또 인증자들 중 몇몇은 매수되어 타락하고 있지만 이런 문제점들은 고쳐질 것이라고 믿고 있었다.

비용 인상의 순환을 보면, 왜 그가 7달러의 에스프레소 커피를 위한 출장 길에 나서려고 하는지를 설명해 준다고 말했다. 그는 높은 품질의 커피 가격은 다음과 같은 현실을 반영하여 조절되어야 한다고 생각했다. 즉, 농부들이 커피 1파운드에 2달러, 3달러 또는 4달러를 벌어들여서 합리적인 생활을 할 수 있도록 하고, 최종 소비자의 커피 값도 올려야 한다는 것이다. 그것이 스페셜티 커피를 유지시킬 수 있는 유일한 방법인 것이다.

"사람들은 최고급의 로스터들이 돈을 낭비하고 있다고 생각하지만, 경제학 관점으로 보면 그 의견은 사실과 맞지 않습니다."

피터는 소비자들의 자각이 이 순환을 끝내는 길이라고 믿었다.

"그것이 바로 내가 클로버를 대단히 중요하게 생각하는 이유입니다. 클로버는 소매 고객들에게 커피를 끓여 단드는 방법을 알려줍니다. 우리는 소비자들에게 황홀한 경험을 만들어 주어야 합니다. 그 경험은 그들이 기꺼이 돈을 지불하고 살만한 경험이죠."

뉴욕시에 있는 그럼피 카페와 같은 카운터 컬처의 고객 중 몇몇은 피터의 제안에 따라서 한 컵에 5달러에서 10달러 정도 되는 농장 이름을 붙인 슈퍼스타 커피를 정기적으로 제공하기 시작했다. 반면에 대부분의 손님들에게는 계속해서 조금 더 저렴한 가격의 커피를 제공하고 있다.

스페셜티 커피의 마케팅과 빠르게 변화하는 시장 상황에 적응하기 위한 카운터 컬처의 전략은 한마디로 요약될 수 있다. 모든 시간에 모든 것을 교육하자는 것이다. 카운터 컬처는 더햄, 애쉬빌, 애틀란타, 그리고 워싱턴 D.C.에 멋진 훈련 센터를 세웠다. 커피 전문가나 일반 초보자들, 그리고 에스프레소 중급 단계에 있는 사람들에게 커피 추출법, 커핑 비교법, 고급 커핑법, 그리고 커피의 역사 등 무료 강좌를 온종일 제공한다. 뿐만 아니라 다른 종류의 프로그램도 제공한다. 훈련 센터는 2007년 8월에 3일간 워싱턴 D.C.에서 카페 운영 방법에 대한 세미나를 열었는데, 전국에서 많은 사람들이 참여했으며 일본에서도 한 명이 참여했다. 그리고 센터는 새로운 고객들과 장래의 고객들에게 에스프레소 장비의 사용, 청결, 커피 뽑는 방법 등을 가르쳐 준다. 스텀프타운, 인텔리젠시아, 카운터 컬처는 고객들이 잘 실행하고 있는지를 체크하고, 고객들이 최고의 수준을 유지하도록 강조한다. 카운터 컬처의 훈련은 센터 내에서만 하는 것은 아니다. 예를 들면, 지금 스페셜티 커피 판매가 시작된 수지맞는 고급 시장인 뉴욕에 진출하기 위해 회사는 두 명을 풀타임으로 고용하였는데, 그중 한 명은 아무것도 하지 않고 오직 도매 고객들에게 커피 만드는 방법을 가르친다.

나는 초여름 금요일에 '9번가 에스프레소 카페'를 방문했다. 그곳은 뉴욕에서 손꼽을 만한 카운터 컬처의 도매 거래처 중 하나이다. 9번가는 위대한 커피에 대한 명성과 유행을 따르려는 풍토를 뉴욕, 맨해튼 전 지역에 물결치게 했다. 맨해튼에 교두보를 만들기 위해 인텔리젠시아는 9번가와 거래하려고 힘겹게 노력했지만, 카운터 컬처에게 놓치고 말았다. 9번가를 방문했던 아침, 수석 커퍼인 닉 커비는 온라인으로 실시되고 있는 카운터 컬처의 주말 테이스팅 중 하나에 막 참여하고 있었다. 대서양 연안에서 참가한 고객들과 카운터 컬처 본사에서는 케냐, 콜롬비아, 이집트, 그리고 인도네시아 산産 커피콩을 커핑해 보고 감정 결과를 기록했다. 회사에서는 스프레드 시트를 만들어 놓고, 참가자들은 그 주에 제공된 커피에 대한 그들의 반응을 거기에 기록한다.

"모든 사람들은 같은 날, 같은 시간에 같은 커피콩으로 커핑을 합니다. 그리고 우리는 그 커피들에 대한 토론을 합니다. 우리 내부의 블로그는 커피를 토론하는 특별한 장소가 됩니다. 이 토론방은 우리에게 활기를 주는 공동체가 되고, 우리는 그곳을 믿고 의지합니다."라고 피터가 설명했다.

카운터 컬처는 다른 교육 방법으로 포장하는 법을 활용하고 있다. 예술적인 상표들은 카운터 컬처와 직거래를 하는 각각의 농장을 위해 고안되었는데, 각각의 포장은 그 안에 있는 특별한 커피를 나타낸다.

예를 들어, 엘살바도르 산타아나에 있는 마우리타니아 농원의 포장은 카운터 컬처가 독점한 커피로 인정된다. 옆쪽에는 엘살바도르 지도가 있고, 별로 그 농장을 표시한다. 상표 뒤에는 재배자 자신을 나타낸다. -"아이다 배틀은 엘살바도르의 산타아나 화산의 경사지에 위치한 마우리타니아 농원의 소유주이자 경영자인데, 그녀는 커피 업계에서 유명 인사가 되었습니다. 왜냐하면, 그녀는 커피의 질을 높이기 위해 절대적으로 헌신하였고, 농장 경영에 있어서도 진보적으로 잘 유지하는데 전념을 다해왔기 때문입니다. 우리는 아이다가 이런 화려한 커피의 유일한 로스터로서 카운터 컬처를 선택한 사실에 대해 전율을 느꼈습니다." 그 명성은 그가 인정했다.

포장 한편에는 그 커피를 설명하는 '맛의 특성'이 적혀 있다. - "갈색 설탕의 도취되는 향, 버터 스커치, 그리고 믿기 어려운 100% 버번 품종의 커피. 당신은 완벽하고, 달콤하고, 부드러운 맛을 사랑할 것입니다."

피터는 자기가 커피를 소개하고 있는 방법과 집 근처 미식가의 방법과 비교해 보았다.

"노스캐롤라이나에서 사람들은 바비큐에 대해 일반적으로 말하지 않습니다. 그들은 피드몬트 지역의 바비큐를 좋아한다고 말하거나, 렉싱턴의 한 특별한 곳에서 나온 바비큐를 좋아한다고 말합니다. 그것이 우리로 하여금 포장 상품을 하게 만든 이유입니다. 우리는 고객들이 우리가 수마트라산産 커피를 파는 것이 아니라, 수마트라에 있는 아체aceh산産 커피를 팔고 있다는 것을 알아주길 바랍니다. 그것은 프랑스산 포도주와 같은 이야기입니다. 프랑스산 와인을 사는 사람은 아무도 없어요. 그들은 특별한 지역이나 특별한 성에서 만든 포도주를 사지요. 우리에게도 아체는 버건디와 같은 것입니다."

카운터 컬처의 교육 초점은 요리 세계의 신성한 영역인 뉴욕 하이드 파크에 있는 미국요리협회(CIA)에 진입하는 것이다. 2007년 가을, 카운터 컬처는 제빵 자격증을 공부하고 있는 CIA 학생들에게 커피 교육 프로그램을 전수시켰다. 그 학생들은 일반적인 요리 교육과 그들 스스로 선택한 과목의 전문화된 교육을 모두 받고 있다. 카운터 컬처의 훈련 교수들은 지금 제빵 프로그램에 등록한 학생들에게 커피의 필수품들, 커핑 방법, 에스프레소 만드는 법, 그리고 커피를 만드는 기술 뿐만 아니라 더 나아가 이론적인 것들을 가르치고 있다.

그해 여름, 피터는 하이드 파크로 여러 차례 여행을 했다. 그 학교의 교수들을 만나고, 또 몇몇 예비반을 가르치기 위해서였다. 그는 맛의 미묘한 차이들에 대해 푹 빠져있는 사람들과 이야기 하는 것을 좋아했는데, CIA의 프로그램들이 그 학생들에게, 더 나아가서는 요리 세계에 강한 영향력을 주고 있다는 것을 느꼈다.

그는 너무도 빨리 받아들이는 학생들을 가르친다는 것은 참 기쁜 일이라고 말했다.

"우리가 가르치고 있는 것은 학생들이 CIA에서 받은 와인 기초 교육과 거의 비슷합니다. 그들은 다양한 와인 품종의 맛을 알고 있어, 커피를 이해하는데 도움이 되고 있습니다. 보통 내가 커핑을 하고 있을 때 사람들은 불안해 합니다. 그들은 전문 감별사들처럼 그 맛의 미묘함을 경험할 수 없을까 걱정합니다. 이런 풋내기들은 그런 상황을 좋아하지 않습니다. 그들은 속마음을 털어놓습니다. 그들은 감별 후의 생각을 분명하게 말하는 것과 다음 커피를 맛보면서 무엇을 구별해야 할지 도와달라고 합니다. 예를 들어, 커피의 블렌드는 항상 변화하고 있습니다. 왜냐하면, 바로 블렌드에 사용된 것과 똑같은 커피가 있는지 없는지에 의해 결정되는 것이지요. 만일 커피숍에서 에스프레스 블렌드나 커피 음료를 판다면, 그 요리사나 지배인은 그 블렌드를 다룰 수 있는 누군가를 필요로 합니다. 우리가 바라는 점도, 요리사나 소유주가 우리에게 훈련을 받고 스스로 그 브렌드를 잘 관리해서 그들이 만들어낸 에스프레소가 커피라는 요리의 가치에 실제로 영향을 주는 것입니다. 바로 그런 점 때문에 레스토랑에서 파는 커피가 매우 흥미로운 것입니다."

요리사가 사용하는 모든 재료처럼 커피 역시 모든 미적 가치관에 자리 잡을 것이라고 피터는 믿고 있었다.

"그 하나가 바로 에스프레소입니다. 모든 레스토랑에서 에스프레소를 제공해야 한다고 보고 있습니다. 하지만, 가끔 그렇게 하지 못하고 있습니다. 부룩클린 슬로프 공원에 있는 '프래니' 같은 레스토랑(카운터 컬처의 고객이다.)에서 에스프레소를 팔기로 한 점은 대단히 희망적인 일입니다. 그곳은 전설적인 피자를 파는 이탈리아 레스토랑입니다. 하지만, 어떤 레스토랑에는 그들이 하는 일과 상관이 없다고 생각하고 오히려 와인 목록을 만드는 것을 좋아합니다. 그 목록에는 다음과 같이 되어 있습니다. '우리는 핑크 와인을 제공하지 않습니다. 그러나 우리는 아르헨티나 품종 중에서 선별된 가장 좋은 와인을 가지고 있습니다.' 커피 역시 어느 특별한 요리사의 미적 가치관에 영향을 주는 선택 중의 하나가 될 것입니다."

피터는 CIA의 프로그램을 그 학교의 모든 학생들에게 확대해서 가르치고 싶어하지만, 제빵 훈련 학생들부터 시작하는 것이 옳다고 믿었다.

"이 요리사들이 바로 기업가입니다. 그들은 작은 레스토랑, 빵집, 커피 하우스에서 시작하죠. 그래서 그들은 스페셜티 커피 세계를 그 거대한 요리 세계에 퍼지게 하는 커다란 역할을 할 수 있습니다."

노스캐롤라이나로 돌아온 피터는 자기가 늘 다니던 지방의 미식가 등을 보여 주기 위해 더햄의 채플힐 투어에 나를 데리고 갔다. 미식가 기질을 가진 그는 더햄과 채플힐 지역에 도착해서 매우 기뻐했다. 그곳은 긴 농번기로 농부들이 활기에 차 있었고, 지역 상품 사주기 운동이 한창 진행 중에 있다. 그 지역의 커피 로스터인 카운터 컬처는 열기에 차 있었다. 그리고 몇몇 지역 레스토랑들-루 클레르, 지바라-은 그들의 메뉴에 카운터 컬처에서 만든 커피를 그 지방의 것으로 제공했다.

그 마을을 드라이브하면서 피터는 자신의 개인적인 삶에 대해 이야기했다. 그의 어머니는 암으로 돌아가셨고, 그 후 노스캐롤라이나로 이사했다고 짧게 이야기했다. 어머니는 언어에 대한 열정과 여행을 사랑하며, 다른 문화에 대해 깊은 관심을 가지셨고, 자신도 그런 점을 물려받았다고 했다. 하지만, 그가 커피 가이로 명성을 쌓고 있는 동안 어머니에게 그 모든 것을 경험하도록 하고 싶었는데, 그렇게 하지 못한 것이 무척 후회스럽다고 했다.

그는 샌디에이고 근처 캘리포니아에 한 아파트를 막 임대했는데 거기서 한 달에 한 주 정도를 보낼 계획이라고 했다. 캘리포니아에서는 그의 아버지, 형제들과 가깝게 살게 될 것이고, 그가 너무도 하고 싶어 하는 바다 서핑, 기타 야외 활동들도 하고, 또 저택근무를 하게 될 것이라고 했다.

피터는 노스캐롤라이나에 있을 때처럼 캘리포니아에서도 한 달에 한 주일만으로도 쉽게 일할 수 있을 것이라고 확신하고 있다. 스카이프*, 이메일, 핸드폰이 있어서 미국이나 외국에서도 재택 근무하기가 쉽다. 그는 이렇게 말했다.

"더햄에 있는 사람들은 내가 떠나 있는 것에 익숙합니다."

디지털의 발전 외에도, 그가 이동할 수 있는 것은 카운터 컬처의 창업자이며 대주주인 브렛 스미스가 더햄 공장에 출근하게 된 것이다.ㅡ피터는 카운터 컬처 지분의 8%를 소유하고 있다. 브렛은 날마다 그 회사의 경영을 인수받고 있었다. 그 일은 전에 피터가 하고 있었는데, 그의 생각으로는 잘 해오지 못했다.

"나는 경영자로서는 자질이 없어요."

몇 년 동안 브렛은 제2의 사업을 추진해 왔기 때문에 피터는 혼자 남아 카운터 컬처를 운영해 왔다. 그렇지만 창업 파트너 중의 한 사람이 손을 떼려고 해서 회사를 유지하기 위해 집을 저당 잡혀 재정적 위험을

---

*스카이프(Skype) : 국제 전화를 쉽게 연결해 주는 저렴한 온라인, 인터넷 전화.

감수한 사람은 바로 브렛이었다. 피터는 5년 동안 카운터 컬처의 커피 구매자였고 또 그 밖의 모든 것을 담당했다.

"그 기간이 우리가 커피 사업에 있어서 극한 상황까지 갔던 시기였지요."라고 피터가 말한다. 브렛의 두 번째 사업은 2년 전에 시작되었고, 브렛은 스스로 커피업계에서 더욱더 주목할 만한 역할을 개척해 왔다. 그는 회사가 대서양 동부 해안 전 지역에 새로운 시장을 확장해야 한다는 생각을 밀어붙였다.

피터는 가끔 그런 변화가 도전을 받고 있다는 것을 인정했다. 그러나 경영자로서, 자금주로서, 그리고 재능을 개발시키는데 있어서 탁월한 사람으로서 브렛의 기술이 결정적으로 카운터 컬처의 성장을 돕고 있다고 말했다.

"우리 둘의 관계는 대중에게 잘 알려진 주인 겸 요리사를 둔 레스토랑과 매우 비슷합니다. 이런 경우 일반적으로 요리사 겸 주인은 그곳의 대부분을 소유하지는 않습니다."

브렛은 스페셜티 커피에 대해 배우는데 전념해 왔고, 그들이 사업으로 할 만한 기발한 방법들에 대한 관심을 가져왔으며, 극한 상황에서 벗어나도록 도움을 주었다는 사실을 덧붙여 말했다.

두 사람은 카운터 컬처의 성공은 그 회사의 수준을 높이는 것이라는 기본적인 믿음을 공유했다. 예를 들면, 카운터 컬처는 스페셜티 커피 회사이지만, 동시에 커피숍을 제공하는 곳은 아니라는 것이다. 그리고 두 사람은 최근에 다음과 같은 사실을 결정했는데, 그들은 커피의 단맛(여러 사람들의 견해로 본다면, 품질을 떨어뜨리는)을 내기 위해 사용하는 시럽을 더는 팔지 않겠다는 것이었다.

"모든 사람들은 브렛이 MBA 출신이라는 사실을 들었을 때 가정을 합니다. 그들은 실제로 그가 내린 결정들을 내가 내린 결정으로 생각하거나 또는 그 반대로 생각합니다. 나는 나 자신이 다정하고 협조적이라고 생각합니다. 많은 사람들은 내가 일에 있어서 아주 탁월한 사람이라고 말하고 있겠지만, 그렇게 되기까지 매우 열심히 일했습니다. 나는 구시대적의 직업관을 가지고 있으며, 실제로 높은 목표를 가지고 있습니다. 사람들이 나에게 실망할 때 언제나 오래 견디지 못합니다. 브렛은 리틀 리그 코치처럼 조금 더 인내심을 가지고 있습니다. 그는 사람들이 따라오도록 할 수 있다고 믿고 있습니다. 그는 사람들이 잘 하는 것을 찾아서, 그들의 재능을 발전시키는 것에 도움을 주기를 좋아합니다. 버스에 탄 사람들을 보면, 그들에게 자리를 찾아 주겨고 하는 카운터 컬처의 멋진 친구입니다."

다음날 아침, 피터가 호텔로 나를 데리러 왔다. 우리는 루 클레어 레스토랑 앞에 있는 작은 카페로 걸어갔다. 우리는 신선하게 우려낸 카운터 컬처의 케냐 커피를 마시고 베니에beignets를 먹었다. 나는 노트북을 열고 피터가 말할 때마다 타이핑했다. 나는 커피 시장의 외국 개발에 관한 그의 생각들을 간절히 듣고 싶었다.

피터는 그와 다른 구매자들이 외국에서 부딪치고 있는 문제를 이야기했다.

"스페셜티 구매자들에게는 아주 도전적인 한 해가 되고 있습니다. 농부들은 조금이라도 더 지불하겠다고 유혹하는 사람들이 있기를 바라면서, 그런 구매자가 생길 때까지 주위를 살피고 있습니다."

에스메랄다 커피가 불러온 상황들이 커피시장을 흔들어 놓았다.

"커피 한 파운드에 130달러를 준 후부터 많은 생산자들이 나에게 찾아와서 '왜 내 것은 안 되죠? 당신은 내 커피가 훌륭하다고 말했는데, 왜 내 것은 안 되죠?'라고 말했어요. 그 커피가 다른 스페셜티 커피보다 정말로 100배나 더 많은 가치가 있을까요? 그렇다고 말할 수는 없습니다."

생산자들이 잠시 주춤해 있는 동안, 높은 등급의 커피 시장은 점점 더 경쟁적으로 되어갔고, 그런 경쟁은 구매자들 사이의 우정을 손상시키고 있다고 했다. 시장에는 높은 품질의 커피가 충분하지 않다는 인식이 퍼져 있다. 결론적으로 다른 구매자들과 함께 여행하는 것이 더는 즐겁지 않았다. 경쟁이 너무 치열했다.

"새로운 젊은 세대들이 나타나고 있는데, 이 친구들은 우리가 외국에서 하는 일들을 하고 싶어합니다. 노보, 미네아폴리스의 파라다이스 로스터스, 샌프란시스코의 베어풋, 플라잉 고트 등의 회사들도 역시 지금 '관계 커피(relation ship coffee)' 하는 것을 원하고 있습니다. 갑자기 가르쳐야 할 사람들이 많아졌어요. 이 친구들 중 어떤 친구는 많은 기술을 가지고 있지는 않지만, 상업적인 면에서 우리는 이들을 긍정적으로 보아야 합니다. 아직도 시장이 어디서, 어떻게 성장할 것인지를 알아내려고 노력하고 있습니다."

피터의 말은 계속 이어졌다.

"시장에서의 어려움은 공정 거래 시스템에 의해 더욱 악화되고 있습니다. 공정 거래는 높은 품질의 커피를 찾는 것이 아니고, 공정하게 승인된 커피를 찾는 것이지요. 농부들은 선택을 할 수밖에 없어요. 공정

거래 가격을 받던지, 아니면 나와 함께 곰곰이 생각해서. 자신의 커피가 스페셜티 커피급으로 인정받아 더 좋은 가격을 받을 것인지를 선택해야 합니다. 그러나 농부들은 그들의 커피가 78점을 받게 되어 탈락된다면 그 후에 발생할 일들에 대하여 항상 걱정을 하고 있어요. 많은 농부들은 스스로 더 좋은 생산품을 만들어야 한다는 압박감을 가지고 행동하는 장인정신을 가진 사람들로 보이지는 않아요. 그들은 불확실한 세계에서 살고 있고, 항상 위험을 두려워하고 있습니다. 나와 제프 같은 스페셜티 구매자들이 또 다른 형태의 착취와 식민지주의자라고 이야기합니다. 스페셜티 사업을 알고 있는 사람이라면 그 누구도 사실이 아니라는 것을 알고 있어요. 하지만, 우리의 역할을 어떤 사람이, 어떻게 오해할 수 있는지 당신도 알 수 있습니다. 나는 일 년에 몇 차례 과테말라, 엘살바도르, 니카라과로 날아가는데, 매번 같은 사람들은 만납니다. 그래서 그곳 공동 사회의 다른 사람들은 의심하고 시샘을 하지요."

피터는 점점 더 고조된 목소리로, "많은 나라에서, 그 이유를 모르겠지만, 올해 수확량이 저조해서 농부들은 정말로 발버둥치며 고심하고 있습니다." 예를 들면, 피터가 산로만에서 함께 일하는 농작인들의 수확량도 떨어졌고, 그들 중 많은 사람들이 "유기농 재배에 문제가 있다."라고 불평했다.

"아프리카 시장 역시 혼란 속에 있습니다. 케냐에서드 수확량이 떨어졌고 품질도 마찬가지입니다."

이 시기는 정부가 안으로는 부패되었지만, 겉으로는 잘 흘러가고 있는 시장에 대한 몇몇 규제들을 풀어주었을 때이다. 모든 시스템이 향상되고 있는지, 또는 대외적인 시장에 부패가 막 확산되고 있는지는 그 누구도 모르고 있다. 누군가의 추측일 뿐이었다.

"떠오르고 있는 르완다 시장 역시 발버둥치고 있을 뿐이다."라고 말했다. 농부들은 물론 더 좋은 커피를 재배하고 있다. 하지만, 지금까지 가슴저리는 공백 상태만 있을 뿐이다. 효과적으로 정직하게, 그리고 솔직하게 그들의 대표자로, 은행가로, 대리인으로 봉사해 줄 수 있는 그 지방의 지도자들이 나타나지 않고 있었다. 부룬디에서도, 부룬디가 커피 경작 지역으로 르완다를 당연히 능가할 수 있다고 내다보는 몇몇 주민들이 있었고, 커피 품질에 대하여 관심을 가지고 있었다. 그러나 정부가 몹시 불안하고 위험한 상태로 남아있다.

피터, 제프, 앨리코가 지극히 열망하던 지방 주민들에게 커핑 기술을 가르쳐 주었던 그 가을 여행은 35명의 부룬디인들이 사망했고, 수도가 파괴되는 정치적 혁명이 일어나 중단되었다. (그러나 좋은 소식도 있다. 2007년 가을에 미국 국제 개발처에서 부룬디에 르완다식 커피 발전 프로그램을 세울 2,700만 달러의 보조금을 승인해 주었다.)

그리고 에티오피아는?

글쎄, 최악이었다.

"나는 올해 훌륭한 에티오피아산 커피를 동부 해안 지역에 쏟아줄 수 있기를 원해요. 하지만, 지금이 6월 하순인데, 내가 멘노 시몬스에게 주문했던 커피 컨테이너는 아직 선적이 되지 않았어요."라고 피터가 말했다.

멘노는 그때 그의 커피가 언제 배에 선적이 될 것인지 아무런 생각이 없는 것처럼 보였다. 이런 곤경은 단지 피터만 겪는 문제는 아니었다. 스페셜티 사업에 있어서 거의 모든 스페셜티 커피 구매자들이 멘노로부터 에티오피아산 커피를 기다리고 있었다.

루 클레어의 창가 좌석에 앉아 햇빛이 비치는 거리를 바라보면서 피터는 에티오피아에서 혼란했던 상황을 설명했다. 그가 달하기를, 멘노는 관련된 농부들과 바이어들, 모든 사람들을 공정하게 대하려고 무척 노력하는 멋진 사람이라고 했다. 그는 압둘라 바거쉬라는 사람으로부터 대부분의 커피를 구매한다. 스페셜티라는 메시지를 정말로 얻고 싶어 하는 유일한 에티오피아 수출업자이다. 멘노는 끊임없이 여행을 다니고, 압둘라는 에티오피아에 있지만 피터, 제프, 듀안, 그리고 다른 모든 사람들-그들 중 어느 누구도 에티오피아의 비잔틴 규칙들과 규제를 이해하는 사람은 없었다.

"당신은 주의해야 합니다. 멘노와 바거쉬는 무도회에 있는 예쁜 소녀들입니다. 무도회에서 당신은 너무 지나치게 밀어붙이지 않으면서 앞으로 나아갈 수 있는 방법이 무엇인지 잘 판단해야만 합니다. 이 친구들은 그들이 거래할 수 있는 사람들보다 더 많은 고객들이 있습니다. 아마 요청받지 않는다면 당신은 절박해질 것입니다. 솔직히 말하면, 나는 커피 구매를 빠르게 진척시키기 위해 멘노와 다른 에티오피아 사람들에게 여분의 10센트, 15센트까지 가격을 올리면서 달콤한 거래를 시도했지만 실패였습니다. 그 게임의 룰을 모르면서 사업을 한다는 것은 어려운 일입니다. 그것은 내가 24살 때 시실리로 여행을 했었는데, 은행에서 어떻게 서비스를 받아야 하는지 몰랐던 때와 같은 느낌입니다. 말을 할 줄은 알았지만 이해하지 못하는 문화가 있었어요. 시실리에서는, 만일 당신이 기다리고 싶다면 단지 줄단 서 있어서는 안됩니다. 당신은 모든 사람을 제쳐야만 합니다. 내가 너무나 공손했기 때문에 여행자 수표를 바꾸는데 2시간 반이나 걸렸습니다. 그 시스템을 몰랐던 것입니다. 에티오피아에서는 아주 세게 밀고 나가는 것과 밀고 나가지 않아야 할 것을 문화적으로 지각하기란 어려운 일입니다. 사람들은 앞을 보지 못하고 운영하고 있습니다."

피터를 방문한 후 몇 달 동안, 나는 멘노의 커피를 주의 깊게 지켜보았다. 7월 내내, 그리고 8월에 로스터들은 멘노의 커피가 선적되기를 기다리고 또 기다렸다. 에티오피아에서 생산된 유일한 커피는 노보 커피의 조셉 브로드스키에 의해 항공으로 운송되었다. 스텀프타운의 듀안을 포함해서 도매 고객들을 위해 죠셉은 에티오피아에서 6개월을 보냈다. 항공 화물은 1파운드당 커피 가격에 1달러가 추가되었다. 스텀프타운의 구매자인 알레코가 허세를 부리면서 말했다.

"괜찮아요. 우리는 이미 이런 커피들을 위해 이미 1파운당 25달러를 사용하고 있습니다."

피터가 멘노와 함께 한 주일 동안 에티오피아를 여행하고 돌아온 후 10월에, 우리는 다시 그 해 에티오피아에서 어떤 일이 있어났는지에 대하여 길게 이야기를 나누었다. 멘노의 커피가 지부티*에서 배에 싣기 위해 마침내 육로를 통해 트럭으로 운반되었을 때 우리는 이런 대화를 나누었다. 그 커피들은 어떤 경우에는 5달, 6달 늦게 도착했는데, 그 커피들 중 약간은 신선함을 많이 잃어버렸다. 그러는 동안 에티오피아 농부들은 다음 해 수확을 위해 준비하기 시작했다.

"10년 전에는 에티오피아에 커피 농부들을 대표하는 단체가 없었습니다."

그리고 모든 커피는 정부에 의해 인가된 소수의 수출업자들에 의해 판매되었다고 피터는 설명했다.

"지금 오로미아 협동조합의 조합장인 테데세 메스켈라라는 이름을

---

* 지부티(Djibouti) : 아프리카 동부에 있는 공화국

가진 한 친구가 그때 농부들의 조직을 만들어요. 에티오피아에서 농부들은 누구라도 그가 좋아하는 사람에게 팔 수 있어요. 테데세는 단체를 조직한 농부들이 자신의 이익을 위해 홀로 활동하는 것을 차별할 수 없는 법률이 통과되는 것을 도왔어요. 그래서 이런 단체들은 주식회사처럼 합법적인 지위를 얻었고, 정부의 시스템을 뛰어넘을 수 있게 되었습니다."

피터의 설명은 계속 이어졌다.

"나와 같은 구매자들은 그 단체를 대단한 것으로 보았습니다. 지금은 농부들과 직접 거래할 수 있지만, 그 이상한 비잔틴 정부 시스템에서 일하는 것보다는 낫다고 생각했습니다. 그때 테데세는 그 단체가 유기농법과 공정거래 증명서를 얻을 수 있도록 도와 주었지요. 모든 사람들은 우리가 에티오피아 전체의 새로운 시대에 관여하게 되었다고 생각했습니다. 이 모든 시나리오는 스페셜티 구매자들의 올바른 감각에 호소를 하였으며, 그리고 우리는 모두 농부들의 커피에 대해 높은 가격을 제안하기 시작했습니다. 이것은 오래된 슬픈 이야기죠. 한때는 제대로 갖춰지지 않은 조합을 운영하는 사람들에게 돈이 흘러갔어요. 그리고 부실 경영과 노골적인 도둑질이 만연하였지요. 조합원들은 조합장들을 능가했어요. 그들은 모두가 떳떳치 못한 행동을 하기 시작했어요. 그 해에는 그들 중 다수가 FLO국제공정거래협회에 의해 인가가 취소되었어요. 지난해에는 2개의 조합이 무너졌는데, 농부들에게 지불할 수 없었기 때문이지요. 이 모든 것들은 당연히 예측되었어야 했습니다. 그 사람들은 이익을 남기며 판매하는 최고 수준의 커피 수출업자가 되려고 노력하다가 아무것도 못하고 사라졌습니다. 우리는 발생했던 것에 대해 약간의 책임을 지고 있습니다. 우리는 더 많이 지불하려고 했지요.

우리는 돈을 가지고 에티오피아로 가서 가장 좋은 커피 1파운드에 3달러를 지불했어요. 우리는 골드 러시를 유발했고 그리고 시장은 붕괴되었지요. 올해 사람들은 에티오피아에서 시장이 전체적으로 붕괴된 것을 알게 되었습니다."

멘노는 돌아가 편히 지내려 하는데, 그렇게 편안한 시간을 가지지 못하고 있었다.

"유럽인들의 거대한 불신이 드러났습니다." 피터가 말했다.

"커피 농부들은 부자가 되기를 희망하면서 네덜란드 무역상들이 항상 하는 것처럼 이곳으로 네덜란드 배가 들어오고 있다고 말을 하지요. 내가 멘노와 함께 있을 때, 그는 관계를 회복시키려고 주위를 돌아다니고 있었어요. 멘노는 동정심을 끌어내려고 하는 것이 아니라, 옳은 일을 하려고 하고 있지요. 대단한 힘의 몸부림, 노력이 일어나고 있고, 멘노는 그가 하는 일이 진전되는 것에 기뻐하고 있습니다." 피터의 말은 계속되었다.

"그는 작년에 큰 좌절을 겪었습니다. 지금 그는 좀 더 현실에 근거를 두고 복귀하고 있습니다. 시장도 회복되고 있습니다. 이제는 모든 사람들이 무엇이 잘못될 수 있는지를 알고 있습니다."

에티오피아의 스페셜티 커피 시장에서 혼란이 재정립되고 있었다.

"그것은 파나마와는 정반대입니다." 피터는 바로 나에게 다음 질문을 하도록 유도하면서 결론을 지었다.

게이샤, 게이샤는 어떻게 되는가? 그리고 2007년 5월, 게이샤에서 있었던 이 광적인 경매는 도매가로 1파운드에 130달러에 경매되었던 그 게이샤는?

피터는 웃으면서 대체로 시장에서 공급자들은 손해를 보지만, 이번 경우는 그렇게 되지 않았다고 했다.

"프라이스 피터슨 같이 정말로 영리한 친구는 그가 의도하는 대로 교묘하게 품귀 현상을 만들었지요. 올해 그는 단지 250파운드의 게이샤를 경매에 붙였어요. 각각 50파운드가 들어있는 5개 자루를 말이에요. 그가 공급을 제한하자 가격이 치솟았지요. 그것은 의도적인 전략이었습니다. 피터슨 가족들은 게이샤가 또 다시 1등이 될 것이라고 생각하고 도박을 했어요. 그들이 1등이 된다면 경매에 나올 수 있는 게이샤는 단지 500파운드뿐인데, 더 많은 로스터들이 꼭 그것을 사고 싶어 한다는 것을 알고 있었지요. 그리고 결과는 예상대로 되었습니다. 첫해에 그들은 20개의 자루를 제공했고, 20명의 로스터들이 1파운드당 21달러를 지불했습니다. 그때 그들은 10개의 자루를 경매에 붙였어요. 그들 로스터 중 10명은 다른 로스터들과 대항해서 값을 부르고, 가격은 마구 치솟게 되었지요. 올해 그들은 5개의 자루를 경매에 붙였고, 그 5개의 자루를 얻기 위해 이전에 경쟁했던 것보다 더 많은 로스터들이 참여했습니다."

스페셜티의 세계는 떠들썩해졌고, 그 가즈은 천정부지로 올랐다.

"이런 우수한 커피에 대한 로스터들의 열망은 마케팅을 위한 하나의 기능일 뿐이라고 당신은 말할 수 있을 것입니다. 하지만, 나는 그 사실이 점점 더 깊어진다고 생각합니다. 이것은 새롭고 화려한 경제이고, 이런 커피들과 로맨틱하게 사랑에 빠져있는 릭, 제프, 듀안, 그리고 나와 같은 사람에 의해서 움직여지고 있어요. 우리의 미각과 우리의 마음은 바로 연결되어 있어요. 우리가 아름다운 여성을 보면 반응하는 것과 같은 방법으로 반응하지요. 이성을 잃는 반응과 같아요. 당신이 그녀를 소유해야만 합니다. 그래서 그 여성의 애정을 위해 모든 친구들이 경쟁하고 그리고 열광하는 것입니다."

"경매에서 게이샤 커피를 1파운드당 130달러에 입찰한 대부분의 사람들은 그들이 원한다면 게이샤 커피농장의 바로 옆에서 자라고 있는 커피를 파운드당 12.5달러에 살 수 있게 되었는데, 왜 그들은 1파운드당 130달러를 지불하려고 했을까요?"

내가 묻자 피터가 대답했다.

"이것은 참가자들이 쾌락적인 추구에 빠지는 것을 끊임없이 허가해주고 있는 산업입니다. 우리는 기쁜 일들을 찾도록 위임받고, 기쁨이란 우리 삶에 있어서 지배적인 힘이 되고 있습니다. 커피 문화는 분명히 셰프의 문화와 같습니다. 사회는 우리가 강한 집념에 사로잡히는 것을 허락합니다. 그것이 언제나 우리가 고민해야 하는 것입니다. 나는 어떤 범위에서 향락주의를 사랑합니다. 우리의 감각을 통해 세상을 편안하게 경험하는 때를 사랑합니다. 그러나 권력 기구가 있게 되면 약간의 두려움도 생깁니다. 처음에 우리는 록스타와 같습니다. 우리는 우리와 함께 시간을 보내고 싶어 하는 사람들에게 둘러싸여 있는데, 그들은 우리에게 모든 상상할 수 있는 유혹을 줍니다. 그들은 오랫동안 여행을 하고 있고, 젊은 친구죠. 그래서 그런 것에 쉽게 빠져서 열중하게 됩니다. 그들은 이 사업에 매료되어 약간은 기운이 빠졌습니다. 그들은 어느 정도 성공하게 될 때까지는 오랫동안 초라해질 것입니다. 이런 많은 친구들은 젊은 시절에 사회로부터 추방된 사람들이었죠. 이런 일들에 뛰어들려고 하지 마세요."

피터를 달리 생각하게 하는 품성 중의 하나는 그의 따뜻한 말들이었다. 그를 이끌었던 커피에 대한 감각적인 전율만은 아니다. 걱정하지 마라. 그가 경쟁자들을 등골이 오싹하게 눌러버리는 전율을 가끔 느끼지 못하고 있다는 이야기가 전해진다.

"우리는 올해 퍼플 프린세스 품종을 재배하고 있는 온두라스의 푸엔떼 농장에 가서 커피를 커핑했습니다. 이 커피는 에스메랄다에 결코 뒤지지 않는 우수한 커피입니다. 작년에 듀안은 이 커피를 100자루나 구입해서 나를 한 방에 쓰러뜨렸죠. 그가 먼저 비행기를 탔던 겁니다."라고 피터는 말을 이었다.

"올해 나는 우리 농부들과의 관계를 담당하는 간부 직원인 킴과 함께 온두라스에 갔어요. 우리는 카바예로 농장으로 가서 마리사벨과 그녀의 아버지와 함께 며칠을 보냈죠. 어느 날 아침 우리는 아침식사 테이블에 둘러앉아 있었는데, 그녀의 아버지가 폴더를 열었어요. 그는 매일 아침마다 내가 우리의 웹 사이트에 푸엔떼 농장에 대해 써왔던 것과 그것을 꼼꼼하게 스페인어로 번역했던 것을 스집해 왔어요. 그들은 내가 썼던 글을 큰소리로 읽었죠. 나는 그 커피의 강렬한 라벤더 향이 페니키아 사람들이 입는 자주색 실크 옷이나 왕이 입는 옷을 떠올린다고 묘사했습니다. 마리사벨의 아버지는 아주 흡족해 했죠. '피터, 당신은 커피에 대해서는 세르반테스군요.'라고 그가 말했어요. 그 말은 나에게 모든 것을 의미했어요. 그 가족은 내 눈을 통해서 그들의 커피 가치를 알게 되었고, 나의 생각을 글로 기록해왔던 것 때문에 특히 더 의미가 있었던 것입니다. 그들은 결코 전에는 이런 식으로 오부로부터의 검증을 받지 못했던 것이죠. 나는 항상 커피의 맛을 포착해서 그것을 올바른 서술적 묘사로 표현하려고 하고 있습니다. 그래서 나 혼자만의 맛에 대한 경험을 서로 소통할 수 있도록 할 수 있습니다. 한 순간이 흘렀어요. 그때 내가 쓴 글에 너무나 감동했던 카바예로가 이 커피 컨테이너를 내 옆에 놓아두는 것이었습니다. 하나의 컨테이너, 자그마치 250자루의 커피를."

니카라과 마타갈파로 트럭을 운전하면서, 커피 가이로서의 그의 인생은 어떤 의미였는지를 간단하게 물어보았다. 나는 그의 대답에서 강한 인상을 받았다. 내가 기대했던 것과는 너무나 달랐기 때문이었다. 나는 기자들이 때때로 인터뷰하는 사람들이 어디선가 깜짝 놀랄만한 이야기를 해줄 때 경험할 수 있는 그 순간들 중의 한 순간을 얻게 되었다.

　"근본적으로, 커피에 대한 나의 관심은 미적 가치관입니다."라고 피터가 말했다.

　"나의 가족은 시실리에 있습니다. 나는 할머니에게서 자랐고, 할머니는 영어를 하지 못했습니다. 나는 할머니에게서 인생이란 짧고, 잔인하며, 보잘 것 없고, 그리고 고통이 기다리고 있다고 배웠습니다. 내가 커피에 대해 관심을 가지고 있는 것은 바로 커피의 아름다움입니다. 커피가 창조할 수 있는 바로 순간의 아름다움 말입니다."

　그말이 내 마음속에 남아 있다.

　"커피가 창조할 수 있는 그 순간의 아름다움"

    2007년과 2008년의 가을과 겨울 내내, 나는 커피 가이들과 함께 여행을 하면서 그들의 회사가 연료 비용의 상승, 우유 가격의 상승, 신용 계약, 미국 달러의 하락, 커피 가격의 현저한 인상, 그리고 대금을 늦게 갚는 고객들에 대해 어떻게 대처해 왔는지를 듣고 조사했다. 지난 5년 동안, 카운터 컬처, 인텔리젠시아, 그리고 스텀프타운은 아주 빠르게 성장해 왔다. 그런데 지금은 지난 10년 중 가장 심각한 경제 침체 상태에 있다. 이들은 신흥 기업들이다. 이들 기업은 모두 약간의 부채가 있으며, 어느 기업도 불경기를 극복해 본 경험이 없다.

    2008년을 시작하면서 나도 역시 니카라과의 사건들이 피터, 제프, 그리고 그들의 회사에 어떤 영향을 주고 있는지 진행 사항을 주의 깊게 살펴보고 있다. 내가 COE에서 제프를 만났던 2005년부터 제프는 자기가 커피 구매를 하고 있는 라스 브루마스의 농부들을 대표하는 거대한 니카라과 협동조합인 세꼬까펜을 상대로 고군분투하고 있다. 2년 반 동안 제프는 최고의 커피를 재배하는 라스 브루마스 농부들에게 그들의 노력의 대가로 프리미엄 지불을 보증하기 위해 니카라과를 12차례나 방문했다. 제프는 세꼬까펜에 품질에 대한 프리미엄을 지불했다. 그러나 그 후에 인텔리젠시아의 자금이 어디로 흘러갔는지는 모두들 추측만 할 뿐이다.

    피터 또한 니카라과에서 힘겹게 싸우고 있었다. 그가 7년 동안 함께 일해 왔던 산 로만의 농부들은 유기 농법이 문제의 원인이 아니라는 것이 밝혀졌는데도 불구하고 유기농으로 변경해서 그들의 수입이 손실을 입었다며 심하게 불평하였다. 농부들은 단순히 먹고 살 정도의 수확을 하지 못했다고 피터에게 말했다. 피터는 엄청난 양의 산 로만 커피를 구입했고, 그리고 지불했다. 그리고 커피가 도착했을 때 20%를 버려야 했다. 산 로만의 수출업자 역할을 하는 세꼬까펜은 아주 심각한 실수를 하였다. 산 로만의 프리미엄 커피를 보내는 대신 숙성되지 않은 커피콩으로 채워진 저품질의 커피를 선적했는데, 그 커피콩은 충분하게 로스팅이 되지 않아 커피 맛을 망쳐버렸다.

제프는 라스 브루마스 농부들에게 조합이 그들을 잘 대변한다고 생각하지 않는다면 탈퇴하라고 설득했다. 피터는 매우 다른 방법으로 접근했는데, 그는 산 로만의 농부들과 그들의 조합에 대한 충성심을 모두 얻으려고 하지 않았다. 그들의 서로 다른 태도를 보았을 때, 두 가지의 방법으로 문제를 해결한 것은 완전히 놀라운 일이었다.

2008년 1월, 나는 니카라과에서 막 돌아온 피터와 이야기를 나누었다. "산 로만의 농부들이 비밀 집회를 열어서 세꼬까펜에서 손을 떼기로 결정했습니다."라고 그는 나에게 말했다. 그들은 조합을 탈퇴하기 위해 투표를 했다.

2년 동안 산 로만의 농부들은 자신들의 커피 가격을 보상받지 못했다. 조합은 농부들에게 카운터 컬처가 지불을 보류한 것은 카운터 컬처의 책임으로 비난받아 마땅하다고 말했다. 피터가 이 문제들을 조사해 보니, 세꼬까펜은 재정적인 곤란을 겪고 있어 농부들에게 2년 동안 가격을 지불하지 않고 있었다.

지금 산 로만의 농부들은 '둥지에서 날아간 새'가 되었다. 집을 떠난 모든 생물들처럼 농부들은 많은 위협적인 도전에 직면해 있다. 세꼬까펜은 그들에게 유기농 인증서를 주는 것을 보류하고, 농부들에게 줄 대부금도 보류하고 있다.

"나는 산 로만의 농부들에게 은행에 가서 얼마를 빚지고 있는지 확인한 다음 나에게 말해주면, 내가 그들이 앞으로 어떻게 나아가야 할지 도와줄 수 있다고 말했습니다."

피터는 농부들이 스스로 돕기 위한 방안을 강구해야만 그들을 도울 수 있다는 것을 확실히 했다.

"이러한 것은 이전에 자신들의 이익을 한 번도 주장해 본 적이 없는 사람들에게는 아주 큰 도전이었습니다. 그러한 상황은 나에게는 아주 희망적이었습니다. 왜냐하면 카운터 컬처는 어느 곳에도 가지 않을 것이라는 것을 농부들에게 처음으로 이해시켰기 때문이었죠. 그때가 대인관계에 있어서 모든 것들이 힘들었던 순간이고, 다른 사람들이 그들을 떠나지 않을 것을 알아주는 순간이었습니다."

피터는 이렇게 덧붙였다.

"세꼬까펜이 저지른 실수 때문에, 어떤 면에서는 내가 손실을 줄이기 위해 다른 곳을 찾아보는 것이 더 현명했을지도 모릅니다. 산 로만의 친구들이 실제로 나에게 말했지요. '피터, 이러면 당신이 피곤하지 않겠어요? 다른 곳으로 가야 하는 것 아닌가요?' 나는 그들에게 말했습니다. '이봐요, 친구들, 우리는 당신들에게 약속했고, 약속을 지킬 것입니다.' 그 순간 그들은 마침내 우리가 정말로 거래를 한다는 것을 깨닫게 되었습니다."

카운터 컬처의 일로 여행을 하지 않게 되자, 피터는 성인이 된 후 처음으로 혼자 지내고 있다. 그는 혼자 있는 것을 즐기는 친구가 아니다. 하지만, 그가 여행을 하지 않을 때는 캘리포니아에서 재택 근무를 잘하고 있었다. 그가 캘리포니아에 있는 여름 몇 주 동안 일찍 일어나고 열심히 일했으며, 여전히 오후 대부분은 어떻게 해서든 서핑을 하러 갔다. 1월에는 그가 오랜 친구들을 찾아서 만났고, 다시 즐거운 시간을 보내기 시작했다고 말했다. 그는 SCAA 이사로 일해 주기를 제안 받았는데, 나중에 이사장이 될 수 있는 자리이다.

　2007년 12월, 제프는 희망에 부풀어 있었다. 그 무렵 나카라과 여행을 마치고 시카고에서 전화를 하였는데, 라스 브루마스 농부들과의 만남에 대해 말할 때 그의 목소리가 무척 고무되어 있었다. 제프와 오키프는 라스 브루마스 수확에 대한 보고서를 스페인어로 출력했고, 그 농부들 모두에게 복사해 주었다.

　"이것은 하나의 커다란 돌파구가 열리는 순간이었습니다."라고 제프가 보고했다.

　"그 농부들은 자신들의 추출된 커피가 이웃 또는 친구들의 커피와 어떻게 비교되는지를 전혀 모르고 있었죠. 나는 지금, 우리가 과거에 그들에게 보여주었던 품질에 대한 생각이 너무나 추상적이었다는 것을 알았어요. 이번 미팅에서 농부들은 자신의 커핑 점수를 알 수 있었고, 그들 중에서 더욱 의욕적인 농부와 비교할 수 있었습니다."

제프는 입가에 미소를 지으며 말을 이었다.

"품질에 관해 세부적으로 이야기하는 것을 좋아하는 친구가 있었어요. 매우 호기심이 많고 아주 열중하던…… 에르네스또라고요. 그는 커피 10잔을 제출했는데, 그중 9잔이 85점 또는 그 이상의 등급으로 나왔고, 90점 이상인 것도 서너 잔이 나왔지요. 우리는 그가 보여준 확실한 사례를 다른 농부들에게 말할 수 있었어요. '에르네스또가 어떻게 점수를 받았는지 보세요. 여러분이 하지 못했던 것을 그는 어떻게 했나요?' 마침내 우리는 농부들에게 최고 점수를 얻을 수 있는 방법을 말할 수 있는 확실한 방법을 알게 되었습니다."

돌파구를 여는 순간이 지난 후, 제프는 농부들에게 그들의 걱정이 무엇이었는지 물어보았다. 평소에는 조용했던 농부들이 한 명씩 말을 하기 시작했다. 그들은 서로 걱정을 하면서 질문을 했고, 세꼬까펜과 인텔리젠시아에 대해 되풀이해서 돌아가며 질문을 하였다.

"오키프와 나는 농부들이 이해하고 있는 것에 근본적인 차이가 있음을 알 수 있었습니다. 나는 지금 라스 브루마스 농부들이 더욱더 단결하고 있음을 느끼고 있습니다."라고 제프가 말했다.

"우리는 그들에게 신뢰를 주려고 큰 발걸음을 한층 더 앞으로 다가갔죠. 나는 올해도 또 힘든 한 해가 될까봐 걱정했어요. 이러한 계획은 많은 결과를 가져다 주었습니다. 우리는 아주 열심히 일했고, 많은 어려움을 극복했어요. 나는 믿음이란 1피트가 아닌 1인치로 한 단계, 한 단계씩 쌓여지게 된다는 것을 알게 되었습니다."

제프는 모든 시스템이 잘되어 가고 있다고 확신했다. 그러나 대신 더 많은 장벽들도 있었다. 피터의 농부들은 비밀 투표를 해서 조합을 탈퇴할 것을 결심했던 반면에, 제프의 농부들은 탈퇴할 움직임이 전혀 없었다. 세꼬까펜도 아무것도 하지 않았다. 한 달이 지났다.

6월 중순에 제프는 세꼬까펜과 평화적인 관계를 갖기 위해 또 다시 니카라과를 향했다. 그는 1월 말 나에게 보낸 이메일에 이렇게 적었다.

"브루마스 농부들과 세꼬까펜의 지도자들을 함께 만나기 위해 작년에 5차례나 니카라과에 여행을 했습니다. 그들은 여전히 세코까펜의 요구 사항에 만족하고 있었지만, 우리는 마침내 직접 무역 시스템 기준에 맞추어 일할 수 있는 모델을 도출해 냈습니다. 여러 방면에서 그것은 통제할 수 없는 투쟁이었죠. 우리의 시스템은 농장에 대한 모든 재정적 거래는 투명하게 처리되어야 한다는 전제로 만들어졌습니다. 중앙 조합은 그런 관계를 맺는데 익숙하지 않았어요. 내 생각으로는, 그들은 우리의 시스템으로 인해 예민해진 것 같았습니다."

제프는 세부적인 계획을 밝히지 않고, 단지 이렇게 말했다.

"우리는 합당한 해결 방법을 찾았어요. 라스 브루마스 농부들과 우리의 관계는 어느 때보다 단단해 지고, 커피는 더욱더 좋아지고, 가격이 계속해서 올랐죠. 세꼬까펜은 우리가 떠나지 않을 것이고, 우리가 품질에 대해 지나치게 집중하는 것이 참으로 긍정적인 일이라는 사실을 스스로 인정하는 것으로 보였습니다."

2007년 8월, 인텔리젠시아의 실버 레이크 카페가 오픈되었다. 제프와 더그 젤은 한해에 120만 달러의 소득을 가져다 줄 것으로 기대하고 있다. 이것은 시카고에 있는 3개의 인텔리젠시아의 카페 중 어느 한 곳 보다도 더 많은 수익이다. 로스앤젤레스의 두 번째 카페도 진행 중에 있다. 그리고 인텔리젠시아 로스터리는 2008년에 오픈되었다.

제프는 정착에 관해 생각하는 중이라고 말했다. 2007년 7월 시카고에서 그를 만나 저녁식사를 하였는데, 그는 콜롬비아에 있는 식물학자인 오랜 여자 친구와 조금 더 자주 함께 지내자는 이야기를 하고 있다고 말했다. 어쩌면, 아주 가까운 관계인 것 같았다. 제프는 콜롬비아에 팔로 알토라고 불리는 로스터리와 카페를 소유하고 있다. 그래서 여자 친구와 콜롬비아 사업장과 가까이 있기 위해 칼리에 아파트를 임대하고 싶다고 말했다. 그는 콜롬비아에서 더 많은 시간을 보내겠다고 말했다.

2008년 1월, 그는 아직 칼리에서 돌아오지 않았고, 그의 로스터 길드의 회장 임기가 끝나는 2008년 늦은 여름까지 시간을 내기가 어렵다고 말하고 있다.

그럼 스텀프타운의 듀안 소렌슨은? 시애틀에 2개의 카페를 가을에 오픈했고, 1월에는 로스터리를 운영하기 시작했다. 맷 라운스베리는 1월 연휴 기간의 부진을 벗어나 시애틀과 포틀랜드에서는 매출 목표를 달성하고 있다고 보고했다. 2009년 뉴욕 에이스호텔 체인에서는 헤럴드 스퀘어에 호텔을 오픈할 예정인데, 스텀프타운이 호텔 안에 포틀랜드와 같은 카페를 오픈해 주길 바라고 있다. 물론 이런 움직임은 그가 이제껏 소중하게 여기며 다짐해 왔던 것에 위배되는 일이다. 한 지역의 로스터가 되려면 그가 만들어낸 커피에 대한 지속적인 감독이 필요한데, 단지 분위기만 알고 있는 시장에 들어간다는 것이 가능할 것인가? "우리는 단지 말하는 단계에 있을 뿐입니다."라고 맷 라운스베리가 말했다.

그러는 동안 스텀프타운은 중추적인 커피 회사로 운영되고 있었다. 알레코는 스텀프타운이 선호하는 직접 무역으로 커피 구입량을 늘리면서, 한편으로 소량의 최고 등급 커피를 추적해서 구입해 왔다. 스텀프타운은 지금 35종의 커피를 제공하고 있는데, 매장에서는 그 목록을 다 볼 수 없다. 스텀프타운의 웹 사이트에서나 고객들이 모든 원두를 구매하고 있는 포틀랜드의 부록에서 찾아볼 수 있다.

스텀프타운의 커피만을 찾는 고객들을 늘리기 위해, 작년 가을에 듀안은 회사의 포장을 새로 디자인했다. 스텀프타운의 커피는 흔히 평범한 갈색 자루에 들어 있다고 알려져 있다. 하지만, 지금은 커피에 관한 이야기를 담은 카드를 새롭게 부착하였는데, 그 카드에는 각각의 커피에 대한 재배 농장, 재배 지역, 그리고 맛에 관한 정보가 들어 있다.

그러면 게이샤에 관해서는 어떤 일이 있는지?

조만간 파나마에는 게이샤의 재배자들이 6배 이상 늘어나게 될 것이다. 그들 중 어느 누구도 어떻게 끝까지 처리해 나갈지 실마리를 아는 사람은 없다. 그들의 게이샤가 명성과 행운을 성공적으로 가져다 준 레이첼 피터슨과 에스메랄다 농장 가족, 그 밖의 사람들은 게이샤 마케팅에 대한 새로운 방법을 강구하고 있다. 그들은 아시엔다 라 에스메랄다 나무를 12개의 구역으로 분리하려고 생각 중이다. 소규모 단위로 나누어서 각각 커핑하고, 베스트 오브 파나마와 분리해서 각각 경매에 붙이는 것이다. 피터슨 가족들은 그들의 고객들에게 공정하게 되기를 바라고 있다. 그런데 지금까지 그들은 결정을 내리지 못하고 있다.

피터는 게이샤가 지금의 게이샤 또는 게샤Gesha가 아니며, 과거에는 결코 아니었다고 믿고 있다. 그는 실험실 조사 중에 하나의 혼동이 있었다고 생각했다. 그는 게이샤의 생두가 하라 계곡에서 자라는 롱베리 하라스의 생두처럼 보이는 것에 주목하고 있다. 그러한 물질적인 유사성으로 인해 피터는 모든 사람들이 게이샤라고 부르는 그 커피는 아마도 게샤Gesha, 게차Gecha라는 에티오피아 서부 지역의 어느 마을이 기원된 것이 아니라, 그 나라의 다른 지역인 하라 계곡, 심지어는 그 나라의 동쪽 산악 지역에서 기원된 것으로 보고 있다.

게이샤에 대한 의문을 풀기 위해, 커피 컨설턴트이며 새로운 파나마 농부인 윌렘 부트는 게이샤가 처음 유래되었을지도 모르는, 그리고 여전히 자라고 있을지도 모르는 에티오피아 숲으로의 또 다른 탐험을 꿈꾸고 있다. 우리는 전화로 이야기를 나누었는데, 그는 나에게 《아더왕》과 《과거와 미래의 왕》*을 떠올리게 하면서 이야기를 엮고 있다.—그 부분은 호수의 여신이 나와서 미래의 아더왕에게 엑스칼리버 검을 움켜쥘 기회를 주는 이야기이다. 머나먼 카멜롯에 도착하기 위해 우리의 영웅은 생명의 위협을 받는 시험을 강제로 겪게 될 것이다. 사자들과 호랑이들을 만나고, 그로 인해 몸이 상하게 된다. 하지만, 그런 과정을 통해 얻을 수 있는 보상은 바로 전설이 되는 것이다. 우리의 영웅은 마음속에 그런 희망을 가지고 지옥으로 뛰어들 것이다. 그리고 이때 윌렘은 '그가 어디에 있었는지 어느 누구에게도 말하지 않을 것'이라고 나에게 말했다.

---

*《과거와 미래의 왕, The Once and Future King》: T.H.White가 아더왕의 일대기와 설화를 종합하여 픽션으로 다시 구성한 소설

세계의 커피 생산국
coffee producers of the world

커피는 전 세계의 수십 개의 국가에서 재배되어 수출되고 있다. 아래의 목록은 2007년 매출 규모가 가장 큰 커피 생산국들이다. 매출 규모는 날씨나 다른 요인들에 따라 해마다 상당히 변화하고 있다.

모든 숫자는 자루bag를 기준으로 하는데, 한 개의 자루는 60kg을 기준으로 한다.* 국제커피협회의 통계자료는 아래와 같다.

(단위 : 백만 자루)

나라	생산	품종
브라질	27.8	Arabica and Robusta
베트남	17.9	Robusta
콜롬비아	11.3	Arabica
인도네시아	4.3	Arabica and Robusta

*역주 : 자루당 무게가 다른 것도 있지만, 60kg을 기준으로 환산하여 통계를 낸다.

부록 327

다음은 2007년도 국가별 아라비카 커피 생산량이다. 이 수치가 그 국가의 스페셜티 커피를 생산량을 나타내는 것은 아니다. 그러나 각 나라들은 스페셜티 분야를 가지고 있다.

(단위 : 백만 자루)

나 라	생 산	비고
콜롬비아	11.3	
과타말라	3.7	
온드라스	3.3	
페루	3.1	
멕시코	2.9	
에디오피아	2.3	
코스타 리카	1.4	
니카라과	1.3	
엘살바도르	1.2	
케냐	0.7	
부룬디	0.3	
르완다	0.2	
파나마	0.1	

집에서 맛있는 커피 만드는법
make great coffee at home

집에서 맛있는 커피를 만들기 위한 레시피는 다음과 같은 간단한 조언으로 시작된다. 집에 있는 자동 커피 기계의 플러그를 뽑고, 간편하게 손으로 조절하는 커피 만드는 방법을 사용한다.

대부분 집에서 자동으로 커피를 끓이는 방법은 맛있는 커피의 특징을 돋보이게 할 수는 없다. 왜냐하면 그 방법은 물이 커피와 섞일 때, 물의 온도를 정확하게 조절하지 못하기 때문이다. 만일 여러분의 목표가 고품질의 스페셜티 원두로 아로마 향과 맛이 가득 찬 완벽한 커피를 찾고 싶어 한다면, 이것은 치명적인 흠이 된다.

집에서 커피를 만드는 훌륭하고 쉬운 방법이 있어서, 이렇게만 하면 집에서 만든 뛰어난 커피를 누구나 쉽게 즐길 수 있다

커피, The Coffee

먼저 커피가 좋아야 된다. 우수한 지역 로스터 또는 신선하게 로스트 된 원두를 파는 수퍼마켓을 찾는다. 몇 증류의 커피를 4분의 1 파운드씩 구입해서 맛을 본다. 커피가 어떻게 로스트 되었는지를 유념한다. 원두를 봉투에서 꺼냈을 때 냄새를 맡아보고, 또 커피를 갈아서 다시

한 번 냄새를 맡아본다. 비록 우유나 생크림을 넣은 커피를 좋아하더라도, 아무것도 넣지 않은 커피를 약간만 조금씩 음미하며 마셔보고, 향을 느껴본다. 포도주 한 잔을 마시면서 했던 것처럼 무엇을 맛보고, 무엇을 냄새 맡았는지를 잘 생각해 본다. 그리고 라틴 아메리카, 아프리카, 아시아 등 세계의 여러 지역에서 온 커피들을 맛보고 확인해 본다.

만일 특별한 커피를 좋아한다면, 아래에 열거된 몇몇 웹사이트를 찾아서 커피 전문가들의 평가를 읽어본다.

커피는 한 번에 1주일분 이상은 사지 않는다. 건조하고 밀폐된 용기에 보관한다. 냉동으로 보관할 필요는 없다.

한 가지 더, 커피 주전자에 물을 넣을 때 정수된 물을 사용하는지 확인한다.

장비, Equipment

■ 커피 전문가들은 미세하게 구멍이 뚫린 피스톤을 사용하는 프랑스식 프레스, 필터 안에 담겨 있는 갈아진 커피 원두에 물을 따르면 되는 드립 주전자, 또는 여과 주전자(filter pot) 등 기능이 단순한 커피 메이커를 가정용으로 추천한다. 프랑스식 압축 방법은 필터를 사용하는 케멕스Chemex 또는 멜리타Melita와 같은 시스템보다 더 민첩하고, 끈기 있고, 더 숙달된 기술을 필요로 한다. 스텀프타운, 카운터 컬쳐는 그들의 웹 사이트에서 집에서 커피 만드는 법에 대한 정보를 알려주고 있지만, 커피 메이커를 판매하지 않는다. 인텔리젠시아는 웹사이트에서 커피 메이커와 그 밖의 커피 만드는 장비를 추천하고 판매하고 있다. 떼루아 커피 회사에서는 커피 만드는 장비를 온라인으로 판매하고 있다.

- 주의 사항 : 프렌치프레스를 사용할 때에는, 가장 적당하게 커피를 추출하기 위해서는 4분의 시간이 필요하다. 이 방법을 사용하려면 작은 주방용 타이머를 사야 할지도 모른다.

- 집에서 커피를 끓여야 한다면, 커피 전문가들은 한 가지 중요한 투자를 해야 한다고 주장한다. 바로 '버 커피 그라인더burr coffee grinder' 이다. 그것은 커피 원두를 분쇄 바퀴에 넣고 가는 장비이다. 그 장비는 커피를 일정한 크기의 조각으로 분쇄하여, 물이 잘 통과하여 고르게 추출될 수 있도록 한다. 중간 등급의 burr grinder는 약 100달러 정도에 살 수 있는데, 카프레소Capresso, 보덤Bodum, 쌔코Saeco 등의 회사에서는 다양한 모델을 만들고 있다. 모든 커피 전문가들이 추천하는 유일한 가정용 그라인더는 란실리오 로키 버 그라인더the Rancilio Rocky Burr Grinder 인데, 그것은 인텔리젠시아의 웹사이트에서 320달러에 판매하고 있다. 가장 좋은 상업용 그라인더는 펫코Fetco에서 만들고 있다.

- 주의 사항 : 대부분의 사람들이 집에서 사용하고 있는 칼날 그라인더The blade grinder는 커피 원두를 균일하지 않은 크기로 마구 갈아서 물이 골고루 통과하지 못한다. 게다가 이런 기계들은 너무 많이 갈아서 원두를 태우는 열이 발생하고 결국 그 맛을 망치게 된다.

- 표준화된 스푼을 사용해야 한다. 대부분의 전문가들은 8온스의 컵에 2 스푼의 커피를 넣어야 한다고 말한다. 하지만, 커피가 다르면 맛도 다르다. 만약 매우 세심한 사람이라면 작은 디지털 저울을 살 필요가 있다. 그러면 더 정확하게 커피의 무게를 알 수 있다. 커피는 무게에 따라 달라지는데, A커피 한 스푼이 B커피 한 스푼보다 더 짙고, 더 많은 향을 낼 수 있다.

- 여러분이 바로 마시려는 것보다 더 많은 커피를 만들고 싶다면, 항상 커피를 따뜻하게 유지하기 위해 보온병이나 유리 물병에 커피를 넣어두어야 한다. 절대로 따뜻하게 만드는 장비나 버너에 커피를 놓아두면 안 된다. 그러면 커피 맛이 없어지기 때문이다.
- 청결해야 한다. 커피 전문가들은 주기적으로 상업용 세제를 사용해서 커피 장비를 청소할 것을 권고한다.
- 커피 메이커에 쓰여 있는 지침서를 읽고 그대로 따라한다.

가정용 에스프레소 Home Espresso

집에서 만드는 에스프레소의 다양한 방법에 대해 열렬히 지지하는 사람이 있고, 또 비난하는 사람이 있다. 그리고 가정용 에스프레소 시스템은 비용이 많이 들 수 있다. 만일 특별한 가정용 에스프레소 시스템에 빠져들고 싶다면, 그 시스템을 매입하기 전에 약간의 조사를 할 필요가 있다. 웹사이트 www.home-barista.com에서 좋은 정보를 찾아볼 수 있다.

집에서 커피 로스팅하기 Roasting Coffee at Home

만일 자신의 그린 커피를 직접 손으로 로스팅하고 싶다면, sweetmarias.com을 찾아보면 된다.

Sweet Maria 사이트에서는 집에서 로스팅하는 장비를 판매한다. Sweet Maria 의 소유주인 탐 오웬은 커피에 관한 엄청난 정보를 가지고 있다. 여러분이 스스로 로스팅할 계획이 없다 하더라도, 그 사이트에 들어갈 만한 가치가 있다.

온라인 정보 Online Resources

커피와 커피 만드는 법에 대한 정보를 주는 좋은 사이트는 다음과 같다.

- www.coffeegeek.com

'커피 긱'의 창업자인 마크 프린스는 팟캐스트(podcast, 애플의 MP3 아이팟의 라디오 기능)에서 진행을 맡고 있는데, 이 사이트는 많은 커피 블로그, 토론 광장, 그리고 토론 그룹들과 연결되어 있다.

- www.coffeed.com

이 사이트에서도 많은 다양한 커피 블르그, 토론 광장, 그리고 토론 그룹들과 연결되어 있다.

- www.portafilter.net

이곳에서는 바리스타인 닉 조의 커피 팟캐스트를 받을 수 있다.

원두를 주문할 수 있고, 커피에 관한 많은 정보를 얻을 수 있는 온라인 사이트는 다음과 같다.

- www.counterculturecoffee.com
- www.intelligentsiacoffee.com
- www.stumptowncoffee.com
- www.sweetmarias.com
- www.taylormaidfarms.com (100% 유기농)
- www.terroircoffee.com

신의 커피

초판 1쇄 발행	2010년 7월 14일
재판 2쇄 발행	2013년 3월 27일
지은이	마이클 와이즈먼
옮긴이	유필문 · 이정기
펴낸곳	광문각
펴낸이	박정태
출판등록	1991. 5. 31. 제 12-484호
주소	경기도 파주시 문발동 파주출판문화도시 500-8
	광문각 B/D 4F
전화(代)	031)955-8787
팩스	031)955-3730
E-mail	kwangmk7@hanmail.net

ⓒ 2010, 광문각

ISBN	978-89-7093-594-2 03040
정가	15,000원

잘못 만들어진 책은 바꾸어 드립니다.

 한국과학기술출판협회회원

불법복사는 지적재산을 훔치는 범죄행위입니다.
저작권법 제97조의 5(권리의 침해죄)에 따라 위반자는 5년 이하의
징역 또는 5천만원 이하의 벌금에 처하거나 이를 병과할 수 있습니다.